国家职业资格培训教材
操作技能鉴定培训系列

汽车修理工（中级）
操作技能鉴定实战详解

国家职业资格培训教材编审委员会　组编
王士刚　祖国海　编

机械工业出版社

本书是针对国家职业技能鉴定操作技能考试的需要，参照《国家职业标准 汽车修理工》（中级）的要求，按照技能考核鉴定点编写的。本书包括汽车维护、汽车修理、汽车故障诊断与排除三部分内容，共收录技能鉴定试题84套，每套试题均给出了考核要求、考核时间、设备及设施准备、配分与评分标准以及基本操作步骤等内容。其中，其本操作步骤部分通过实景图片指导操作，让读者一目了然，并在操作过程中设置提示和说明，提醒读者注意操作要点和难点。

本书既可作为各级职业技能鉴定培训机构、企业培训部门、职业技术院校、技工院校考前培训的强化训练用书，又可作为参加职业技能鉴定者考前操作技能实战训练用书。

图书在版编目（CIP）数据

汽车修理工（中级）操作技能鉴定实战详解/王士刚，祖国海编. —北京：机械工业出版社，2013.10（2017.9重印）
国家职业资格培训教材. 操作技能鉴定培训系列
ISBN 978-7-111-41570-1

Ⅰ.①汽… Ⅱ.①王…②祖… Ⅲ.①汽车-车辆修理-职业技能-鉴定-教材 Ⅳ.①U472.4

中国版本图书馆CIP数据核字（2013）第033263号

机械工业出版社（北京市百万庄大街22号 邮政编码100037）
策划编辑：陈玉芝 责任编辑：陈玉芝 王华庆 版式设计：霍永明
责任校对：刘怡丹 封面设计：饶 薇 责任印制：李 昂
北京瑞德印刷有限公司印刷（三河市胜利装订厂装订）
2017年9月第1版第3次印刷
184mm×260mm · 13.25印张 · 328千字
6001—7900册
标准书号：ISBN 978-7-111-41570-1
定价：35.00元

凡购本书，如有缺页、倒页、脱页，由本社发行部调换

电话服务
服务咨询热线：010-88379833
读者购书热线：010-88379649

网络服务
机 工 官 网：www.cmpbook.com
机 工 官 博：weibo.com/cmp1952
教育服务网：www.cmpedu.com
金 书 网：www.golden-book.com

国家职业资格培训教材
编审委员会

序

为落实国家人才发展战略目标，加快培养一大批高素质的技能型人才，我们精心策划了与原劳动和社会保障部《国家职业标准》配套的《国家职业资格培训教材》。这套教材涵盖41个职业，共172种。教材出版后，受到全国各级培训、鉴定部门和技术工人的欢迎，基本满足了培训、鉴定、考工和读者自学的需要，为培养技能人才发挥了重要作用，本套教材也因此成为国家职业资格培训的品牌教材。JJJ——“机工技能教育”品牌已深入人心。

按照国家“十一五”高技能人才培养体系建设的主要目标，到“十一五”期末，全国技能劳动者总量将达到1.1亿人，高级工、技师、高级技师总量均有大幅增加。因此，从2005年至2009年的五年间，参加职业技能鉴定的人数和获取职业资格证书的人数年均增长达10%以上，2009年全国参加职业技能鉴定和获取职业资格证书的人数均已超过1200万人。这种趋势在“十二五”期间还将会得以延续。

为满足职业技能鉴定培训的需要，我们经过充分调研，决定在已经出版的理论、技能、题库合一的《国家职业资格培训教材》的基础上，贯彻“围绕考点，服务鉴定”的原则，紧扣职业技能鉴定考核要求，根据企业培训部门、技能鉴定部门和读者的不同需求进行细化，分别编写理论鉴定培训教材系列、操作技能鉴定实战详解系列和职业技能鉴定考核试题库系列。

《国家职业资格培训教材——鉴定培训教材系列》：针对国家职业技能鉴定理论知识考试的需要，参照《国家职业技能标准》的要求编写，主要用于考证前的理论培训。它主要有以下特色：

● 汲取国家职业资格培训教材精华——保留国家职业资格培训教材的精华内容，考虑企业和读者的需要，重新整合、更新、补充和完善培训教材的内容。

● 依据最新国家职业标准要求编写——以《国家职业技能标准》要求为依据，以“实用、够用”为宗旨，以便于培训为前提，提炼重点培训和复习的内容。

● 紧扣国家职业技能鉴定考核要求——按复习指导形式编写，教材中的知识点紧扣职业技能鉴定考核的要求，针对性强，适合技能鉴定考试前培训使用。

《国家职业资格培训教材——操作技能鉴定实战详解系列》：针对国家职业技能鉴定操作技能考试的需要编写。本套教材按实战进行设计，解析详细，定位于操作技能考试前的突击冲刺、强化训练。它主要有以下特色：

● 依据明确，具有针对性——依据技能考核鉴定点设计，目的明确。

● 内容全面，具有典型性——图样、评分表、准备清单，完整齐全。

● 解析详细，具有实用性——图解形式，操作步骤和重点解析详细。

● 练考结合，具有实战性——单项训练题、综合训练题，步步提升。

《国家职业资格培训教材——职业技能鉴定考核试题库系列》：针对技能培训、鉴定和考工部门和参加技能鉴定人员复习、考核和自检自测的需要编写。它主要有以下特色：

● 考核重点、理论题、技能题、答案、模拟试卷齐全。

● 初级、中级、高级、技师、高级技师各等级全包括。

● 试题典型性、代表性、针对性、通用性、实用性强。

● 内含职业技能鉴定试题、全国及部分省市大赛试题。

这些教材是《国家职业资格培训教材》的扩充和完善，目的是满足不同的需求，将“机工技能教育”品牌发扬光大。在编写时，我们重点考虑了以下几个方面：

在工种选择上，选择了机电行业的车工、铣工、钳工、机修钳工、汽车修理工、制冷设备维修工、铸造工、焊工、冷作钣金工、热处理工、涂装工、维修电工等近二十个主要工种。

在编写依据上，依据最新国家职业标准要求，紧扣职业技能鉴定考核要求编写。对没有国家职业标准，但社会需求量大且已单独培训和考核的职业，则以相关国家职业标准或地方鉴定标准和要求为依据编写。

在内容安排上，提炼应重点培训和复习的内容，突出“实用、够用”，重在教会读者掌握必需的专业知识和技能，掌握各种类型题的应试技巧和方法。

在作者选择上，共有十几个省、自治区、直辖市相关行业 200 多名工程技术人员、教师、技师和高级技师等从事技能培训和考工的专家参加编写。他们既了解技能鉴定的要求，又具有丰富的教材编写经验。

全套教材既可作为各级职业技能鉴定培训机构、企业培训部门的考前培训教材，又可作为读者考前复习和自测使用的复习用书，也可供职业技能鉴定部门在鉴定命题时参考，还可作为职业技术院校、技工院校、各种短训班的专业课教材。

在这套教材的调研、策划、编写过程中，曾经得到许多企业、鉴定培训机构有关领导、专家、工程技术人员、技师和高级技师的大力支持和帮助，在此表示衷心的感谢！

虽然我们在编写这套培训教材中尽了很大努力，但教材中难免存在不足之处，诚恳地希望专家和广大读者批评指正。

国家职业资格培训教材编审委员会

前　言

随着社会的进步、科技的发展，汽车已经进入千家万户。据不完全统计，我国汽车保有量已经超过1亿辆大关。但随之而来的是人们对汽车售后服务需求的增长，使得汽车修理工的缺口越来越大。

为了加强汽车修理人员的规范性，原劳动和社会保障部在原标准的基础上，于2005年对相关内容进行了更新，并增加了部分内容。各省市根据修订后的标准对汽车修理工进行了相应的技术等级鉴定。广大应试者迫切需要相关图书进行鉴定前的辅导。虽然现在市场上有关汽车修理技术的书籍很多，但是针对相关标准和技术等级鉴定的书籍还很匮乏，为此我们编写了本书。

本书在编写时紧紧围绕《国家职业标准　汽车修理工》（中级）的要求，结合实际技能鉴定的考核点，采用大量的实景图片来表现操作过程，使知识点更加直观、明了，并对操作过程中容易犯的错误和丢分点给予提醒说明，让读者少走弯路。书末给出了考试题的样卷，供读者参考。

本书由王士刚、祖国海编写。

由于编者水平有限，再加上时间仓促，书中疏漏之处在所难免，恳请广大读者批评指正。

编　者

目　录

第三部分　汽车故障诊断与排除

第一部分　汽车维护

第一章　发动机的维护

试题1　气缸压缩压力的检测

一、考核要求

1）按正确的操作规程用气缸压力表测量气缸压缩压力。

2）查阅维修手册，判断气缸压缩压力是否符合技术标准。

二、考核时间

20min。

三、设备及设施准备

序号	名　称	单位	数量	备　注
1	汽车（或发动机台架）	辆（台）	1	汽油车、柴油车均可
2	气缸压力表	块	1	针对具体的发动机类型，可选择汽油机气缸压力表或柴油机气缸压力表
3	火花塞扳手	把	1	—
4	常用工具、量具	套	1	—
5	维修手册	本	1	与考试车型配套，方便考生查阅
6	棉纱	团	1	—
7	秒表	块	1	计时用

四、配分与评分标准

序号	作业项目	考核内容及要求	配分	评分标准	考核记录	扣分	得分
1	正确选用工具、量具	选用工具、量具齐全并准确	5	缺一件扣1分，选错一件扣1分，扣完为止			
2	准备	检测前的准备	5	准备不充分，每次扣2.5分，扣完为止			
				准备失误扣5分			
3	检测	拆除全部火花塞或喷油器及空气滤清器	10	操作方法不正确扣5分			
				操作不熟练扣5分			
		检验气缸压力表	10	检验方法不正确扣10分			

（续）

序号	作业项目	考核内容及要求	配分	评分标准	考核记录	扣分	得分
3	检测	逐缸测量气缸压力	20	测量方法不正确扣10分，不会测试不得分			
				漏测一个气缸扣5分，扣完为止			
				测量结果不正确扣10分			
4	复检	测完一次后，再复检一次，取平均值	10	测量方法不正确扣5分			
				漏测一个气缸扣2.5分，扣完为止			
				测量结果不正确扣10分			
5	判断结果	查阅手册，判断气缸压缩压力是否符合技术标准	10	判断不正确扣5分			
				不会判断扣10分			
6	正确使用工具、量具	工具、量具使用正确	10	一种工具、量具使用不正确扣2分，扣完为止			
				损坏或丢失一件工具、量具不得分			
7	操作规程	操作规程执行情况	15	违反操作规程不得分			
8	清理现场	清理、擦洗并回收工具、量具	5	少收一件工具或量具扣1分，扣完为止			
9	分数总计		100				

否定项说明：出现重大安全事故按0分计

五、基本操作步骤

操作步骤描述：检测前的准备→检测→判断。

1. 检测

1 使发动机正常运转，冷却液温度达75℃以上

2 停机后，拆下空气滤清器，用压缩空气吹净火花塞或喷油器周围的灰尘和脏物，然后卸下全部火花塞或喷油器，并按气缸次序放置。将节气门和阻风门置于全开位置

说明：对于汽油发动机，还应把分电器中央电极高压线拔下并可靠搭铁，以防止电击和着火

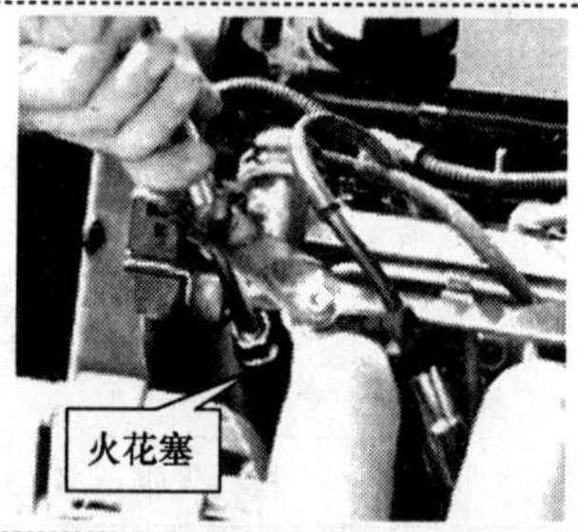

3 用起动机使曲轴转动 3～5s（不少于四个压缩行程），将发动机转速保持在 150～180r/min（柴油机 500r/min），待气缸压力表指针指示并保持最大压力后停止转动。取下气缸压力表，记下读数，按下单向阀使气缸压力表指针回零。按上述方法依次测量各缸，每缸测量次数不少于两次。在就车检测柴油机气缸压缩压力时，应使用螺纹接头的气缸压力表

2. 诊断参数标准

气缸压缩压力标准值由气缸制造厂提供。根据《汽车修理质量检查评定方法》（GB/T 15746—2011）的规定：大修竣工的发动机，在正常工作温度下，气缸压缩压力应符合原设计规定；其压力差汽油机不应超过各缸平均压力的 5%，柴油机不应超过各缸平均压力的 8%。

▼常见的几种车型气缸压缩压力值

发动机型号	压缩比	气缸压缩压力值/kPa	各缸压力差
奥迪 100 1.8L	8.5	新车 800～1000；极限 650	≤5%
捷达 EA827	8.5	900～1100	≤5%
桑塔纳 AJR 1.8L	9.3	1000～1350	≤5%

3. 结果分析

测量结果如高于原设计规定，并不一定是气缸密封性好，要结合使用和维修情况进行分析。这种情况可能是燃烧室内积炭过多、气缸衬垫过薄或气缸体与气缸盖结合平面修理加工次数过多造成的。测量结果如低于原设计规定，可向该缸火花塞或喷油器孔内注入适量机油（20mL），然后用气缸压力表重新测量气缸压缩压力并记录。如果第二次测出的压力值比第一次高且接近标准压力，表明气缸、活塞环、活塞磨损量过大，或活塞环对口、卡死、断裂及缸壁拉伤等造成气缸不密封。如果第二次测出的压力值与第一次略同，但仍比标准压力低，表明进、排气门或气缸衬垫不密封。如果两次检测结果均表明某相邻两缸压力都相当低，表明是两缸相邻处的气缸衬垫烧损窜气。

说明：若用气缸压力表测量气缸压缩压力，则必须把火花塞拆下，一缸一缸地进行，这样测量费时费力，且测量误差较大。这种方法的测量结果不但与气缸内各处的密封程度有关，而且与曲轴的转速有关。研究表明，只有在曲轴转速超过 1500r/min 以后，压缩压力才变化不大。但在低转速范围内，即使较小的转速差也能引起压缩压力测量值的较大变化，所以在检测气缸压缩压力时，准确地监控曲轴的转速，将是减少测量误差，获得正确测量结果的重要保证。

试题 2　进气管真空度的检测

一、考核要求

1）按正确的操作规程用真空表测量进气管真空度。

2）查阅手册，判断进气管真空度是否符合技术标准。

二、考核时间

20min。

三、设备及设施准备

序号	名　称	单位	数量	备　注
1	汽车（或发动机台架）	辆（台）	1	要求为汽油机
2	真空表	块	1	—
3	常用工具、量具	套	1	—
4	维修手册	本	1	与考试车型配套
5	棉纱	团	1	—
6	秒表	块	1	计时用

四、配分与评分标准

序号	作业项目	考核内容及要求	配分	评分标准	考核记录	扣分	得分
1	正确选用工具、量具	选用工具、量具齐全并准确	5	缺一件扣1分，选错一件扣1分，扣完为止			
2	准备	检测前的准备	5	准备不充分，每次扣2.5分，扣完为止 准备失误扣5分			
3	检测	起动发动机并使其怠速运转	10	操作方法不正确扣5分 操作不熟练扣5分			
		连接真空表	10	连接方法不正确扣10分			
		测量真空度	20	测量方法不正确扣10分，不会测量不得分 测量结果不正确扣10分			
4	分析	查阅维修手册，对读取的数值进行分析	20	分析不正确扣10分 不会分析扣20分			
5	正确使用工具、量具	工具、量具使用正确	10	一种工具、量具使用不正确扣2分，扣完为止 损坏或丢失一件工具、量具不得分			
6	操作规程	操作规程执行情况	15	违反操作规程不得分			
7	清理现场	清理、擦洗并回收工具和量具	5	少收一件工具或量具扣1分，扣完为止			
8		分数总计	100				
否定项说明：出现重大安全事故按0分计							

五、基本操作步骤

操作步骤描述：检测前的准备→检测→判断。

1 将真空表接在节气门的后方

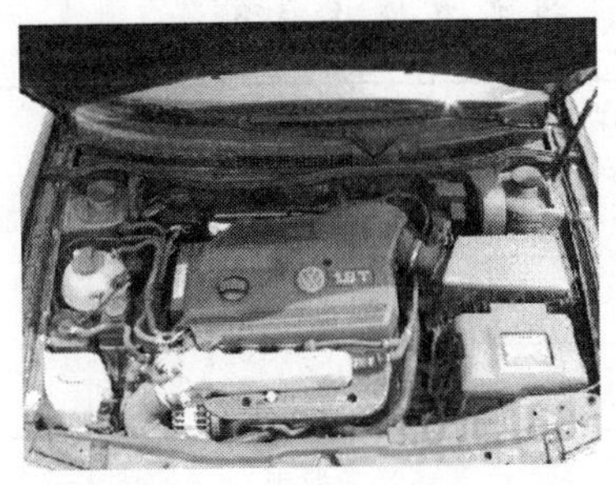

2 使汽油发动机工作在正常状态下，按规定的怠速值无负荷运转

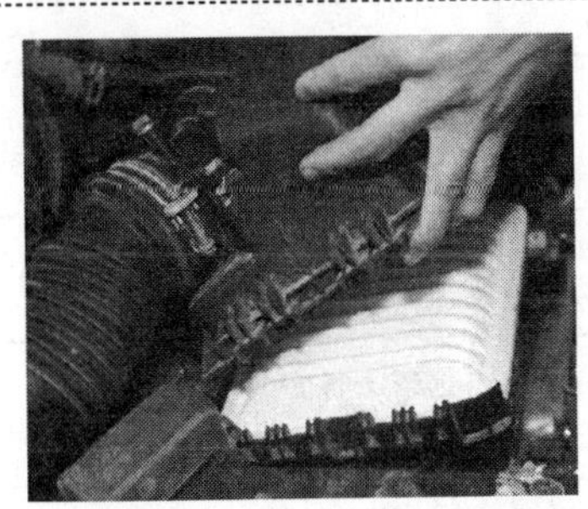

3 拆下空气滤清器，查看真空表的读数和指示状态

4 根据技术数据，判断所测发动机的技术状况

说明：发动机密封性能状态

1）怠速时，真空表表针应稳定在64～71kPa之间（摆幅的大小和摆速的快慢与密封性、空燃比及点火性能有关）。

若怀疑某缸工作状况不良，则可采用单缸断火法诊断，Δp_x（进气管真空度）的跌落值越大越好，它是判断各缸工作好坏的指标（点火、喷油、密封）。

2）迅速开闭节气门，若真空表表针在6.7～84.6kPa之间灵敏摆动，则说明Δp_x对节气门开度变化的随动性较好，意味着各部位在各工况的密封性均较好。

若密封性不好，则怠速时Δp_x低于正常值，且明显不稳；迅速打开节气门时，真空表表针会跌落到0kPa，关闭后也回不到84.6kPa处。

为了验证各缸密封性的好坏，应将真空表换接在机油标尺处，曲轴箱内的压力应为负压值，若为正值，则说明密封性不好或PCV通风阀堵塞。

试题3　点火提前角的检测

一、考核要求

1）按正确的操作规程，利用点火正时灯检查点火提前角。

2）调整点火提前角，使之符合技术标准要求。

二、考核时间

30min。

三、设备及设施准备

序号	名　　称	单位	数量	备　　注
1	汽车（或发动机台架）	辆（台）	1	要求为汽油机
2	点火正时灯	只	1	—
3	常用工具、量具	套	1	—
4	维修手册	本	1	与考试车型配套
5	棉纱	团	1	—
6	秒表	块	1	计时用

四、评分标准

序号	作业项目	考核内容及要求	配分	评分标准	考核记录	扣分	得分
1	正确选用工具、量具	选用工具、量具齐全并准确	5	缺一件扣1分，选错一件扣1分，扣完为止			
2	准备	检测前的准备	5	准备不充分，每次扣2.5分，扣完为止			
				准备失误扣5分			
3	检测	在飞轮或曲轴前端做上正确的点火提前角标记	10	操作方法不正确扣5分			
				操作不熟练扣5分			
		将点火正时灯连接到汽车上并起动发动机检测	10	连接方法不正确扣10分			
		判断点火提前角的大小	20	判断方法不正确扣10分			
				不会判断扣20分			
4	调整	查阅维修手册，调整点火提前角	20	调整不准确扣10分			
				不会调整扣20分			
5	正确使用工具、量具	工具、量具使用正确	10	一种工具、量具使用不正确扣2分，扣完为止			
				损坏或丢失一件工具、量具不得分			
6	操作规程	操作规程执行情况	15	违反操作规程不得分			
7	清理现场	清理、擦洗并回收工具和量具	5	少收一件工具或量具扣1分，扣完为止			
8	分数总计		100				

否定项说明：出现重大安全事故按0分计

五、基本操作步骤

操作步骤描述：检查点火提前角→调整点火提前角。

1. 检查点火提前角

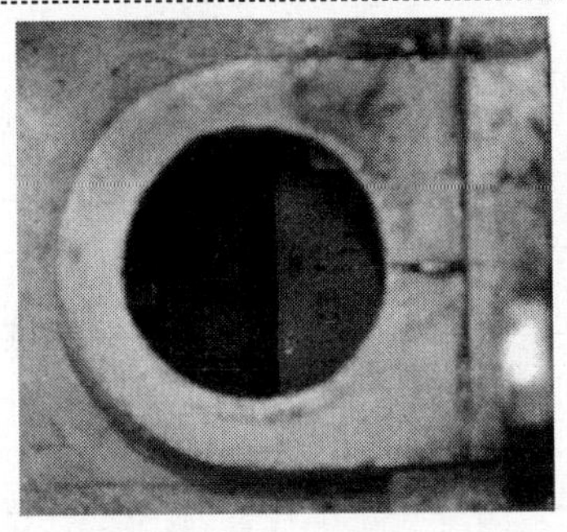

1 通过变速器壳体上的观察窗，将发动机1号气缸置于压缩行程上止点

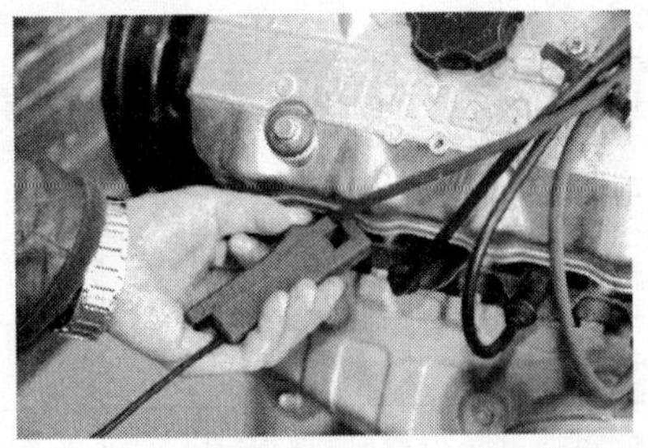

2 将点火正时灯的触发线连接在1号气缸的高压线上，将点火正时灯的两个电源接头分别接在蓄电池的正、负极柱上

3 起动发动机，使其达到正常工作温度状态，保持在怠速下稳定运转。打开点火正时灯并对准正时标记（正时刻度盘或正时指针），调整点火正时灯电位器，使正时标记清晰可见，此时表头读数即为发动机怠速运转时的点火提前角。用同样的方法分别测出不同工况、转速时的点火提前角并记录测量结果

4 在拆下真空管接头并将其堵住（此时点火提前机构不起作用）的情况下，怠速时测出的点火提前角为初始提前角（基本点火正时）

5 将测出的点火提前角与规定的标准值进行对照，判断点火提前角的大小是否符合要求。若不符合要求，则应调整点火提前角

2. 调整点火提前角

旋松分电器固定螺钉，通过旋转分电器盘来调整点火提前角，直到校准至11°~13°为止，旋紧固定螺钉

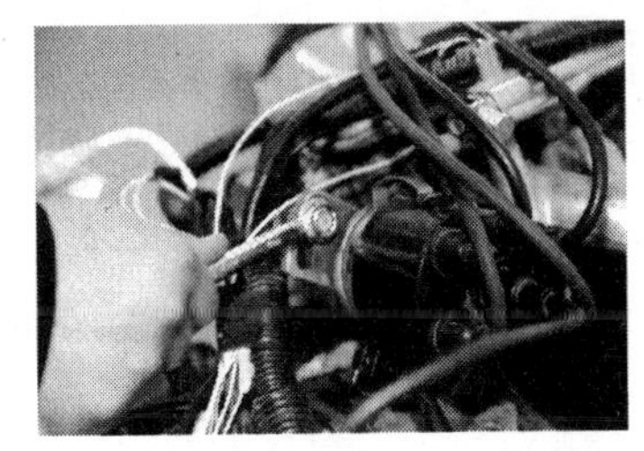

试题4　汽油机燃油压力的检测

一、考核要求

1）按正确的操作规程用燃油压力表检测燃油压力。

2）查阅维修手册，判断燃油压力是否符合技术标准。

二、考核时间

20min。

三、设备及设施准备

序号	名　称	单位	数量	备　注
1	汽车（或发动机台架）	辆（台）	1	装备完好的汽油机
2	燃油压力表	块	1	各种接头齐全
3	发动机转速表	块	1	与燃油压力表配合使用
4	油管扳手	把	1	拆装油管时使用
5	常用工具、量具	套	1	—
6	维修手册	本	1	与考试车型配套
7	棉纱	团	1	—
8	秒表	块	1	计时用

四、配分与评分标准

序号	作业项目	考核内容及要求	配分	评分标准	考核记录	扣分	得分
1	正确选用工具、量具	选用工具、量具齐全并准确	5	缺一件扣1分，选错一件扣1分，扣完为止			
2	准备	检测前的准备	5	准备不充分，每次扣2.5分，扣完为止			
				准备失误扣5分			
3	检测	连接燃油压力表	20	连接方法不正确扣20分			
		测量燃油压力	20	测量方法不正确扣10分，不会测量不得分			
				测量结果不正确扣10分			
4	分析	查阅维修手册，对测量的数值进行分析	20	分析不正确扣10分			
				不会分析扣20分			
5	正确使用工具、量具	工具、量具使用正确	10	一种工具、量具使用不正确扣2分，扣完为止			
				损坏或丢失一件工具、量具不得分			
6	操作规程	操作规程执行情况	15	违反操作规程不得分			
7	清理现场	清理、擦洗并回收工具和量具	5	少收一件工具或量具扣1分，扣完为止			
8	分数总计		100				

否定项说明：出现重大安全事故按0分计

五、基本操作步骤

操作步骤描述：检测前的准备→连接燃油压力表→检测→清理现场。

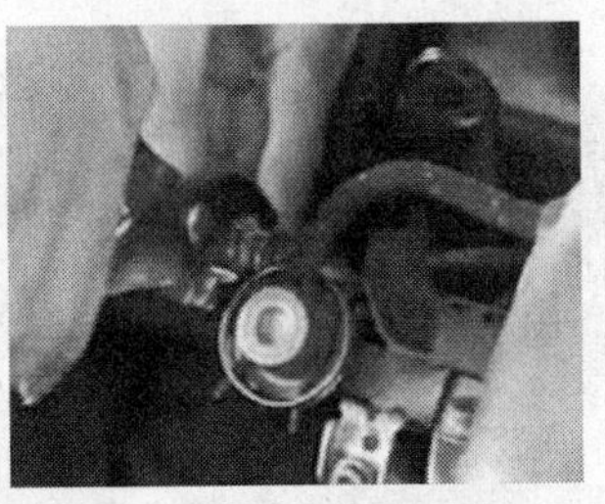

1 首先拆下进油管与燃油分配器的接头。拆卸时应在接头下部垫上抹布，以防止燃油滴落到发动机体上，引起火灾

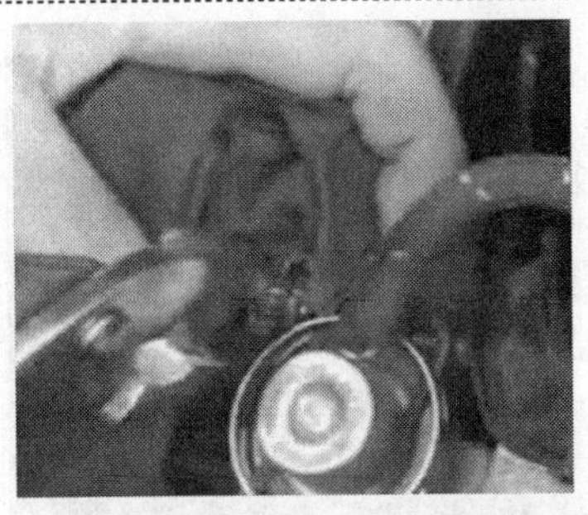

2 如果燃油管内压力过高，那么在拆卸时也应用抹布包住油管接头，以防止燃油喷出，造成伤害

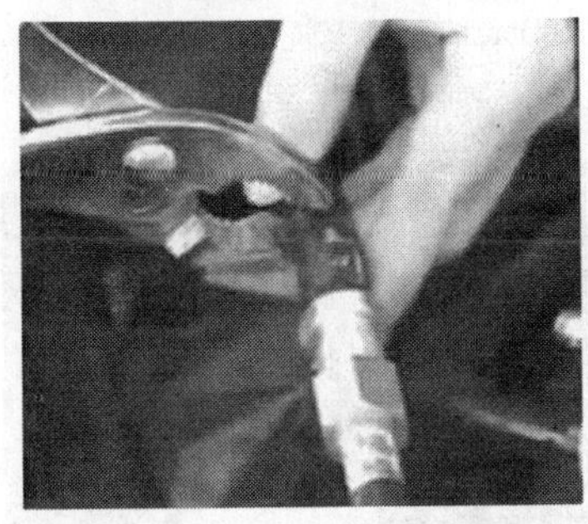

3 将燃油压力表专用接头连接到燃油管上，并夹紧其接头，防止泄漏

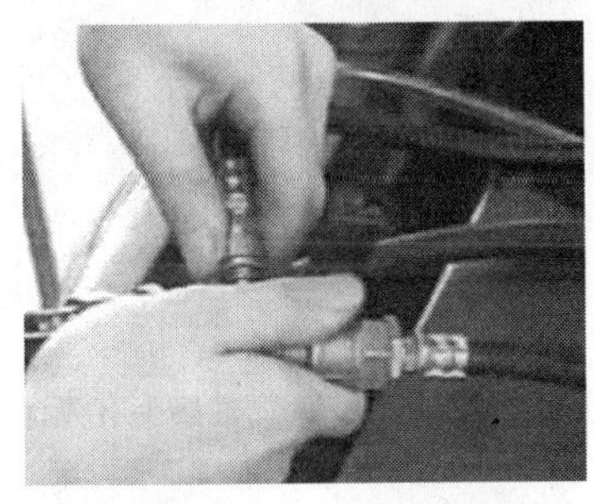

4 在将燃油管路接好后，打开油路开关，起动发动机

5 使发动机保持怠速运转状态，观察燃油压力表，指针应能迅速指到300～420kPa之间

6 拔下燃油压力调节器上的真空软管，其燃油压力应能迅速升高

7 接上燃油压力调节器上的真空软管，其燃油压力应能迅速下降到标准值

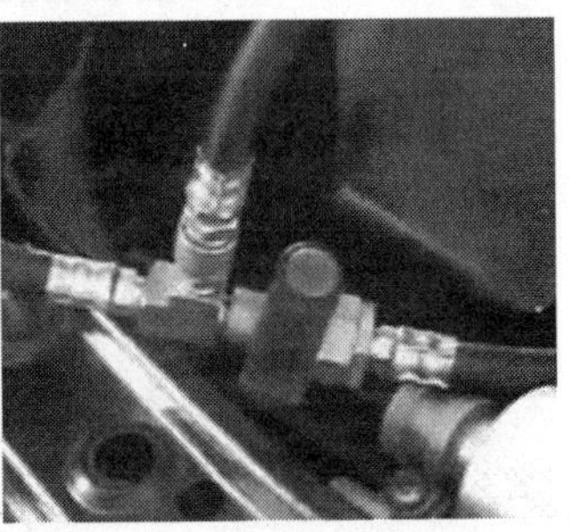

8 关闭发动机后，将燃油压力表管路上的开关关闭

9 通过观察燃油压力表是否继续下降，可以初步判定燃油压力调节器及喷油器是否存在泄漏故障

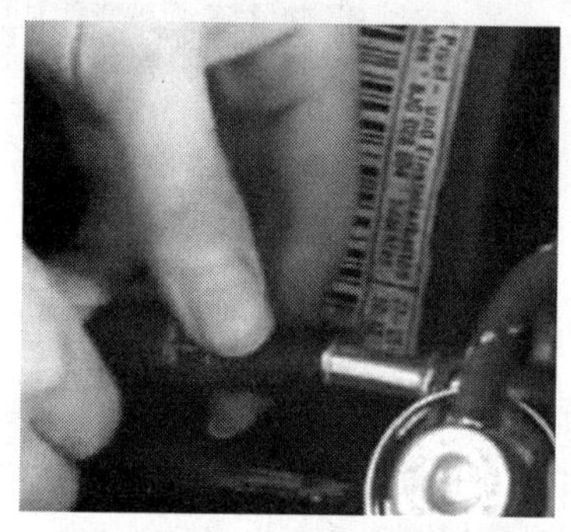

10 如果燃油的保持压力在热机时为300kPa，在冷机时为220kPa，即可装上进油管，并用夹箍夹紧

11 装好后，起动发动机，观察接头有无泄漏情况

试题5　汽油机废气排放的检测

一、考核要求

1）按正确的操作规程检测汽油机的废气排放情况。

2）查阅维修手册，判断汽油机废气排放是否符合技术标准。

二、考核时间

20min。

三、设备及设施准备

序号	名　称	单位	数量	备　注
1	汽车（或发动机台架）	辆（台）	1	要求为汽油机
2	NHA—500型废气分析仪	台	1	三组分、五组分均可
3	维修手册	本	1	或配备相关尾气排放国家标准
4	常用工具、量具	套	1	—
5	棉纱	团	1	—
6	秒表	块	1	计时用

四、配分与评分标准

序号	作业项目	考核内容及要求	配分	评分标准	考核记录	扣分	得分
1	正确选用工具、量具	选用工具、量具齐全并准确	5	缺一件扣1分,选错一件扣1分,扣完为止			
2	准备	检测前的准备	5	准备不充分,每次扣2.5分,扣完为止			
				准备失误扣5分			
3	检测	连接废气分析仪	10	连接方法不正确扣10分			
		测量废气排放情况	30	测量方法不正确扣15分,不会测量不得分			
				测量结果不正确扣15分			
4	分析	查阅维修手册,对读取的数值进行分析	20	分析结果不正确扣10分			
				不会分析扣20分			
5	正确使用工具、量具	工具、量具使用正确	10	种工具、量具使用不正确扣2分,扣完为止			
				损坏或丢失一件工具、量具不得分			
6	操作规程	操作规程执行情况	15	违反操作规程不得分			
7	清理现场	清理、擦洗并回收工具和量具	5	少收一件工具或量具扣1分,扣完为止			
8	分数总计		100				

否定项说明:出现重大安全事故按0分计

五、基本操作步骤

操作步骤描述:发动机怠速→调整仪器→插入取样探头→读数。

1. 准备

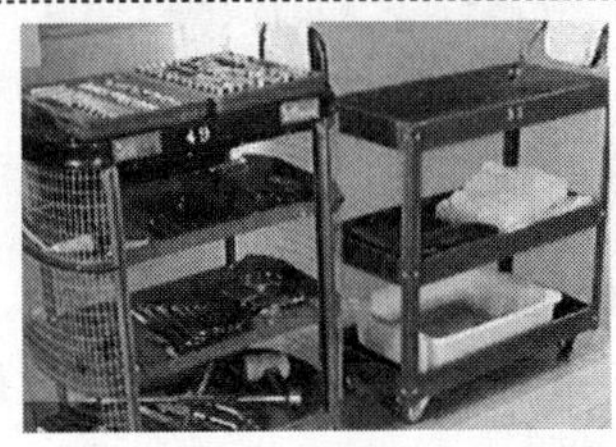

1 在车辆进入工位前,做好清理工作,并准备好相关的工具等

2 将车辆停好,拉紧驻车制动器

3 将发动机装饰罩上的螺钉旋松,取下固定螺钉,然后取下装饰罩

4 连接废气分析仪

5 将机油温度测量导线的插头插入废气分析仪后面板的相应插孔内

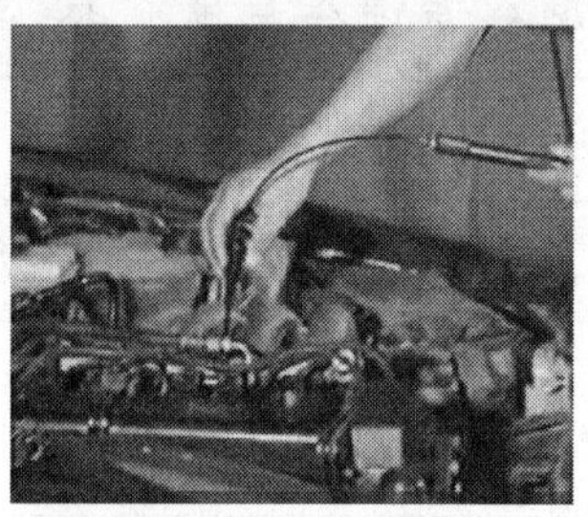

6 取出机油标尺，观察油位，然后擦净机油标尺上的机油，将其摆放到零件车上，再将导线上的保护管插入机油标尺套筒内

7 将转速测量导线插头插入废气分析仪后面板的相应插孔内

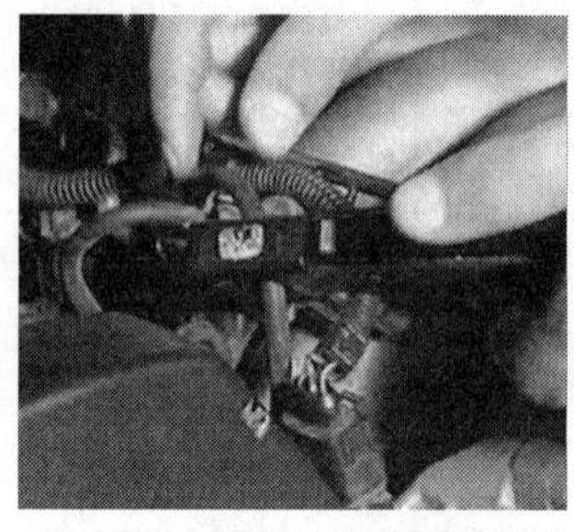

8 将转速测量钳夹持在发动机 1 号气缸的分缸线上

9 旋下压紧螺母，先将软管穿过螺母，再将软管插入废气分析仪后面板的样气入口中

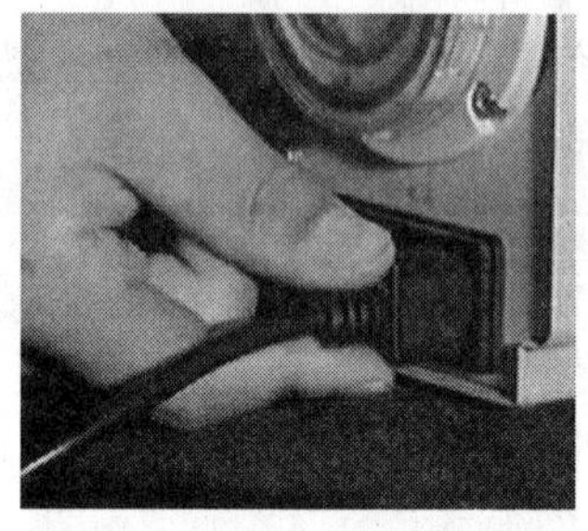

10 将电源线插入废气分析仪后面的插孔内，接入 220V 电源

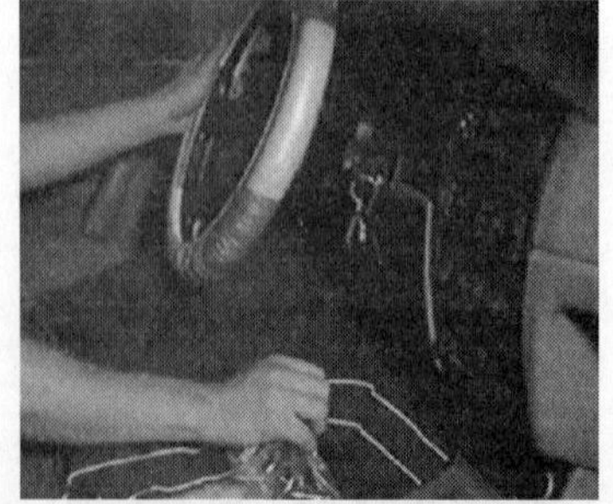

11 使发动机运转，然后进入驾驶室，横向摆动变速杆，确认变速器处于空挡位置

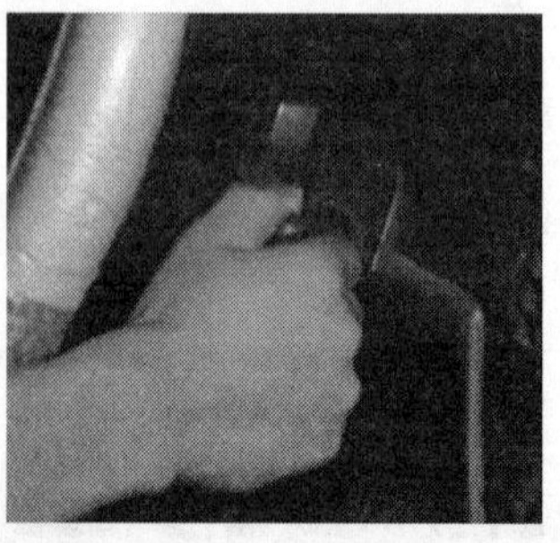

12 打开点火开关，起动发动机，并使其保持怠速运转

2. 汽车废气的检测

1 打开废气分析仪后面的电源开关

2 仪器显示屏下方出现提示：“正在预热”。仪器在预热结束后，自动进入泄漏检查子菜单

3 检查排气系统是否泄漏，此时显示屏下方出现提示：“用密封套堵住探头，然后按 K 键”

4 将密封套套装到探头上，按下〈K〉键后，显示屏下方出现提示：“正在检漏”。检漏完成后，仪器自动调零。在调零完成后，显示屏上方是提示区，中部是实时测量显示区，下方是测量、调零、校准、检漏、设置五个子菜单选项

5 按〈S〉键，移动光标至设置子菜单

6 按下〈K〉键进行选择，显示屏上将显示“测量方式”“冲程”等六个选项。使用上下键移动光标，选择相应选项；使用〈S〉键左右移动光标，选择选项中相应的内容。使用〈K〉键对选项进行确认

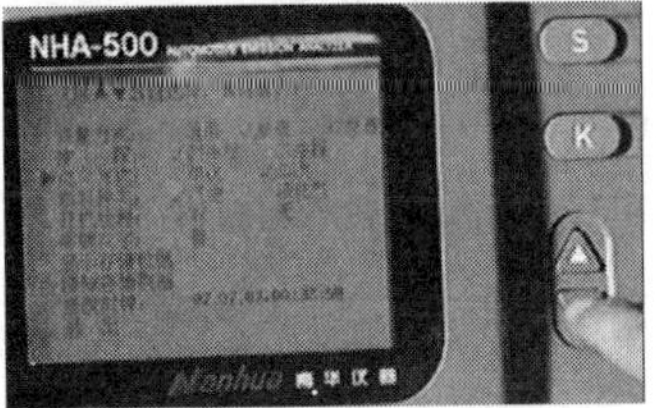

7 设置完成后，显示屏退回到主菜单，按下〈K〉键进行选择

—

8 仪器根据预先设置的检测方式进行检测。此时仪器的气泵将起动运转，显示屏下方提示：“请插入取样探头”

—

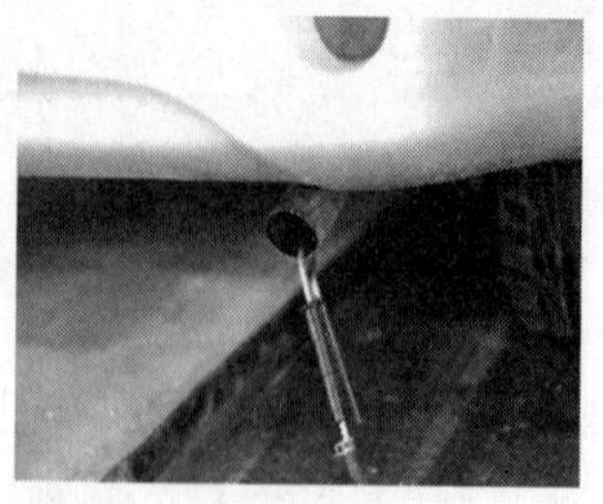 9 用手握住手柄，将取样管和探头插入汽车排气管中	— 10 在将探头插入排气管后，显示屏上会出现提示：“正在取样”
11 取样结束后，显示屏显示发动机运转状态下待检测参数的实测值。将实测值与标准值进行对照，确定该车的废气排放是否符合要求	
12 测试完成后，将检测结果打印出来，光标会自动退回到退出选项上	—
13 按下〈K〉键，光标回到测量项，可进行第二遍测量或选择其他测量方式	—
14 断开仪器与车辆的连接，关闭点火开关，使发动机停止运转，取出取样管，拆卸其他导线。注意：取样管温度较高，应避免被烫伤	—

试题 6　柴油机烟度的检测

一、考核要求

1）按正确的操作规程检测柴油机烟度。

2）查阅维修手册，判断排放量是否符合技术标准。

二、考核时间

20min。

三、设备及设施准备

序号	名　称	单位	数量	备　注
1	汽车（或发动机台架）	辆（台）	1	要求为柴油机
2	Tecnotest. mod. 490 型烟度检测仪	台	1	可以选用其他型号的烟度检测仪，按说明书进行操作
3	维修手册	本	1	或配备相关尾气排放国家标准
4	常用工具、量具	套	1	—
5	棉纱	团	1	—
6	秒表	块	1	计时用

四、配分与评分标准

序号	作业项目	考核内容及要求	配分	评分标准	考核记录	扣分	得分
1	正确选用工具、量具	选用工具、量具齐全并准确	5	缺一件扣1分,选错一件扣1分,扣完为止			
2	准备	检测前的准备	5	准备不充分,每次扣2.5分,扣完为止			
				准备失误扣5分			
3	检测	连接烟度计	20	连接方法不正确扣20分			
		测量烟度	20	测量方法不正确扣10分,不会测量不得分			
				测量结果不正确扣10分			
4	分析	查阅维修手册,对测量的数值进行分析	20	分析不正确扣10分			
				不会分析扣20分			
5	正确使用工具、量具	工具、量具使用正确	10	一种工具、量具使用不正确扣2分,扣完为止			
				损坏或丢失一件工具、量具不得分			
6	操作规程	操作规程执行情况	15	违反操作规程不得分			
7	清理现场	清理、擦洗并回收工具和量具	5	少收一件工具或量具扣1分,扣完为止			
8		分数总计	100				

否定项说明:出现重大安全事故按0分计

五、基本操作步骤

操作步骤描述:发动机运转→插入取样探头→开动仪器→读数。

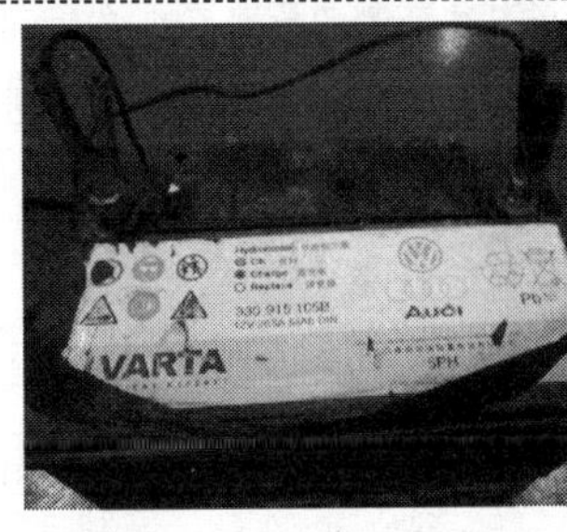

1 连接蓄电池的正、负极,使烟度检测仪开机

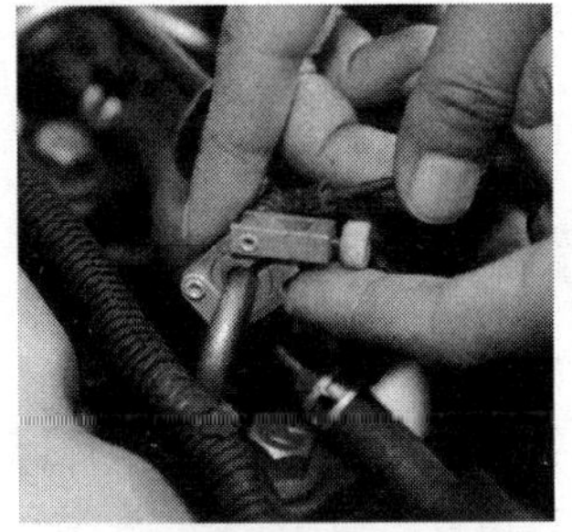

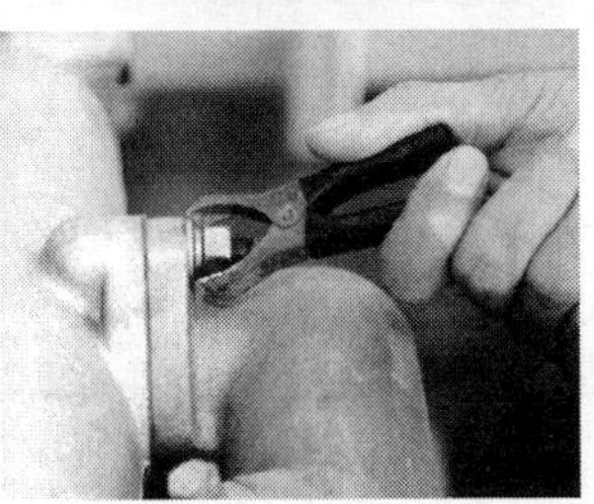

2 将高压油泵感应夹夹到1号气缸位置,使另一端接地

3 连接尾气管

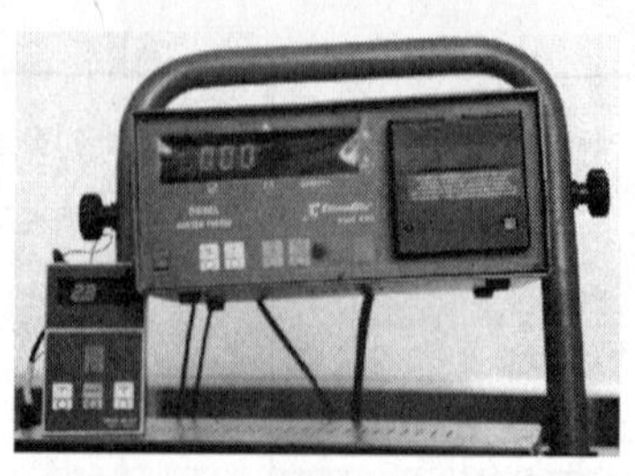

4 将烟度检测仪开关置于“ON”位置，起动检测仪

5 使发动机温度升到规定温度，机油油温升到80～120℃

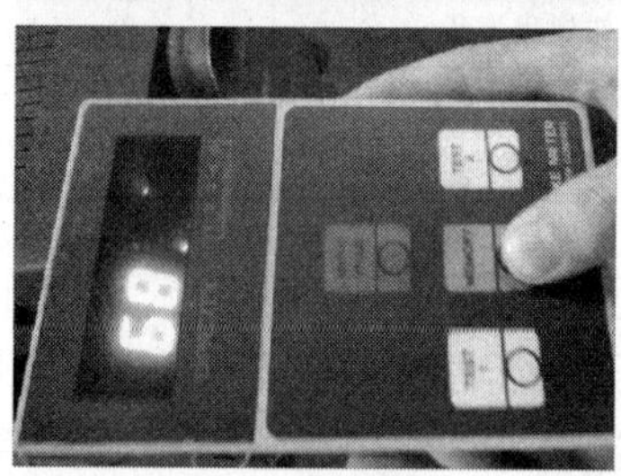

6 按操作手柄1号键，待红灯亮时将发动机转速加速到1500r/min，之后按绿键（保存），连续反复5次

7 操作5次之后，求出平均值（按红色键）

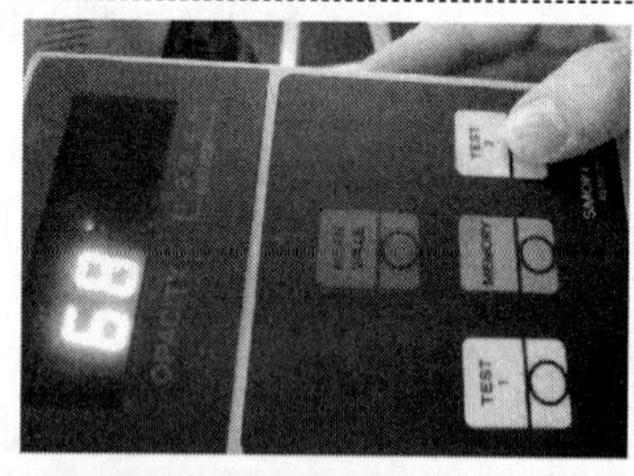

8 若感觉前几次所测的数据不够准确，可以按2号键，把前几次保存的数据之后重新按1号键进行测量

注意事项

烟度检测仪的使用条件如下：

温度：环境温度应在0～45℃之间（或根据OIML的要求保持在5～40℃）且保持稳定，变化范围应该维持在-5～+5℃之间。

湿度：相对湿度应该稳定且少于90%（没有水珠）。

环境压力：大气压力应稳定在80～106kPa。

热辐射：不要进行太阳直射或放在热辐射的加热物体附近。

化学环境：应该安装在全天候室内，不要将仪器接触任何液体，例如水、苯、汽油等，也不要将其置于任何腐蚀性的气体中。

排气：尾气应在大气压下安全地排出，不要堵塞、使劲按压或故意弯曲排气管。

震动：不要将仪器置于有强烈震动或机器震动的地方。

电磁环境：不要将仪器置于有强烈磁场的地方。

试题7　更换发动机机油和机油滤清器

一、考核要求

1）按正确的操作规程更换机油。

2）按正确的操作规程更换机油滤清器。

二、考核时间

30min。

三、设备及设施准备

序号	名　称	单位	数量	备　注
1	汽车	辆	1	发动机工作状态正常
2	常用工具、量具	套	1	—
3	盆	个	1	—
4	棉纱	团	1	—
5	秒表	块	1	用于计时

四、配分与评分标准

序号	作业项目	考核内容及要求	配分	评分标准	考核记录	扣分	得分
1	正确选用工具、量具	选用工具、量具齐全并准确	5	缺一件扣1分,选错一件扣1分,扣完为止			
2	准备	操作前的准备	5	准备不充分,每次扣2.5分,扣完为止			
				准备失误扣5分			
3	更换机油	查看机油质量	10	方法不正确扣10分			
		放掉并加注机油	20	放掉机油方法不正确扣10分			
				加注机油方法不正确扣10分			
4	更换机油滤清器	拆卸	15	拆卸不正确扣15分			
		安装	15	安装不正确扣15分			
5	正确使用工具、量具	工具、量具使用正确	10	一种工具、量具使用不正确扣2分,扣完为止			
				损坏或丢失一件工具、量具不得分			
6	操作规程	操作规程执行情况	15	违反操作规程不得分			
7	清理现场	清理、擦洗并回收工具和量具	5	少收一件工具或量具扣1分,扣完为止			
8		分数总计	100				

否定项说明:出现重大安全事故按0分计

五、基本操作步骤

操作步骤描述：检验机油质量→放掉机油→拆装滤清器→加注机油。

1 起动发动机，待达到正常的工作温度(80℃以上)后，将汽车停放在平坦的地上，然后熄火

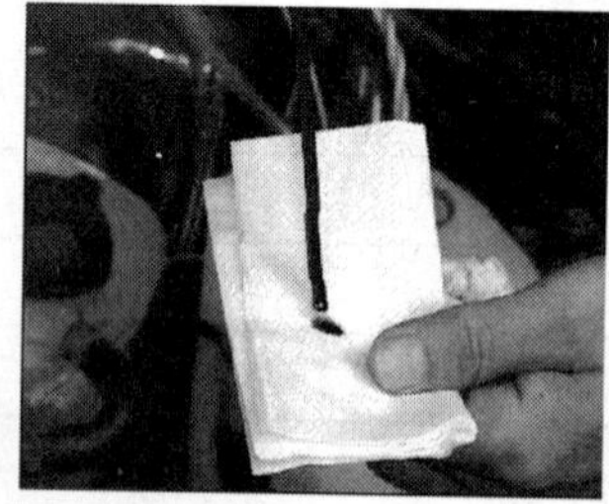
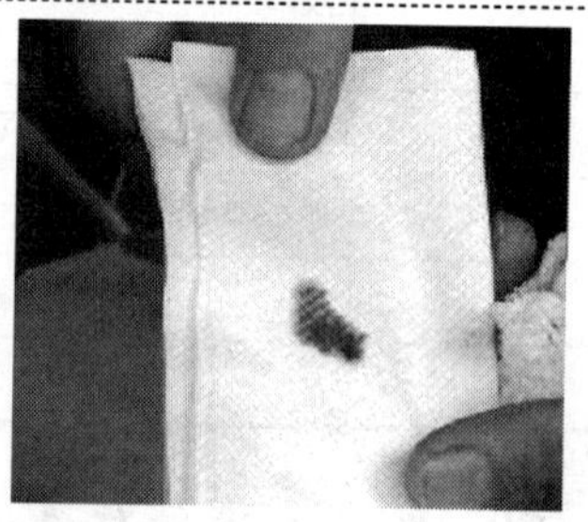

2 抽出机油标尺，将机油滴在试纸上，查看机油的颜色

说明：如果机油中间黑点里有较多的硬颗粒等，表明机油滤清器失效，但机油还可以使用；如果机油中间黑点较小且颜色较浅，周围的黄色润迹较大，油迹的界线不很明显而且是逐渐扩散的，说明机油仍可继续使用；如果黑点较大，且油是黑褐色，均匀无颗粒，黑点与周围的黄色油迹界线清晰，有明显的分界线，则说明机油的有效成分已经失效，应及时更换

3 拧开加机油口盖

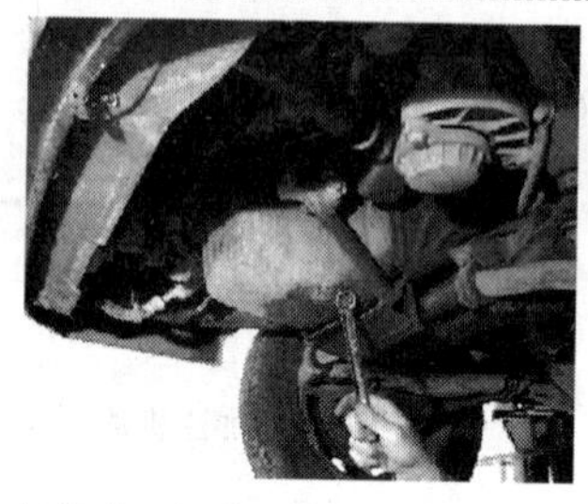

4 在热车状态下，拧下油底壳下部的放油螺塞，将机油放入盆中

注意：操作员不要正对着放油孔，以免被喷出来的机油烫伤，另外还要做好回收工作

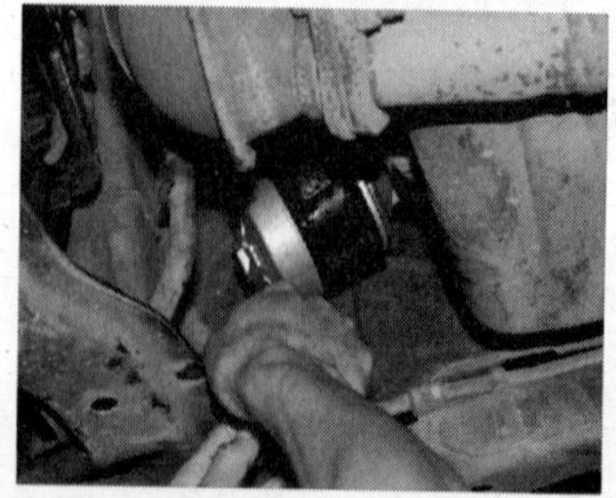

5 拆卸机油滤清器

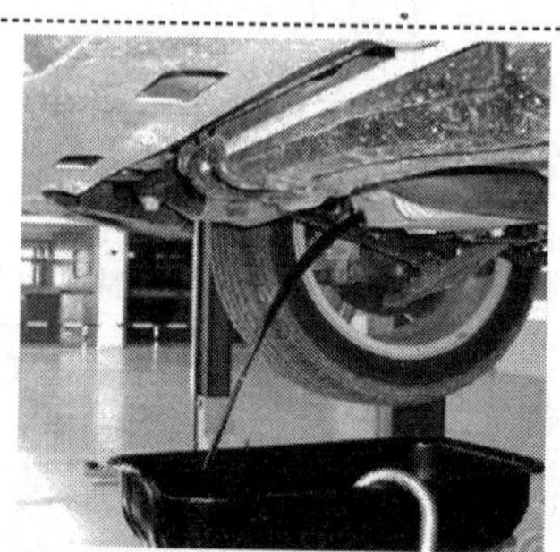

6 放净机油

7 擦干净机油滤清器座

8 准备好新机油滤清器，先在 O 形密封圈上涂抹一层机油

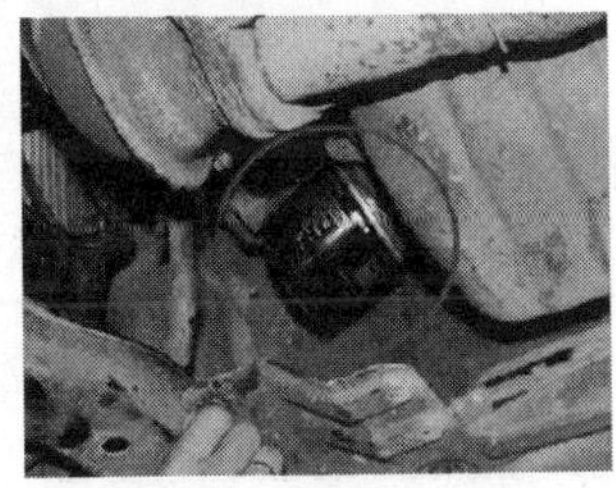

9 先用手拧上机油滤清器，直到拧不动为止，再用滤清器扳手拧紧

注意：用力不可过大，以免损坏 O 形密封圈

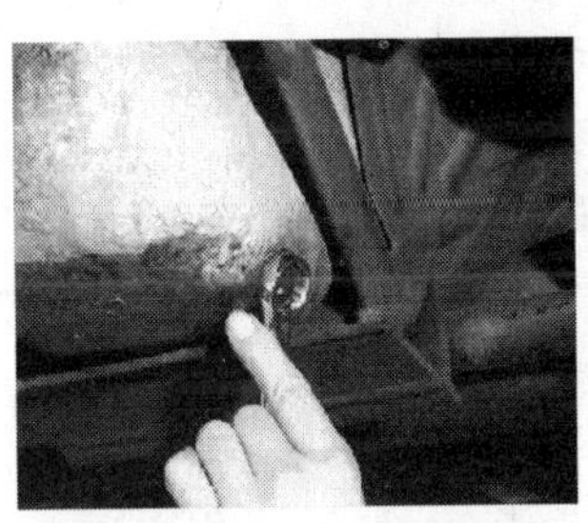

10 用棉纱布擦干净放油螺塞及螺塞口周围，然后将螺塞拧回原位

11 加入新机油

注意：应使用相同牌号和种类的机油

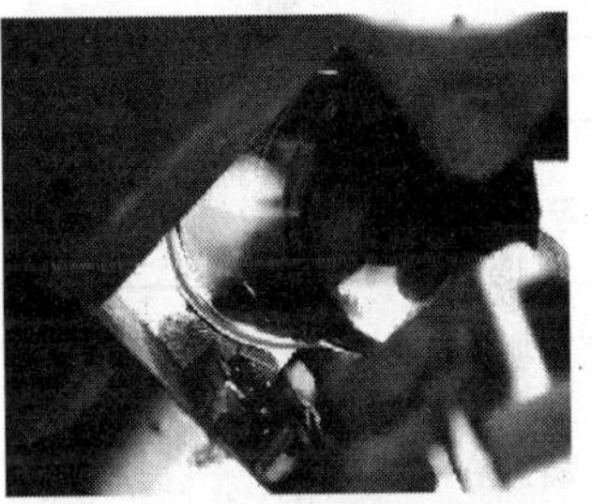

12 起动发动机，检查机油滤清器与发动机连接处有无漏油现象，若渗漏，则拧下机油滤清器，检查 O 形密封圈，涂抹机油，然后重新安装

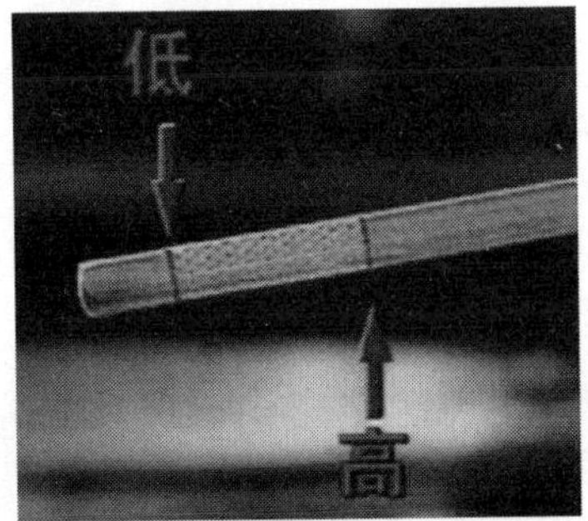

13 抽出机油标尺，油迹应在上下标线之间

14 盖好加机油口盖

注意事项

1）应在热车状态下放出机油。

2）在更换机油的同时更换机油滤清器。

3）拧紧机油滤清器时不可过分用力。

试题8　检查并更换冷却液

一、考核要求

1）按正确的操作规程检查冷却液。

2）按正确的操作规程更换冷却液。

二、考核时间

30min。

三、设备及设施准备

序号	名　　称	单位	数量	备　　注
1	汽车	辆	1	发动机工作状态正常
2	常用工具、量具	套	1	—
3	盆	个	1	—
4	冷却液	瓶	足够	—
5	棉纱	团	1	—
6	秒表	块	1	用于计时

四、配分与评分标准

序号	作业项目	考核内容及要求	配分	评分标准	考核记录	扣分	得分
1	正确选用工具、量具	选用工具、量具齐全并准确	5	缺一件扣1分，选错一件扣1分，扣完为止			
2	准备	操作前的准备	5	准备不充分，每次扣2.5分，扣完为止			
				准备失误扣5分			
3	加注冷却液	查看冷却液	10	方法不正确扣10分			
		加注冷却液	20	加注方法不正确扣20分			
4	更换冷却液	放掉冷却液	15	方法不正确扣15分			
		加注冷却液	15	方法不正确扣15分			
5	正确使用工具、量具	工具、量具使用正确	10	一种工具、量具使用不正确扣2分，扣完为止			
				损坏或丢失一件工具、量具不得分			
6	操作规程	操作规程执行情况	15	违反操作规程不得分			

（续）

序号	作业项目	考核内容及要求	配分	评分标准	考核记录	扣分	得分
7	清理现场	清理、擦洗并回收工具和量具	5	少收一件工具或量具扣1分，扣完为止			
8	分数总计		100				
否定项说明：出现重大安全事故按0分计							

五、基本操作步骤

操作步骤描述：查看冷却液→加注冷却液→放掉冷却液→加注冷却液。

1. 添加冷却液

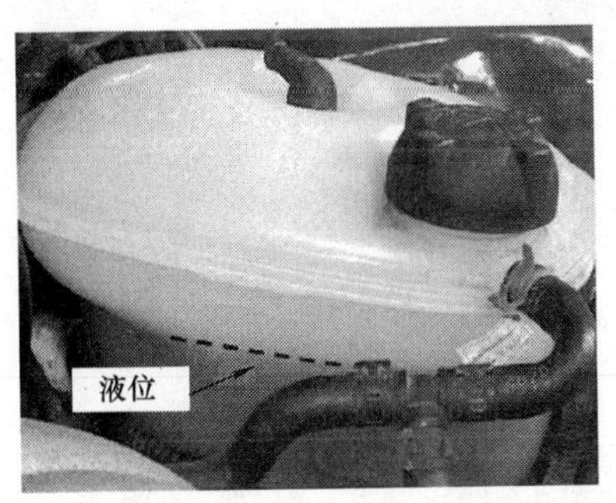

1 在热车状态下观察膨胀水箱中冷却液液位。若冷却液液位在上下标线之间，则冷却液量合适；若低于下线，则应补充冷却液

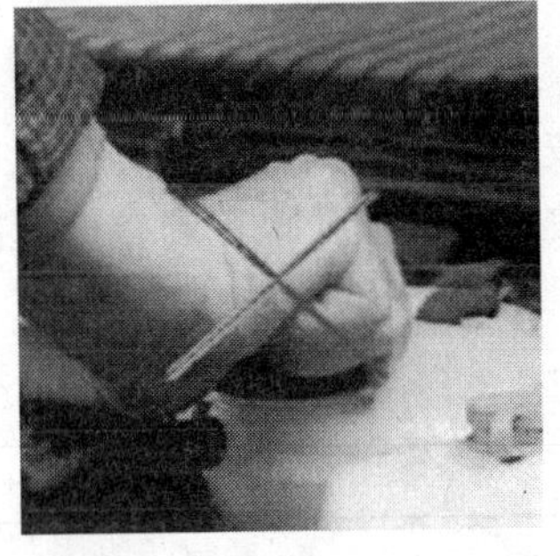

2 补充冷却液

注意：一定要等到发动机冷却后补充冷却液。绝不可以在热车状态下拧开膨胀水箱盖，以免热水溅出烫伤人

3 在冷却液冷却以后，打开膨胀水箱盖，添加相同型号的冷却液至下标线

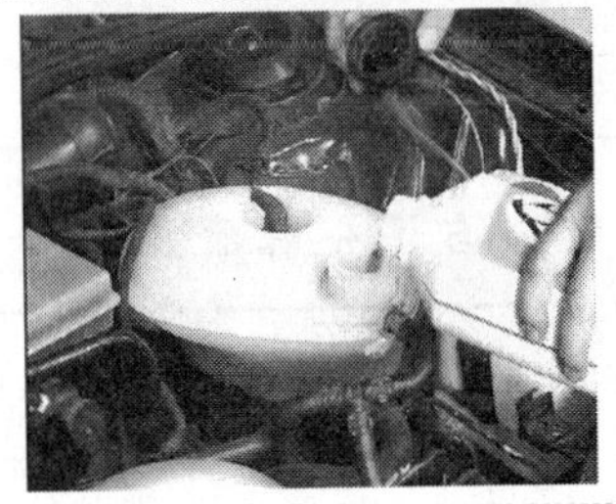

2. 更换冷却液

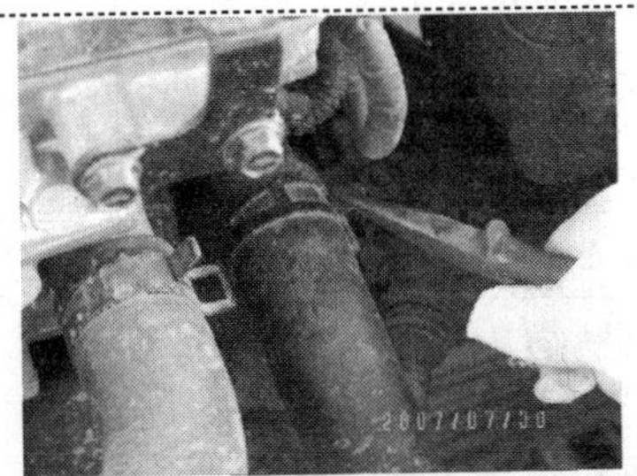

1 把散热器底部的放水螺丝拧开，将散热器里的冷却液放掉，并且拆掉散热器底部的出水软管

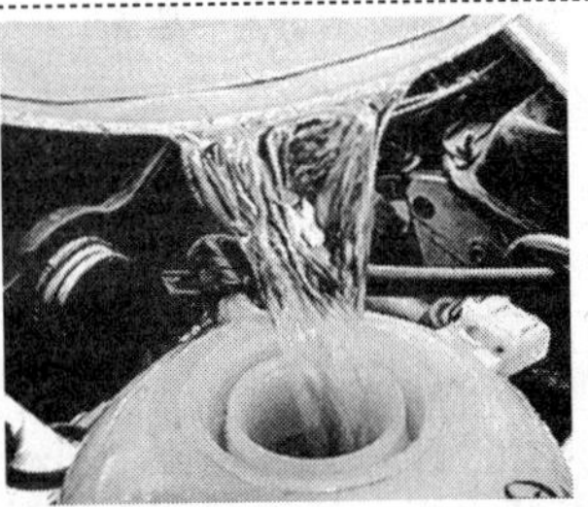

2 从膨胀水箱口加入清水，冲出冷却系统中的杂物，清洗冷却系统，装回橡胶弯管

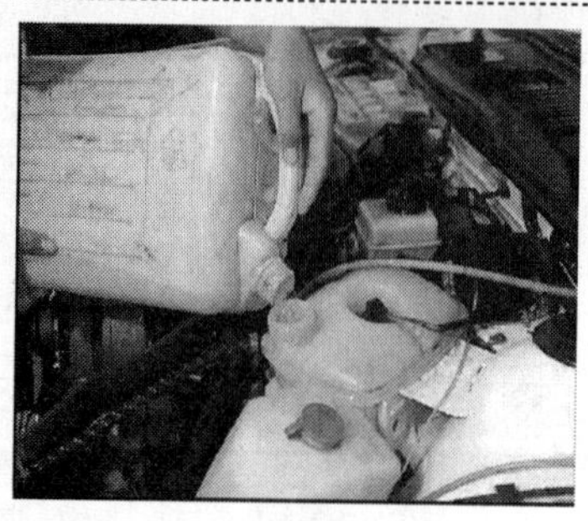

3 添加冷却液至规定位置

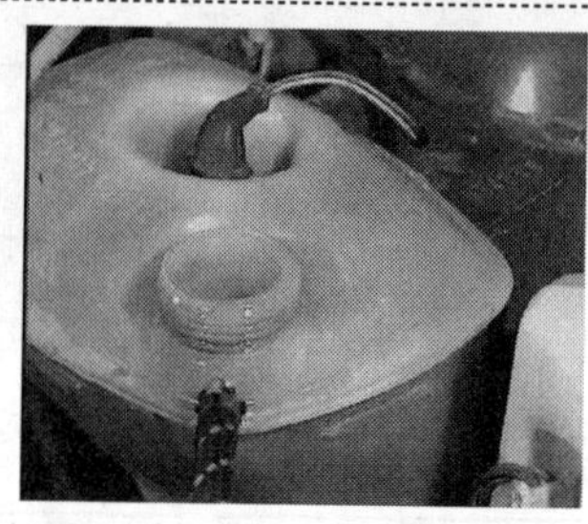

4 起动发动机，排出冷却系统中的空气，再添加冷却液至规定的位置

试题9　气门间隙的检查和调整

一、考核要求

1）按正确的操作规程检查气门间隙。

2）按正确的操作规程调整气门间隙。

二、考核时间

20min。

三、设备及设施准备

序号	名　称	单位	数量	备　注
1	本田雅阁发动机	台	1	工作状态正常
2	常用工具、量具	套	1	—
3	塞尺	把	1	—
4	棉纱	团	1	—
5	秒表	块	1	用于计时

四、配分与评分标准

序号	作业项目	考核内容及要求	配分	评分标准	考核记录	扣分	得分
1	正确选用工具、量具	选用工具、量具齐全并准确	5	缺一件扣1分，选错一件扣1分，扣完为止			
2	准备	操作前的准备	5	准备不充分，每次扣2.5分，扣完为止			
				准备失误扣5分			
3	检查	检查气门间隙	30	方法不正确扣30分			
4	调整	调整气门间隙	30	方法不正确扣30分			
5	正确使用工具、量具	工具、量具使用正确	10	一种工具、量具使用不正确扣2分，扣完为止			
				损坏或丢失一件工具、量具不得分			
6	操作规程	操作规程执行情况	15	违反操作规程不得分			

（续）

序号	作业项目	考核内容及要求	配分	评分标准	考核记录	扣分	得分
7	清理现场	清理、擦洗并回收工具和量具	5	少收一件工具或量具扣1分，扣完为止			
8	分数总计		100				
否定项说明：出现重大安全事故按0分计							

五、基本操作步骤

操作步骤描述：检查→调整。

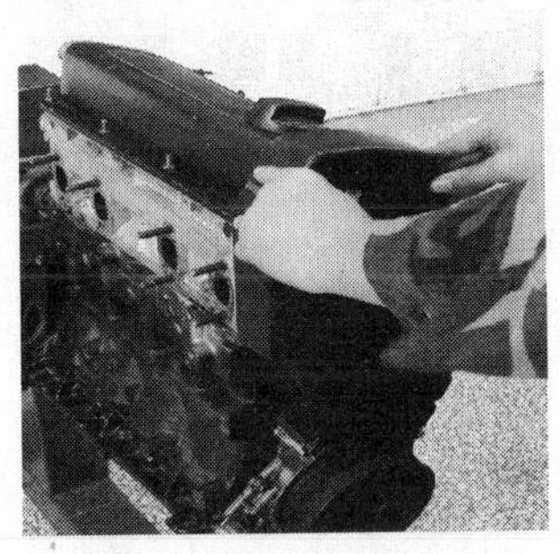

1 拆下缸盖罩和正时带上罩

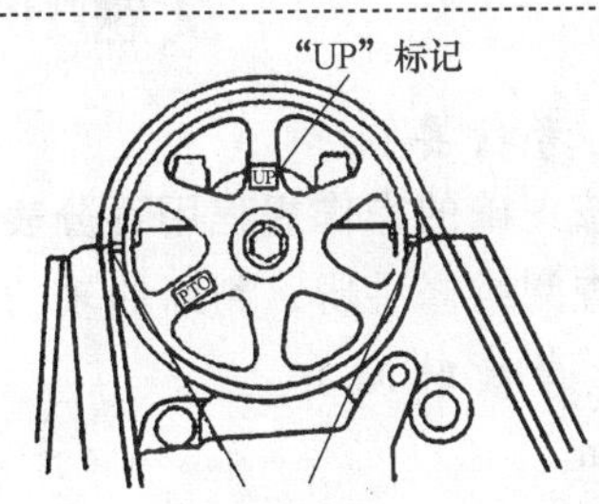

2 设置1号气缸活塞在压缩上止点位置。凸轮轴带轮上的“UP”标记应位于顶部，带轮上的上止点槽口应与缸盖表面平齐

3 调节1号气缸进、排气门的间隙

进气门：0.26mm±0.02mm

排气门：0.30mm±0.02mm

4 松开锁止螺母，转动调节螺钉，直到前后移动塞尺时感觉有一点拖滞为止，然后拧紧锁止螺母。若有必要，则重新进行调整

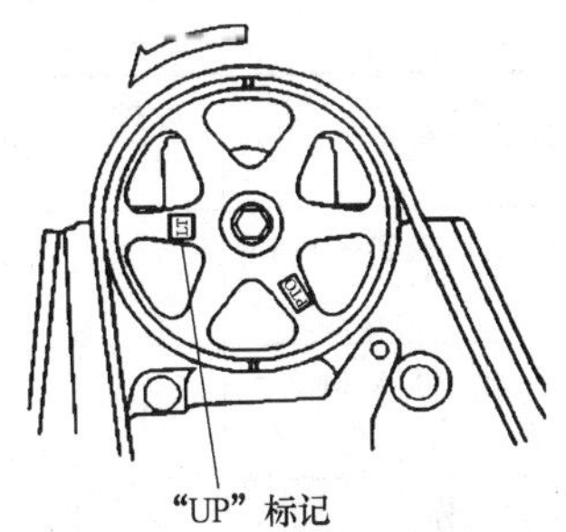

5 沿逆时针方向将曲轴旋转180°（凸轮轴带轮转动90°），“UP”记号应在排气门侧。调节3号气缸进、排气门的间隙

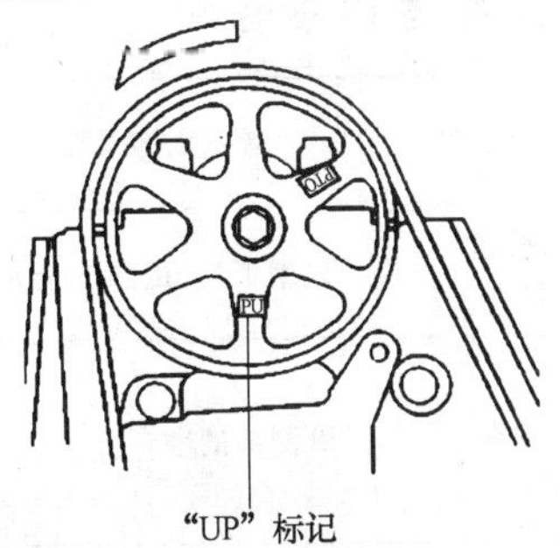

6 继续逆时针方向转动曲轴180°，使4号气缸活塞处于压缩上止点位置。调节4号气缸进、排气门的间隙

7 再逆时针转动曲轴 180°，使 2 号气缸活塞处于压缩上止点位置，“UP”标记应在进气门侧。调节 2 号气缸进、排气门的间隙

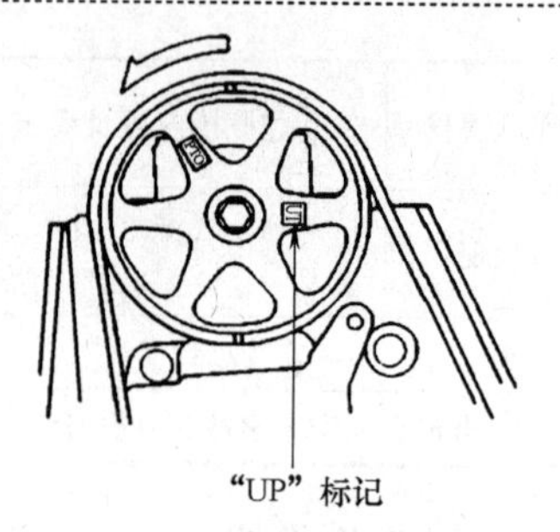

试题 10 曲轴轴向间隙的检查

一、考核要求

1）按正确的操作规程用百分表检查曲轴的轴向间隙。

2）查阅维修手册，判断曲轴的轴向间隙是否符合相关技术标准。

二、考核时间

20min。

三、设备及设施准备

序号	名　称	单位	数量	备　注
1	发动机气缸体	台	1	无油底壳，装备曲轴
2	百分表及表座	只	1	—
3	塞尺	把	1	—
4	一字槽螺钉旋具	把	1	—
5	撬棍	根	1	—
6	常用工具、量具	套	1	—
7	维修手册	本	1	与所选气缸体型号配套
8	棉纱	团	1	—
9	秒表	块	1	计时用

四、配分与评分标准

序号	作业项目	考核内容及要求	配分	评分标准	考核记录	扣分	得分
1	正确选用工具、量具	选用工具、量具齐全并准确	5	缺一件扣 1 分，选错一件扣 1 分，扣完为止			
2	准备	检测前的准备	5	准备不充分，每次扣 2.5 分，扣完为止			
				准备失误扣 5 分			
3	检查	安装百分表	10	安装位置不正确扣 10 分			
		检查轴向间隙	30	检查方法不正确扣 20 分			
				检查结果不正确扣 10 分			

（续）

序号	作业项目	考核内容及要求	配分	评分标准	考核记录	扣分	得分
4	分析	查阅维修手册，对测量的数值进行分析（口答）	20	分析不正确扣10分			
				不会分析扣20分			
5	正确使用工具、量具	工具、量具使用正确	10	一种工具、量具使用不正确扣2分，扣完为止			
				损坏或丢失一件工具、量具不得分			
6	操作规程	操作规程执行情况	15	违反操作规程不得分			
7	清理现场	清理、擦洗并回收工具和量具	5	少收一件工具或量具扣1分，扣完为止			
8	分数总计		100				

否定项说明：出现重大安全事故按0分计

五、基本操作步骤

操作步骤描述：安装万用表→测量。

1 拆卸飞轮

2 用图所示的方法单方向固定曲轴，以在拆卸飞轮螺栓时防止曲轴旋转

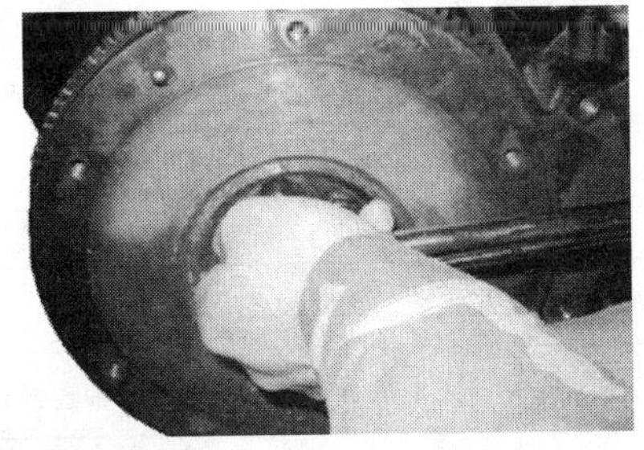

3 拆下飞轮

注意：按对角分两三次拧下飞轮上的6个固定螺栓，取下飞轮

4 拆下曲轴后油封凸缘

注意：按对角分两三次拧下曲轴后油封凸缘的6个固定螺栓，然后用橡皮锤轻击并取下曲轴后油封凸缘

5 把磁性表架固定在飞轮壳上，将百分表测头抵住飞轮表面，然后用螺钉旋具轴向撬动飞轮，同时观察百分表指针的指示值

6 也可用螺钉旋具轴向撬动飞轮，用塞尺进行测量

说明：标准轴向间隙为0.02～0.22mm，最大轴向间隙为0.3mm。如果轴向间隙大于最大值，则应成组地更换止推垫圈。注意：止推垫圈厚度为2.400～2.440mm。

试题11 曲轴轴承间隙的检查

一、考核要求

1）按正确的操作规程检查曲轴轴承间隙。

2）查阅维修手册，判断曲轴轴承间隙是否符合相关技术标准。

二、考核时间

20min。

三、设备及设施准备

序号	名　称	单位	数量	备　注
1	发动机气缸体	台	1	无油底壳，装备完整的曲轴连杆机构
2	塞尺	把	1	—
3	一字槽螺钉旋具	把	1	—
4	撬棍	根	1	—

（续）

序号	名　称	单位	数量	备　注
5	常用工具、量具	套	1	—
6	维修手册	本	1	与所选气缸体型号配套
7	棉纱	团	1	—
8	秒表	块	1	计时用

四、配分与评分标准

序号	作业项目	考核内容及要求	配分	评分标准	考核记录	扣分	得分
1	正确选用工具、量具	选用工具、量具齐全并准确	5	缺一件扣1分，选错一件扣1分，扣完为止			
2	准备	检测前的准备	5	准备不充分，每次扣2.5分，扣完为止			
				准备失误扣5分			
3	检查	安装塞尺	10	安装位置不正确扣10分			
		检查间隙	30	检查方法不正确扣20分			
				检查结果不正确扣10分			
4	分析	查阅维修手册，对测量的数值进行分析（口答）	20	分析不正确扣10分			
				不会分析扣20分			
5	正确使用工具、量具	工具、量具使用正确	10	一种工具、量具使用不正确扣2分，扣完为止			
				损坏或丢失一件工具、量具不得分			
6	操作规程	操作规程执行情况	15	违反操作规程不得分			
7	清理现场	清理、擦洗并回收工具和量具	5	少收一件工具或量具扣1分，扣完为止			
8	分数总计		100				
否定项说明：出现重大安全事故按0分计							

五、基本操作步骤

操作步骤描述：拆卸→安装塞尺→测量。

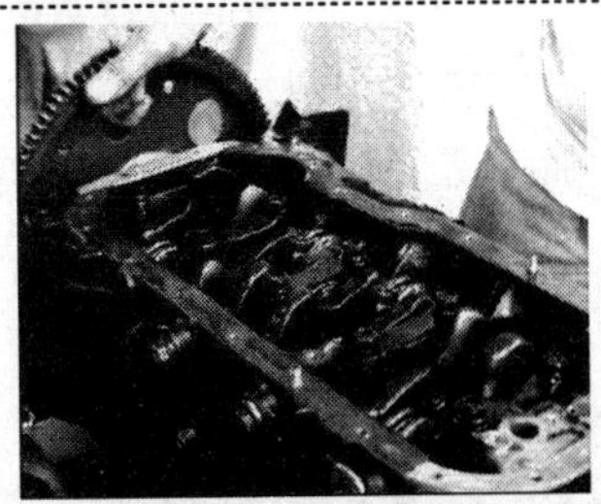

1 用手转动曲轴，若感觉费力，则说明径向间隙过小；若感到过松，则说明间隙过大

2 拆下轴承盖紧固螺栓，取下轴承盖

3 用干净的抹布擦净轴瓦和主轴颈表面上的油污

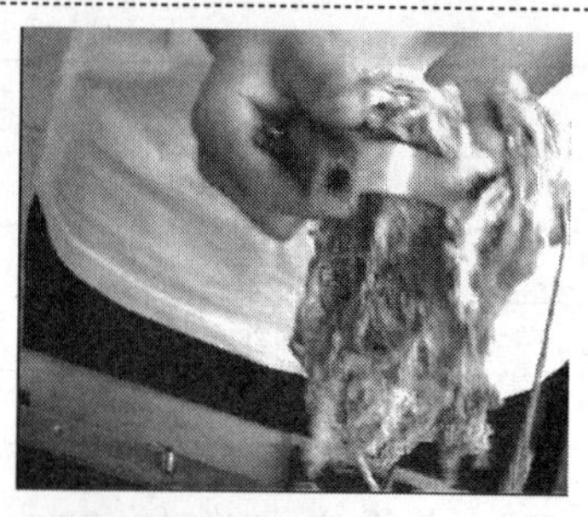

4 取出一段塞尺,沿曲轴轴向放置在轴瓦上

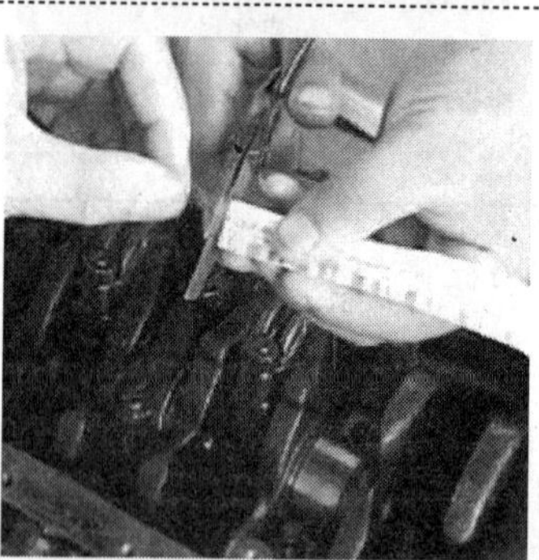

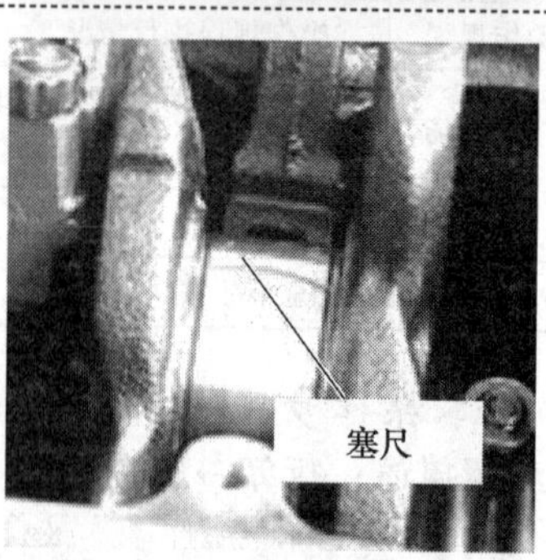

5 安装轴承盖,按规定的力矩拧紧螺栓

6 拆下轴承盖，测量其宽度，并与标准值比较，若不符合要求，则应更换轴瓦

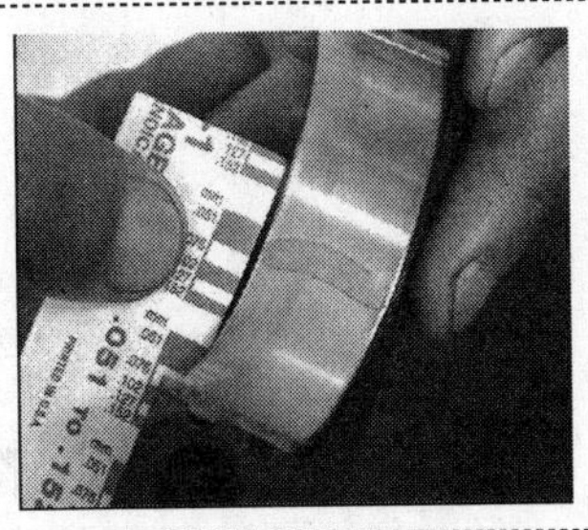

7 安装轴瓦时，应先在轴瓦表面涂抹新鲜的机油，再进行安装

注意：6 缸发动机应拆检 2 个以上的轴瓦，并且拆检、装复一个之后，再拆检、装复另一个；4 缸发动机可拆检 2 个

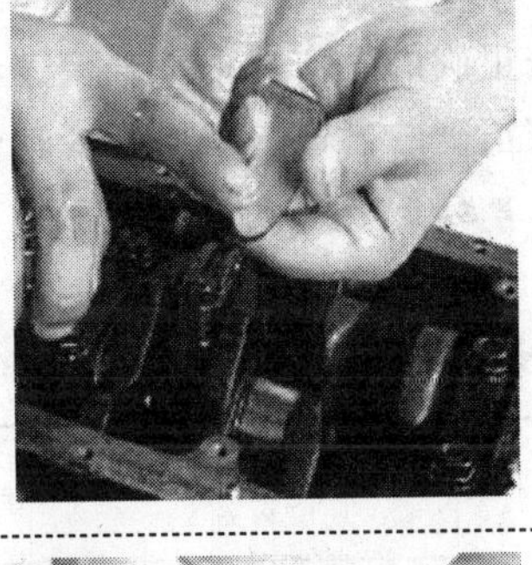

第二章　底盘的维护

试题1　检查并更换变速器润滑油

一、考核要求

1）按正确的操作规程检查变速器润滑油。

2）按正确的操作规程更换变速器润滑油。

二、考核时间

30min。

三、设备及设施准备

序号	名　称	单位	数量	备　注
1	汽车	辆	1	变速器工作状态正常
2	常用工具、量具	套	1	—
3	盆	个	1	—
4	棉纱	团	1	—
5	秒表	块	1	计时用

四、配分与评分标准

序号	作业项目	考核内容及要求	配分	评分标准	考核记录	扣分	得分
1	正确选用工具、量具	选用工具、量具齐全并准确	5	缺一件扣1分，选错一件扣1分，扣完为止			
2	准备	操作前的准备	5	准备不充分，每次扣2.5分，扣完为止			
				准备失误扣5分			
3	检验	检验变速器润滑油质量	30	方法不正确扣30分			
4	更换	放掉变速器润滑油	15	方法不正确扣15分			
		加注变速器润滑油	15	方法不正确扣15分			
5	正确使用工具、量具	工具、量具使用正确	10	一种工具、量具使用不正确扣2分，扣完为止			
				损坏或丢失一件工具、量具不得分			
6	操作规程	操作规程执行情况	15	违反操作规程不得分			
7	清理现场	清理、擦洗并回收工具和量具	5	少收一件工具或用具扣1分，扣完为止			
8	分数总计		100				

否定项说明：出现重大安全事故按0分计

五、基本操作步骤

操作步骤描述：检验质量→放掉变速器润滑油→加注变速器润滑油。

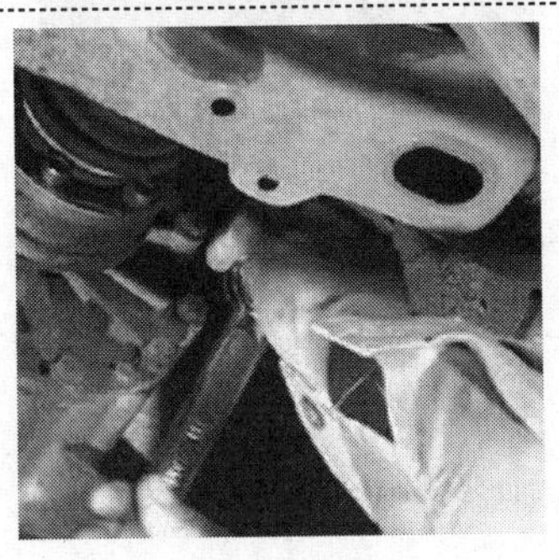
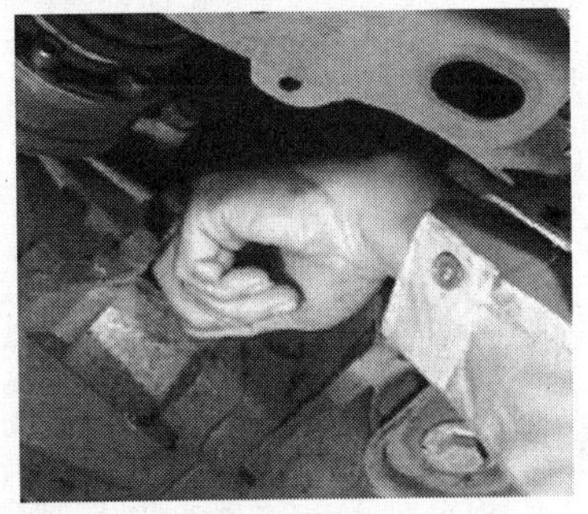

1 拧下油位检查孔螺塞，检查油位。油位应不低于孔边15mm，深入手指，一节手指应能够到油面。若油量不足，则应补充齿轮油至规定位置

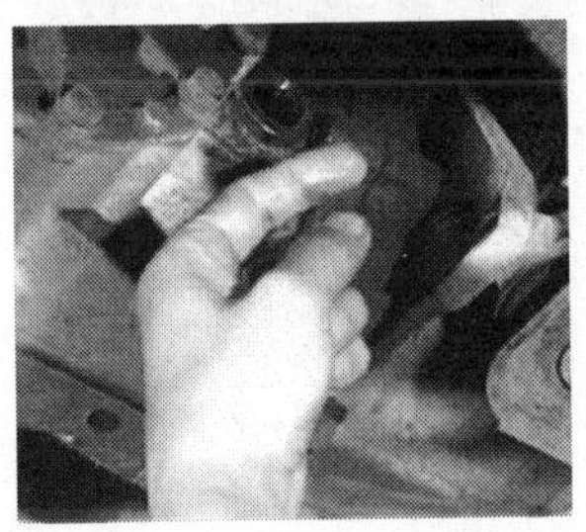

2 检查变速器润滑油质量：用手指碾压润滑油，如果润滑油粘度降低，很稀，说明润滑油失效；如果润滑油中有杂质或变黑，说明润滑油变质，应更换

3 在更换变速器润滑油前，起动车辆，行驶一段距离，使变速器润滑油升温

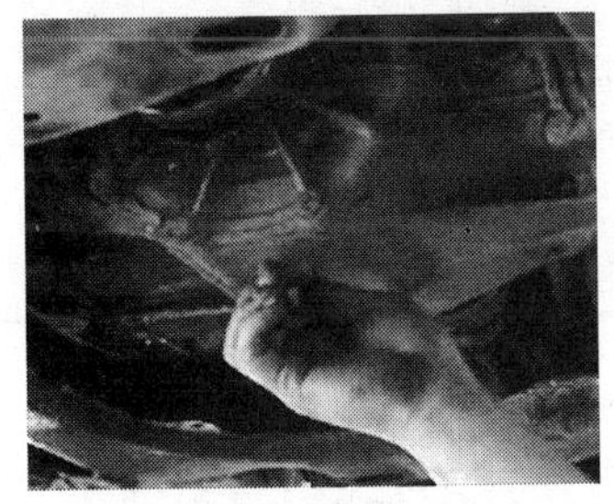
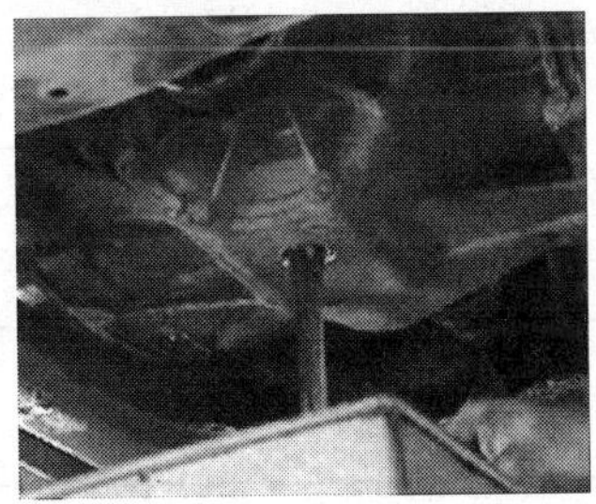
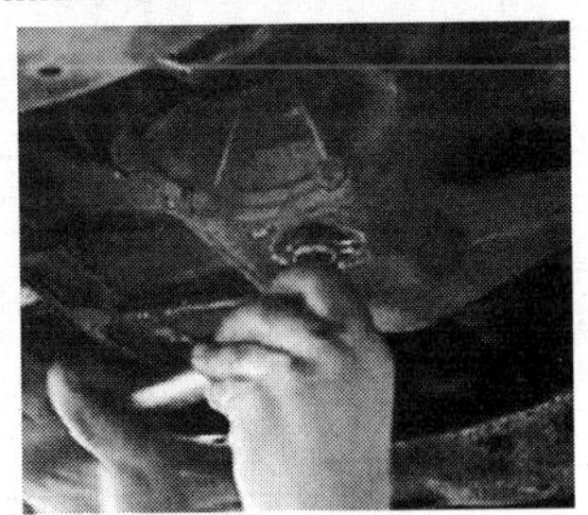

4 趁变速器润滑油还处于温热状态，拧下放油口螺塞，放净润滑油，再将放油螺塞拧牢固

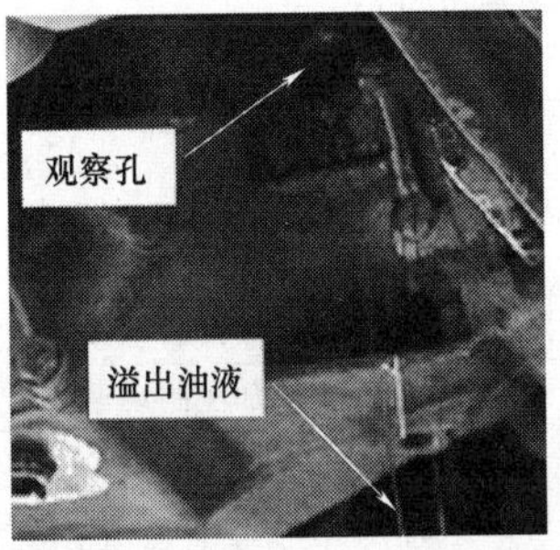

5 用加油机加入符合规定的变速器润滑油，直到润滑油从观察孔溢出

6 最后将检查孔螺塞安装好

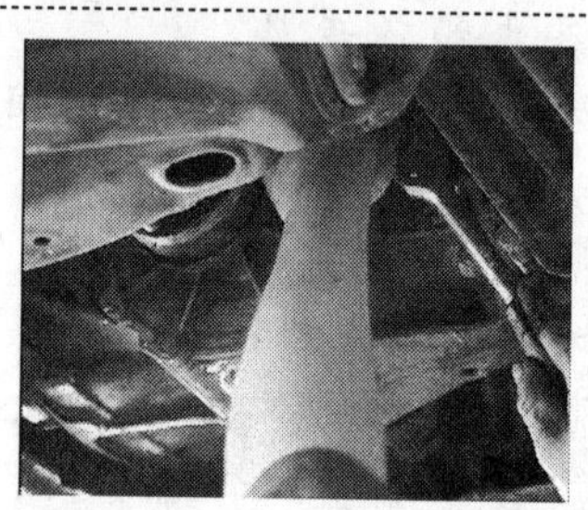

注意事项

1）油位应不低于孔边15mm。

2）若变速器润滑油的粘度降低，则说明已经失效。

3）更换变速器润滑油应在温热状态下进行。

试题2　更换制动液

一、考核要求

1）按正确的操作规程放出制动液。

2）按正确的操作规程加注制动液。

二、考核时间

40min。

三、设备及设施准备

序号	名　称	单位	数量	备　注
1	汽车	辆	1	工作状态正常
2	常用工具、量具	套	1	—
3	盆	个	1	—
4	棉纱	团	1	—
5	制动液	瓶	2	—
6	秒表	块	1	计时用

四、配分与评分标准

序号	作业项目	考核内容及要求	配分	评分标准	考核记录	扣分	得分
1	正确选用工具、量具	选用工具、量具齐全并准确	5	缺一件扣1分，选错一件扣1分，扣完为止			
2	准备	操作前的准备	5	准备不充分，每次扣2.5分，扣完为止			
				准备失误扣5分			
3	放出	正确放出制动液	30	方法不正确扣30分			
4	加注	正确加注制动液	30	方法不正确扣30分			
5	正确使用工具、量具	工具、量具使用正确	10	一种工具、量具使用不正确扣2分，扣完为止			
				损坏或丢失一件工具、量具不得分			

（续）

序号	作业项目	考核内容及要求	配分	评分标准	考核记录	扣分	得分
6	操作规程	操作规程执行情况	15	违反操作规程不得分			
7	清理现场	清理、擦洗并回收工具和量具	5	少收一件工具或量具扣1分，扣完为止			
8	分数总计		100				
否定项说明：出现重大安全事故按0分计							

五、基本操作步骤

操作步骤描述：拆卸车轮→放出制动液→加注制动液。

1 拆卸车轮

2 将车轮拆下，在放气阀处接一根透明的塑料管

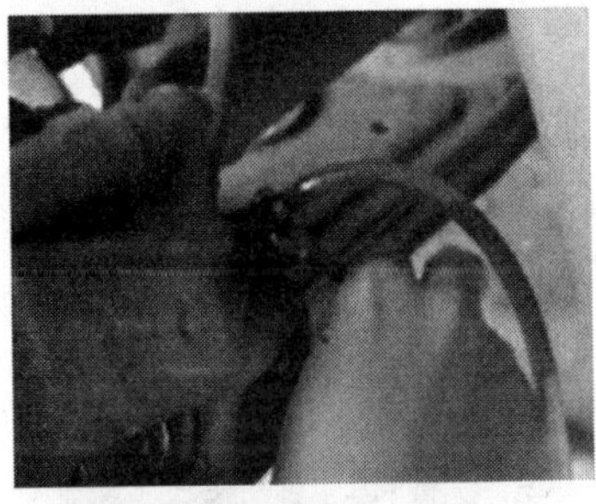

3 拧松放气阀，放出旧制动液

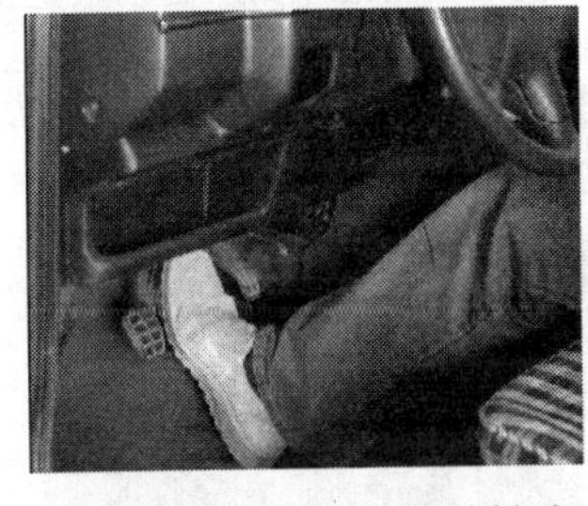

4 同时连续踩下制动踏板，直到制动液不再流出为止

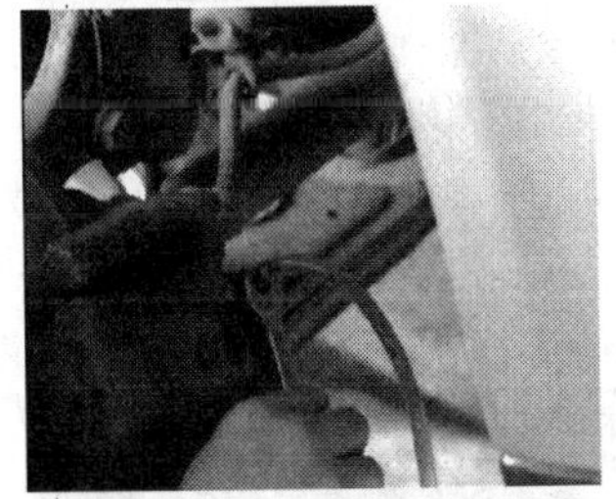

5 拧紧放气阀，向储液罐内加入符合要求的制动液，并排出液压管路内的空气

说明：排气需由两人配合进行，一人在驾驶室内连续踩踏制动踏板，另一人在车下拧松放气阀，将管路中的空气排出

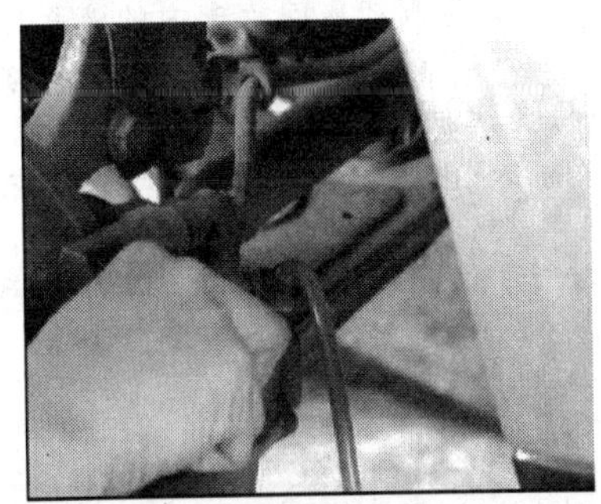

6 当空气和制动液一起排出时，立即拧紧放气阀，如此反复多次，直到塑料管内没有气泡排出为止，然后拧紧放气阀并装好防尘套

7 更换制动油，也可以使用制动液更换机

8 用相应的连接盖将充液软管连接到车辆制动总泵的储液盒上并拧紧，保证密闭性良好

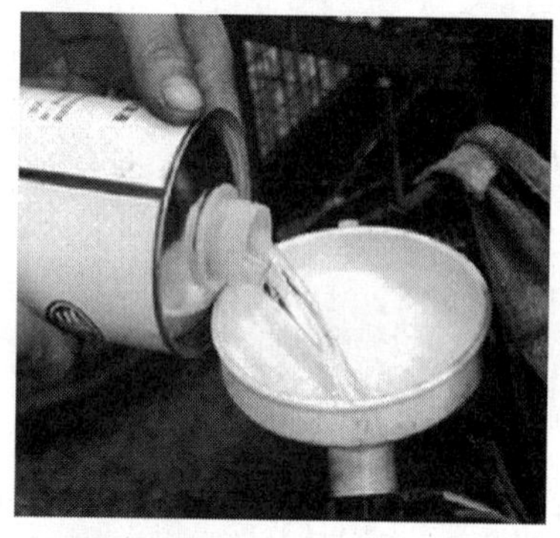

9 将新的制动液用漏斗倒入制动液更换机内

10 将废制动液回收罐依次挂在车轮上，拧开车轮制动分泵上的放油螺塞，将废制动液回收罐上的软管连接到放油接口上，然后打开更换机的电源，起动更换机，更换机可自动顶出废制动液和空气

11 随着车轮废制动液回收罐内的液面逐渐上升，观察流经管路的制动液颜色，待颜色由深灰色或黑色变为半透明黄色的新制动液后即可结束，然后以同样的步骤再移至其他车轮进行一遍，能够被压出的废制动液总的应该为2L左右

说明：放气的顺序为右后轮、左后轮、右前轮、左前轮

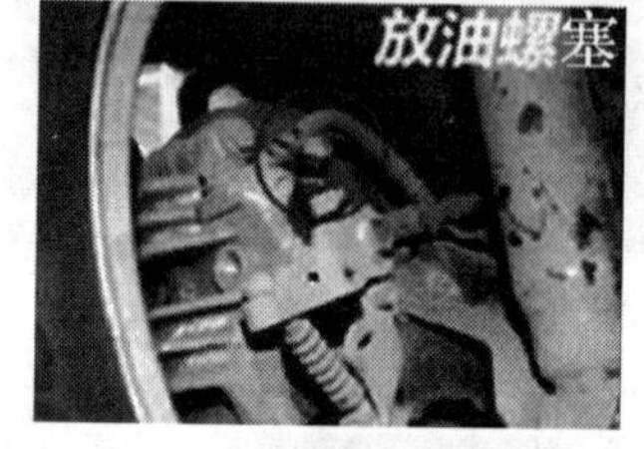

12 更换结束后，及时将放油螺塞拧紧，并擦干净油渍，检查一下是否有轻微的渗漏

13 检查液位，液面应保持在上下标线之间

试题3　前轮侧滑量的检测

一、考核要求

按正确的操作规程检测前轮侧滑量。

二、考核时间

15min。

三、设备及设施准备

序号	名　　称	单位	数量	备　　注
1	汽车	辆	1	各型号均可
2	前轮侧滑试验台	台	1	—
3	呆扳手	套	1	—
4	梅花扳手	套	1	—
5	鲤鱼钳	把	1	—
6	套筒扳手	把	1	—
7	轮胎气压表	只	1	—
8	轮胎花纹深度规	只	1	—
9	国家标准	本	1	《机动车运行安全技术条件》
10	棉纱	团	1	—
11	秒表	块	1	用于计时

四、配分与评分标准

<table>
<tr><th>序号</th><th>作业项目</th><th>考核内容及要求</th><th>配分</th><th>评分标准</th><th>考核记录</th><th>扣分</th><th>得分</th></tr>
<tr><td>1</td><td>正确选用工具、量具</td><td>选用工具、量具齐全并准确</td><td>5</td><td>缺一件扣1分，选错一件扣1分，扣完为止</td><td></td><td></td><td></td></tr>
<tr><td rowspan="2">2</td><td rowspan="2">准备</td><td rowspan="2">检测前的准备</td><td rowspan="2">5</td><td>准备不充分，每次扣2.5分，扣完为止</td><td rowspan="2"></td><td rowspan="2"></td><td rowspan="2"></td></tr>
<tr><td>准备失误扣5分</td></tr>
<tr><td rowspan="3">3</td><td rowspan="3">检测</td><td>检查轮胎气压及轮胎的表面状况</td><td>20</td><td>检查方法不正确扣20分</td><td rowspan="3"></td><td rowspan="3"></td><td rowspan="3"></td></tr>
<tr><td rowspan="2">将汽车以规定的速度驶过侧滑试验台，读取前轮侧滑量</td><td rowspan="2">40</td><td>测量方法不正确扣20分</td></tr>
<tr><td>测量结果不正确扣20分</td></tr>
<tr><td rowspan="2">4</td><td rowspan="2">正确使用工具、量具</td><td rowspan="2">工具、量具使用正确</td><td rowspan="2">10</td><td>一种工具、量具使用不正确扣2分，扣完为止</td><td rowspan="2"></td><td rowspan="2"></td><td rowspan="2"></td></tr>
<tr><td>损坏或丢失一件工具、量具不得分</td></tr>
<tr><td>5</td><td>操作规程</td><td>操作规程执行情况</td><td>15</td><td>违反操作规程不得分</td><td></td><td></td><td></td></tr>
<tr><td>6</td><td>清理现场</td><td>清理、擦洗并回收工具和量具</td><td>5</td><td>少收一件工具或量具扣1分，扣完为止</td><td></td><td></td><td></td></tr>
<tr><td>7</td><td colspan="2">分数总计</td><td>100</td><td></td><td></td><td></td><td></td></tr>
<tr><td colspan="8">否定项说明：出现重大安全事故按0分计</td></tr>
</table>

五、基本操作步骤

操作步骤描述：准备工作→检测→调整。

1. 准备工作

1 在不通电的情况下，检查仪表指针是否指在零位上，然后接通电源，晃动滑动板，待滑动板停止后，查看指针是否仍指在零位或数据显示仪表上的侧滑量数值是否为零。若发现仪表失准，则应进行调试

2 检查侧滑试验台及周围场地有无机油、石子或泥污等杂物，若有，则清除干净；检查各种导线有无因损伤而造成的接触不良的部位，必要时进行修理或更换

3 待检测车轮轮胎气压应符合各自的规定值（出厂标准）

4 检查并清除轮胎上的油污、水渍，以及嵌入的石子、杂物等

2. 测试

1 松开滑动板的锁止手柄，接通电源

2 使汽车以 3～5km/h 的低速行驶，垂直地使被测车轮通过滑动板

3 在被测车轮从滑动板上完全通过后，察看指示仪表，读取最大值，注意记下滑动板的运动方向，即区别滑动板是向内还是向外滑动

4 检测结束后，锁止滑动板，切断电源

注意事项

注意事项

1）不允许超过允许吨位的汽车驶入侧滑试验台，以防压坏或损伤易损机件。

2）不允许汽车在侧滑试验台上转向或制动，以防影响测量精度和侧滑试验台的使用寿命。

3）前驱动的汽车在测试时，不可突然加油、收油或踏离合器踏板，因为这样会改变前轮受力状态和定位角，造成测量误差。

4）不允许在侧滑试验台上停放任何车辆。

5）注意保持侧滑试验台内外清洁。

试题4　前轮前束的检测

一、考核要求

1）用正确的方法检查和调整前轮前束。

2）调整前轮前束，使之符合技术标准。

二、考核时间

30min。

三、设备及设施准备

序号	名　称	单位	数量	备　注
1	汽车	辆	1	各型号均可
2	前束尺	把	1	—
3	呆扳手	套	1	—
4	梅花扳手	套	1	—
5	鲤鱼钳	把	1	—
6	套筒扳手	把	1	—
7	秒表	块	1	用于计时

四、配分与评分标准

序号	作业项目	考核内容及要求	配分	评分标准	考核记录	扣分	得分
1	正确选用工具、量具	选用工具、量具齐全并准确	5	缺一件扣1分，选错一件扣1分，扣完为止			

（续）

序号	作业项目	考核内容及要求	配分	评分标准	考核记录	扣分	得分
2	准备	检测前的准备	5	准备不充分，每次扣2.5分,扣完为止			
				准备失误扣5分			
3	检测	在每一前轮轴线的胎面中心做记号	10	检查方法不正确扣10分			
		测量前轮前束值	20	测量方法不正确扣10分			
				测量结果不正确扣10分			
4	调整	调整前轮前束	20	操作方法不正确扣20分			
		调整完毕,再次检测前轮前束值	10	操作方法不正确扣5分			
				检查结果不正确扣5分			
5	正确使用工具、量具	工具、量具使用正确	10	一种工具、量具使用不正确扣2分,扣完为止			
				损坏或丢失一件工具、量具不得分			
6	操作规程	操作规程执行情况	15	违反操作规程不得分			
7	清理现场	清理、擦洗并回收工具和量具	5	少收一件工具或量具扣1分,扣完为止			
8	分数总计		100				

否定项说明:出现重大安全事故按0分计

五、基本操作步骤

操作步骤描述：检查→调整。

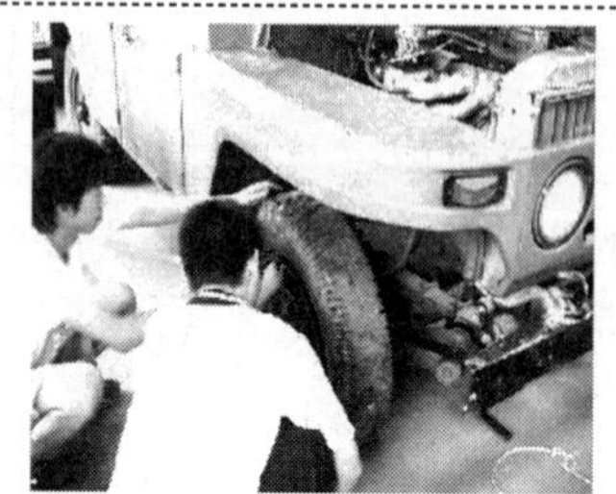

1 先将车停放在平整的路面上,然后将前轮轮胎补充到规定的气压,再将转向盘置于中间位置

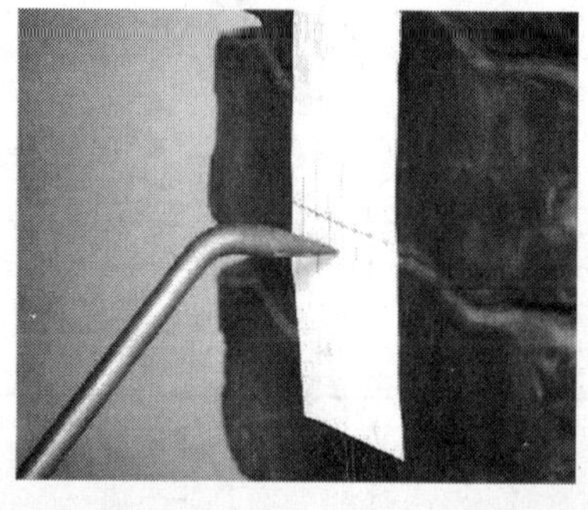

2 在两个前轮后侧花纹中心做标记,将前束尺的指针对准标记的中心线,测出距离

3 轻轻向前推动汽车,使车轮转动180°,然后将前束尺前移,再次测量两个标记之间的距离。前侧距离应小于后侧距离,两个距离之差即为前束值

4 如果前束值不符合要求，则举升车辆，取下横拉杆两侧固定螺母上的开口销，旋松横拉杆固定螺母

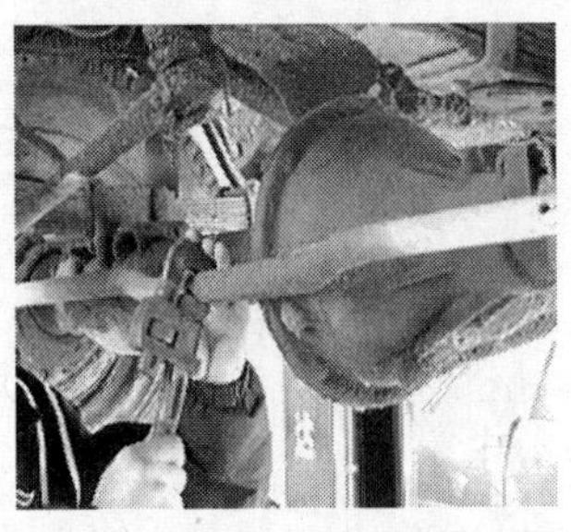

5 用管钳转动横拉杆，直至前束值符合要求为止

6 对于独立式悬架的轿车，应分别在横拉杆左右两侧的调整螺母上进行调整，最后拧紧横拉杆螺栓

第三章　电器的维护

试题1　空调系统的检查和维护

一、考核要求

按正确的操作规程检查、维护空调系统。

二、考核时间

30min。

三、设备及设施准备

序号	名　称	单位	数量	备　注
1	汽车	辆	1	装备空调系统
2	常用维修工具、量具	套	1	—
3	棉纱	团	1	—
4	秒表	块	1	计时用

四、配分与评分标准

序号	作业项目	考核内容及要求	配分	评分标准	考核记录	扣分	得分
1	正确选用工具、量具	选用工具、量具齐全并准确	5	缺一件扣1分，选错一件扣1分，扣完为止			
2	准备	检查前的准备	5	准备不充分，每次扣2.5分，扣完为止 准备失误扣5分			
3	检查	检查空调系统	30	检查方法一处不正确扣10分，扣完为止			
4	维护	维护空调系统	30	维护方法一处不正确扣10分，扣完为止			
5	正确使用工具、量具	工具、量具使用正确	10	一种工具、量具使用不正确扣2分，扣完为止 损坏或丢失一件工具、量具不得分			
6	操作规程	操作规程执行情况	15	违反操作规程不得分			
7	清理现场	清理、擦洗并回收工具和量具	5	少收一件工具或量具扣1分，扣完为止			
8	分数总计		100				

否定项说明：出现重大安全事故按0分计

五、基本操作步骤

操作步骤描述：检查→维护。

1 在起动发动机的同时，观察储氟罐上的观察孔，若出现气泡并在几秒钟内消失，则说明不缺少冷却剂，否则，应添加冷却剂

2 压缩机是空调系统的心脏，应检查压缩机运转是否正常，有无异常噪声

3 检查空调出风口的出风量，如果出风量不足，应检查进风滤清器，若有杂物，则应将其清除

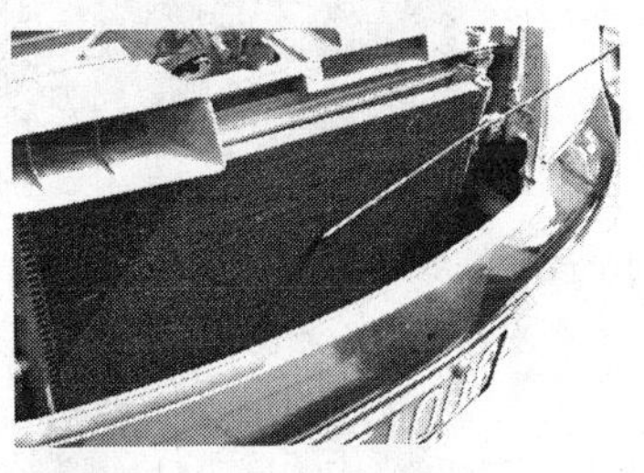

4 检查冷凝器散热片上是否有脏物覆盖，如果有，应将脏物清除

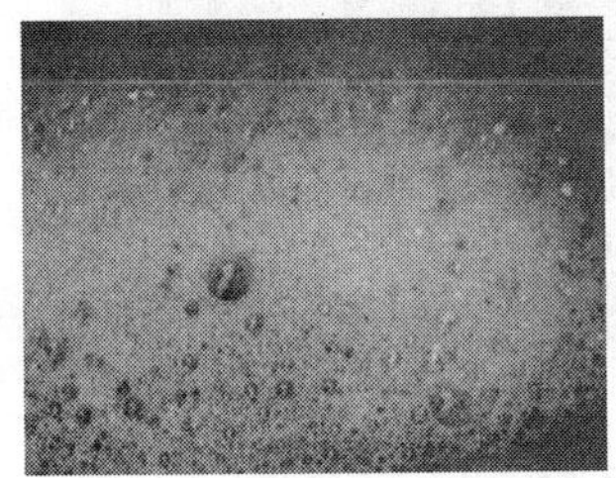

5 检查空调系统的泄漏情况，可以用肥皂水检测炭罐接口，膨胀阀，高、低压维修阀口和管路及回气管路等

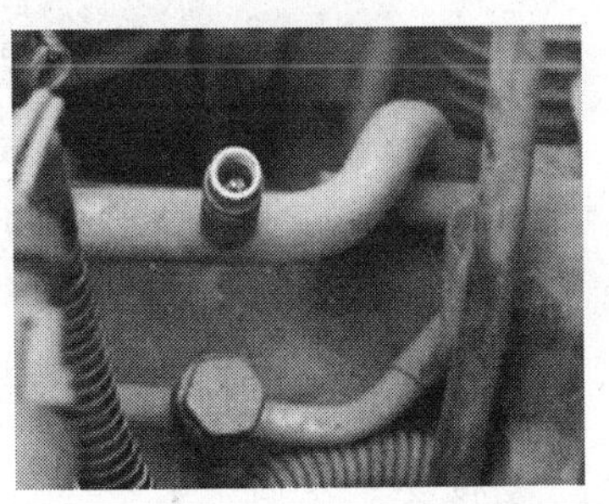

6 检查高低压维修阀口是否有泄漏现象

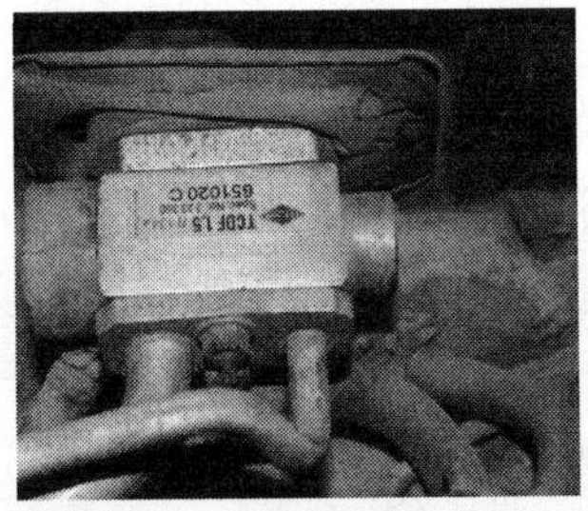

7 检查膨胀阀是否有泄漏现象

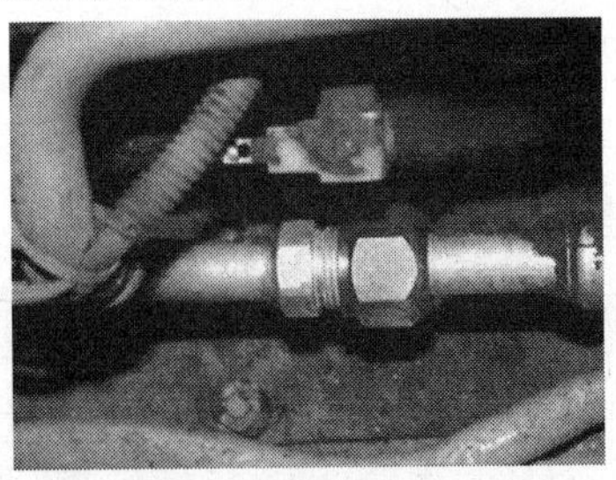

8 检查管路接口是否有泄漏现象

9 拧开散热器与车身的固定螺栓，不必拆下散热器水管，拔下散热风扇的电插头，使散热器与冷凝器离开一定的距离

10 向上拉出散热器，放到发动机上

11 如果冷凝器表面已经很脏，则用水和刷子洗净散热器表面

注意：不能用高压水枪冲洗，以免损坏散热器，影响散热效果

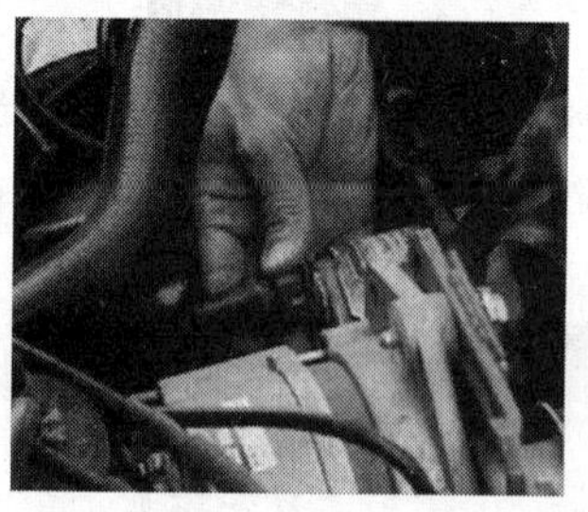

12 清洗完毕后，将散热器装回原位，拧紧固定螺栓，插好电插头

试题2　空调制冷系统压力的检测

一、考核要求

按正确的操作规程检测空调制冷系统压力。

二、考核时间

30min。

三、设备及设施准备

序号	名　称	单位	数量	备　注
1	汽车	辆	1	装备空调制冷系统
2	空调压力表	只	1	—
3	鲤鱼钳	只	1	—
4	维修手册	本	1	与考试车型配套
5	棉纱	团	1	—
6	秒表	块	1	计时用

四、配分与评分标准

序号	作业项目	考核内容及要求	配分	评分标准	考核记录	扣分	得分
1	正确选用工具、量具	选用工具、量具齐全并准确	5	缺一件扣1分，选错一件扣1分，扣完为止			
2	准备	检测前的准备	5	准备不充分，每次扣2.5分，扣完为止			
				准备失误扣5分			
3	检测	起动发动机并使其转速稳定在2000r/min，压缩机运转5min	10	操作方法不正确扣10分			
		擦干净干燥器上的视镜，从视镜中初步判定制冷剂量	10	操作方法不正确扣5分			
				判断结果不正确扣5分			
		用压力表检测系统压力	40	操作方法不正确扣20分			
				测量结果不正确扣20分			
4	正确使用工具、量具	工具、量具使用正确	10	一种工具、量具使用不正确扣2分，扣完为止			
				损坏或丢失一件工具、量具不得分			
5	操作规程	操作规程执行情况	15	违反操作规程不得分			
6	清理现场	清理、擦洗并回收工具和量具	5	少收一件工具或量具扣1分，扣完为止			
7	分数总计		100				

否定项说明：出现重大安全事故按0分计

五、基本操作步骤

操作步骤描述：检查压力→判断分析。

1 卸下系统高、低压管路上的检修阀护帽

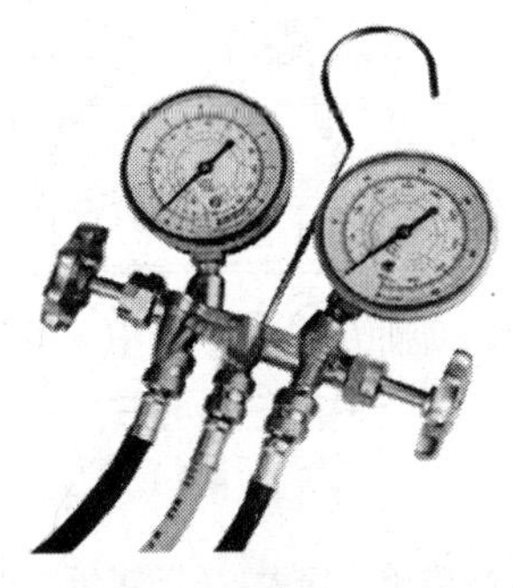

2 将压力表组高、低压侧手动阀都关闭，蓝色的低压侧软管接低压检修阀，红色的高压侧软管接高压检修阀

3 起动发动机，调整发动机转速至1250r/min，起动空调器，将控制器调至最凉位置（风机亦应在最高速），按需要使发动机温度正常（运行5～10min）后，进行检测

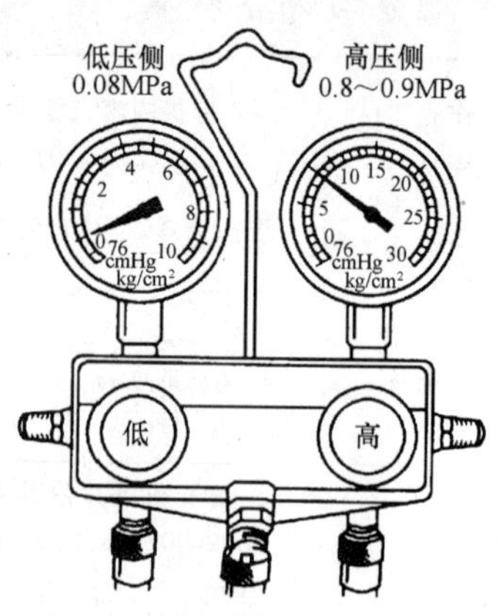

4 若高、低压侧的压力均很小，则说明制冷剂不足。若在空调系统工作一段时间后出现此现象，则可能是系统内某处存在泄漏现象，必须找出漏点并加以排除

5 若高、低压侧的压力均过大，则很可能是制冷剂过多引起的，应从低压侧放出一部分制冷剂，直到压力表显示规定的压力为止。若开始时正常，后来出现上述现象，则是由于冷凝器散热差造成的，可检查冷凝器散热片是否堵塞，风扇传动带是否过松，风扇转速是否正常，并酌情进行处理

说明：经上述方法将故障排除后，若高、低压侧压力还是高，则可能是加注制冷剂过程中没有将空气抽尽，系统内有空气，可更换干燥剂，清洁冷冻机油，重新加注制冷剂

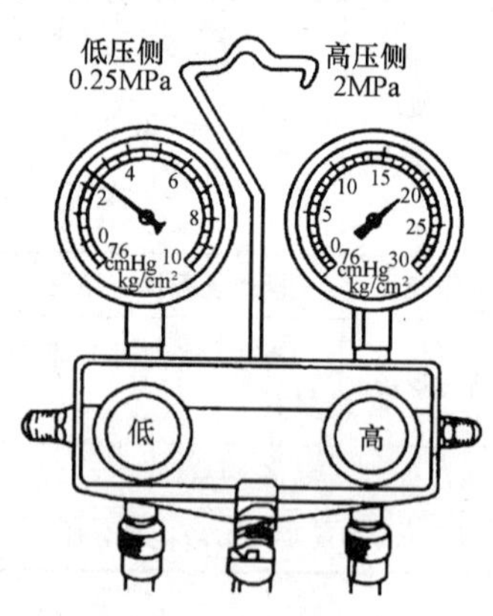

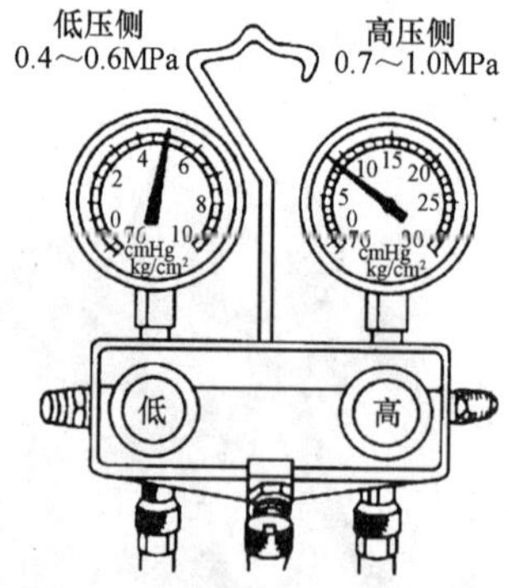

6 若低压侧压力偏大，高压侧压力偏小，并且在增加发动机转速时高低压变化都不大，则一般是压缩机工作不良造成，应检查压缩机内阀片是否损坏、活塞及环是否磨损，并视情况予以排除

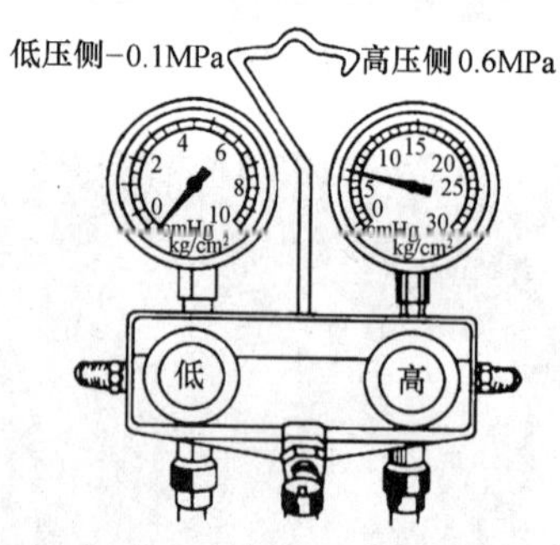

7 若低压侧出现真空，高压侧压力过小，则可能是膨胀阀感温包内的制冷剂完全泄漏，使膨胀阀打不开，制冷剂不流动，系统不能制冷。排除的办法是更换或拆修膨胀阀

8 检测完后，关掉发动机，卸掉压力表组，把检修阀的护帽旋回

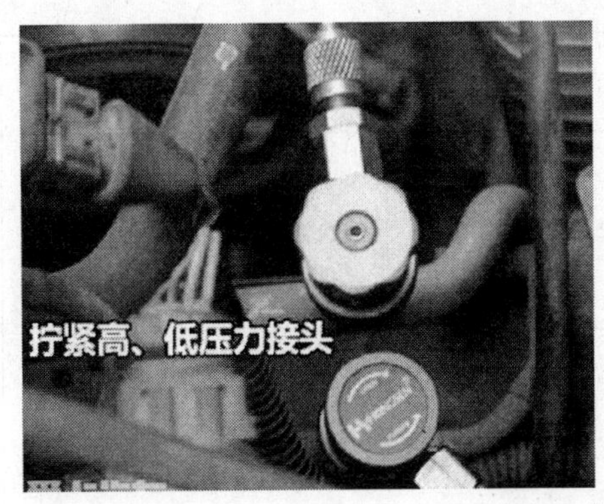

注意事项

注意事项

1）R12 与 R134a 制冷剂不可使用同一个压力表组。

2）在检查过程中应注意旋转件，以免受伤。

3）压力表组的高、低压管位置不能接反。

试题 3　用解码器读取故障码

一、考核要求

按正确的操作规程用解码器读取故障码。

二、考核时间

20min。

三、设备及设施准备

序号	名　称	单位	数量	备　注
1	电控发动机台架	台	1	丰田车
2	解码器（KT600）	台	1	能够与考试汽车或发动机台架通信
3	万用表	块	1	—
4	常用工具、量具	套	1	—
5	维修手册	本	1	与考试车型或发动机型号配套
6	秒表	块	1	计时用

四、配分与评分标准

序号	作业项目	考核内容及要求	配分	评分标准	考核记录	扣分	得分
1	正确选用工具、量具	选用工具、量具齐全并准确	5	缺一件扣 1 分，选错一件扣 1 分，扣完为止			

（续）

序号	作业项目	考核内容及要求	配分	评分标准	考核记录	扣分	得分
2	准备	检测前的准备	5	准备不充分，每次扣 2.5 分，扣完为止			
				准备失误扣 5 分			
3	读取故障码	连接解码器	10	操作方法不正确，每次扣 2 分，扣完为止			
		读取故障码	10	操作方法不正确，每次扣 2 分，扣完为止			
		分析故障码内容	20	分析不正确，每次扣 5 分，扣完为止			
4	清除故障码	清除故障码	20	操作方法不正确，每次扣 5 分，扣完为止			
5	正确使用工具、量具	工具、量具使用正确	10	一种工具、量具使用不正确扣 2 分，扣完为止			
				损坏或丢失一件工具、量具不得分			
6	操作规程	操作规程执行情况	15	违反操作规程不得分			
7	清理现场	清理、擦洗并回收工具和量具	5	少收一件工具或量具扣 1 分，扣完为止			
8	分数总计		100				

否定项说明：出现重大安全事故按 0 分计

五、基本操作步骤

操作步骤描述：连接解码器→读取故障码→分析故障码内容→清除故障码。

1. 一般测试条件

1）打开汽车电源开关。

2）汽车蓄电池电压应在 11～14V，KT600 型解码器的额定电压为 DC 12V。

3）节气门应处于关闭状态，即怠速结合点闭合。

4）点火正时和怠速应在标准范围内，冷却液温度和变速器润滑油温度达到正常工作温度（冷却液温度为 90～110℃，变速器润滑油温度为 50～80℃）。

2. 选择测试插头和诊断座

KT600型解码器配有多种测试插头，应根据诊断界面的提示选择相应的测试插头。不同车型的诊断座位置会有不同，应找到正确的诊断座进行测试。

3. 设备连接

1）将KT600型解码器诊断盒插入诊断插槽，注意插入方向，应将印有“UP”字样的一面朝上。

2）确定诊断座的位置、形状以及是否需要外接电源。

3）根据车型及诊断座的形状选择相应的插头。

当汽车诊断座不供电时，应采用特殊的连接方法。

> 注意：一定要先连接好主机、测试延长线和诊断插头，再把测试插头连接到诊断座上，否则在连接过程中容易因导线短路而造成诊断座熔丝熔化。

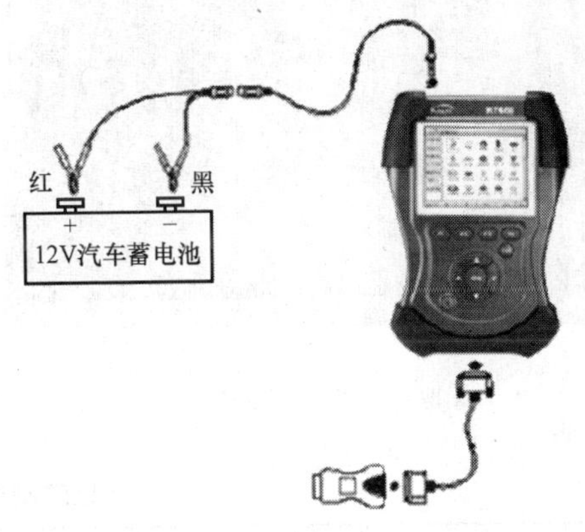

▲汽车诊断座不供电时的连接

4）将测试延长线的一端插入KT600型解码器的测试口内，另一端连接测试插头。

5）将连接好的测试延长线的测试插头插到车辆的诊断座上。

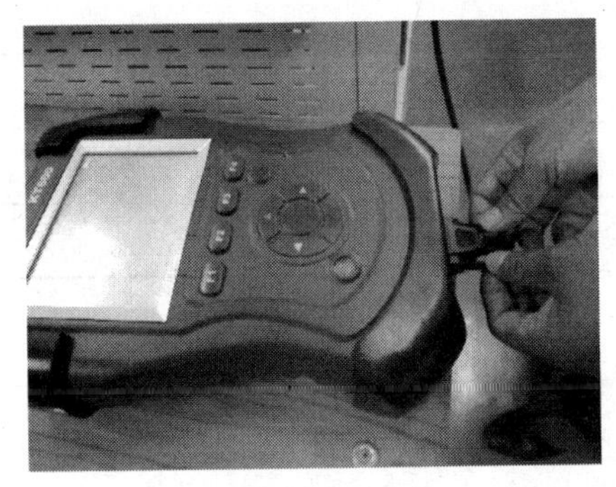
▲测试延长线的连接

▲将测试插头插到诊断座上

4. 进入诊断系统

1）连接好解码器后接通电源，起动KT600型解码器进入主菜单，选择“汽车诊断”模块。

2）单击“汽车诊断”模块，进入故障测试界面。

说明：KT600型解码器以车型车标图形为按钮，单击某汽车相应的图标即可对该车进行诊断，因此熟悉汽车图标有助于快速进行汽车诊断。

▲选择“汽车诊断”模块

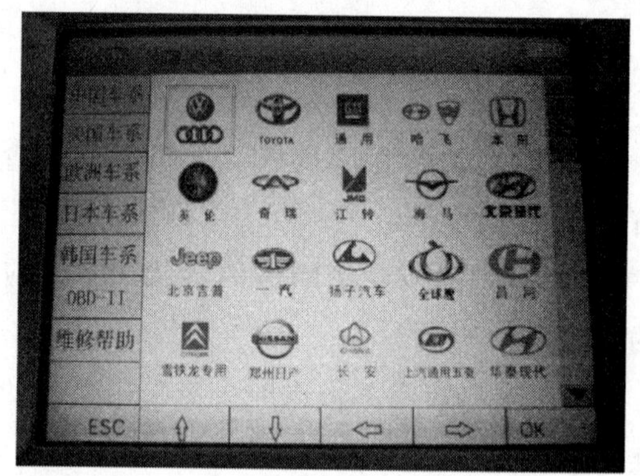

▲故障测试界面

▼故障测试界面菜单功能简介

序号	项　目	说　明
1	车系选择	中国车系/美国车系/欧洲车系/日本车系/韩国车系/OBD-II,应根据被测车辆正确选择
2	维修帮助	包含“音响解码功能”“演示教程”“资料库”“电路图”“KT系列注册升级指导”“防盗系统”“遥控器系统”和“维修手册”(包含故障码分析、数据流分析、基本设定与调整技巧、控制单元编码技巧、第二代和第三代防盗系统匹配)
3	ESC	触摸按钮,表示退出,返回上一级菜单
4	箭头	触摸按钮,表示方向选择
5	OK	触摸按钮,表示确认选择
6	选择车型	应根据被测车型正确选择(车型图标会根据使用的频率自动排列)

3）选择相应的车型图标进行车辆故障测试，如单击“中国车系”下的奥迪大众图标，屏幕显示该车型的诊断信息。V02.32为当前仪器内该车型的测试版本号。根据测试版本的不同，该版本号在程序升级后会改变。

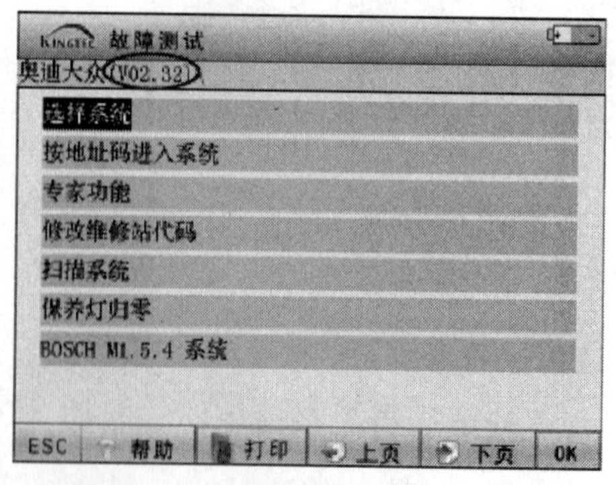

▲诊断信息

▼按钮说明

项目	说　明
OK	触摸按钮，确认选择，执行当前任务
ESC	触摸按钮，表示退出，返回上一级菜单
?（帮助）	提供当前页面相关帮助信息
打印	将当前页面内容通过仪器自带的打印机打印出来，或者以文件形式保存至 CF 卡的 Temp 文件夹中
上页/下页	当所有内容无法在一页内全部显示时，通过它实现翻页功能

说明：不同车型的诊断界面操作方法大体相似，但各车型的具体测试方法应按照仪器界面提示操作。本书只详细介绍奥迪大众车系发动机系统下的各项检测功能，以备用户参考。

4）由于大众系列车型的诊断方法一样，所以可直接单击“选择系统”栏进入下一级操作界面。

KT600 型解码器的测试功能包括读取汽车电脑型号、读取故障码、清除故障码、读取动态数据流、基本设定、控制器编码、元件控制测试、各种调整匹配、自适应值清除、系统登录和防盗钥匙匹配等。

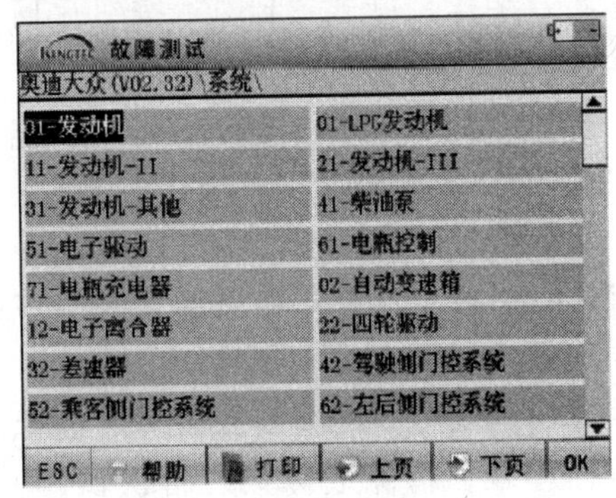

▲下一级操作界面

说明：KT600 型解码器可以诊断目前国内所有奥迪、大众车型，还有斯科达系列、SEAT 系列、装备有博世电控系统的小红旗和一些微型车，可以测试原厂 88 个电子控制系统。

不同系统的测试方法相似，下面以发动机系统的测试为例进行说明。

5）选择“01-发动机”，显示汽车电脑版本号，部分车型会有多屏显示，可以单击查看。读取完汽车电脑版本号后，按任意键，进入系统诊断界面。

6）读取汽车电脑型号。此项功能可以读取被测试系统的电脑信息，包括版本号、CODING 号、服务站代码以及相关信息。一般在更换车辆控制单元时，需要读出原控制单元的信息并记录，作为购买新控制单元的参考，在对新的控制单元进行编码时，需要原控制单元信息。

在系统功能选择菜单中选择“01-读取车辆电脑型号”，屏幕显示汽车电脑版本号。

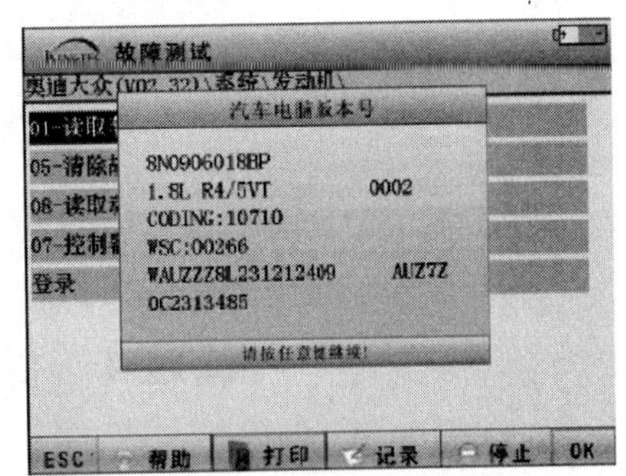

▲选择“01-读取车辆电脑型号”时屏幕显示的内容

有些车型存在多屏信息，按任意键或单击屏幕将会显示下一屏相关信息，按“ESC”按钮返回上一级。

7）读取故障码。此项功能可以读取被测试系统ECU存储器内的故障码，帮助维修人员快速查到引起车辆故障的原因。在系统功能选择菜单中选择“02-读取故障码”，系统开始检测汽车电脑随机存储器（ROM）中存储的故障记忆内容，测试完毕后屏幕显示出测试结果。

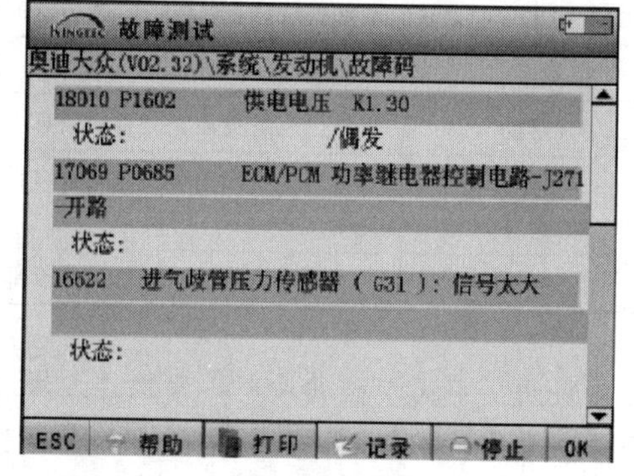

▲读取故障码

通过滚动条滚动屏幕，查看所有故障码信息，若所测试系统无故障码，则屏幕显示“系统正常”字样，单击“ESC”按钮返回上一级菜单。

8）清除故障码。在系统功能选择菜单中选择“05-清除故障码”进入操作界面。

此项功能可以清除被测试系统ECU内存储的故障码，一般车型要严格按照常规顺序操作：先读故障码并记录（或打印），然后再清除故障码，试车，再次读取故障码进行验证，维修车辆，清除故障码，再次试车，确认故障码不再出现。

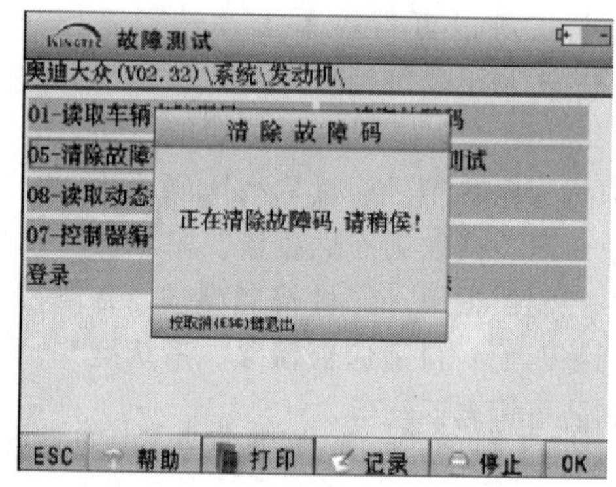

▲清除故障码

说明：目前硬性故障码是不能被清除的，如果是氧传感器、爆燃传感器、混合气修正、气缸失火之类的技术型故障码，虽然能立即清除，但是在一定周期内还会出现。只有在彻底排除故障之后故障码才不会再出现。

注意事项

注意事项

1）不得在开机状态下随意拔出或插上传感器插头，以免损伤控制电脑。

2）不得随意长时间进行执行元件测试，以免损坏执行元件。

3）测试中出现故障时应立即停止测试，并关闭点火开关。

4）测试区通风良好，严禁烟火。

试题4　蓄电池的维护

一、考核要求

按正确的操作规程维护蓄电池。

二、考核时间

30min。

三、设备及设施准备

序号	名　称	单位	数量	备　注
1	蓄电池	块	1	—
2	电解液密度计	根	1	—
3	高率放电计	块	1	—
4	充电机	台	1	—
5	蒸馏水		足够	—
6	修理工具	套	1	—
7	秒表	块	1	用于计时

四、配分与评分标准

序号	作业项目	考核内容及要求	配分	评分标准	考核记录	扣分	得分
1	正确选用工具、量具	选用工具、量具齐全并准确	5	缺一件扣1分，选错一件扣1分，扣完为止			
2	准备	检测前的准备	5	准备不充分，每次扣2.5分，扣完为止			
				准备失误扣5分			
3	检测	检测电解液密度	30	根据情况酌情扣分			
4	充电	给蓄电池充电	30	根据情况酌情扣分			
5	正确使用工具、量具	工具、量具使用正确	10	一种工具、量具使用不正确扣2分，扣完为止			
				损坏或丢失一件工具、量具不得分			
6	操作规程	操作规程执行情况	15	违反操作规程不得分			
7	清理现场	清理、擦洗并回收工具和量具	5	少收一件工具或量具扣1分，扣完为止			
8	分数总计		100				
否定项说明：出现重大安全事故按0分计							

五、基本操作步骤

操作步骤描述：检测电解液密度→给蓄电池充电。

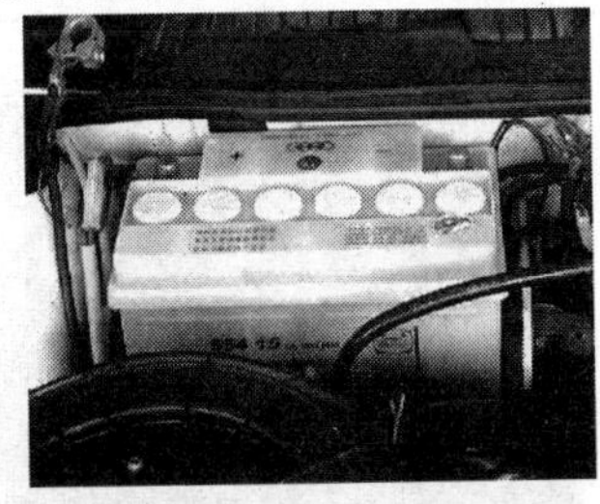

1 蓄电池的维护除了清除搭铁的氧化物和补充蒸馏水外，为了延长蓄电池的使用寿命，还应定期检测电解液的密度和为蓄电池充电

2 用电解液密度计检测电解液密度

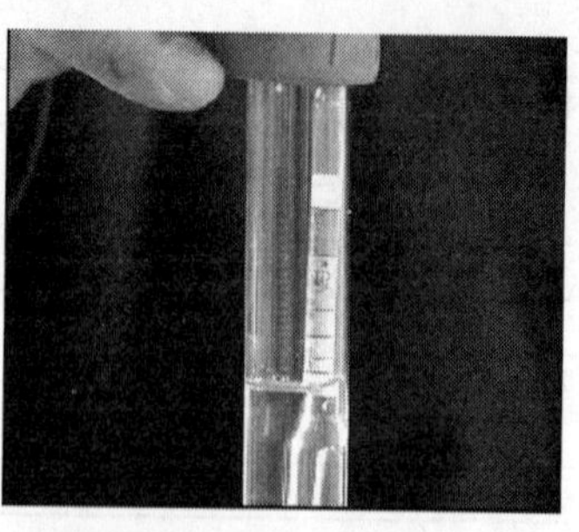

3 从浮子浮起的高度判断电解液密度，液面到达黄色区域表示电解液密度低，到达绿色区域表示密度正常，到达红色区域表示密度过高

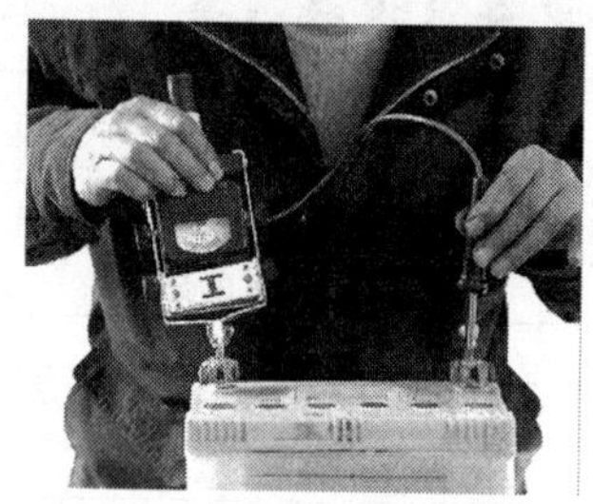

4 在检查蓄电池的容量时，可使用高率放电计，将测试线连接到蓄电池的电极上，在电流为110A时，电压不应低于9.6V，或指针保持在绿色区域内。若电压低于规定值，则应进行充电作业

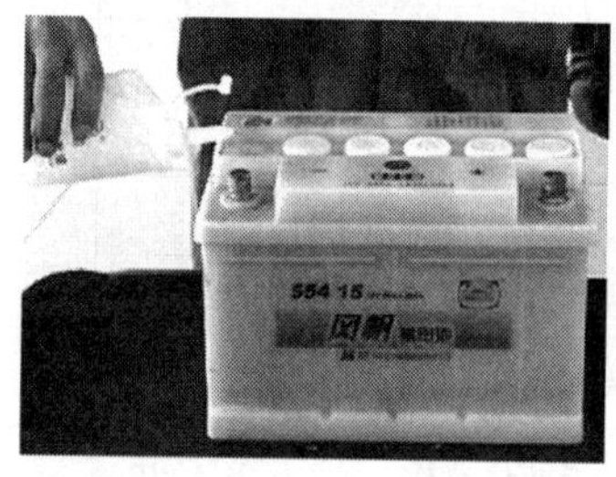

5 在给蓄电池充电前，打开加液孔盖，加注蒸馏水到规定位置

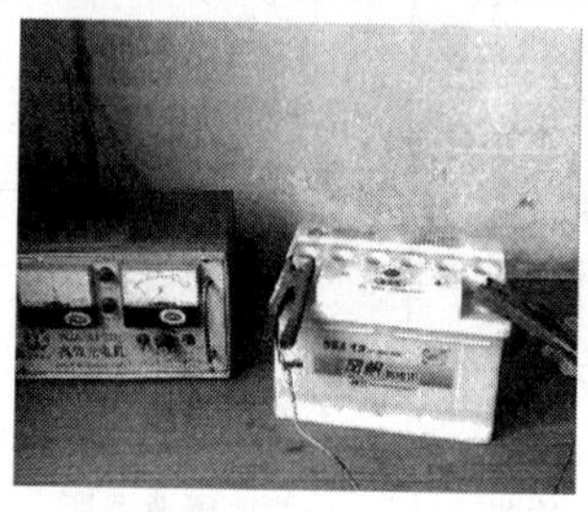

6 将蓄电池的正、负极连接到充电机的正、负极上

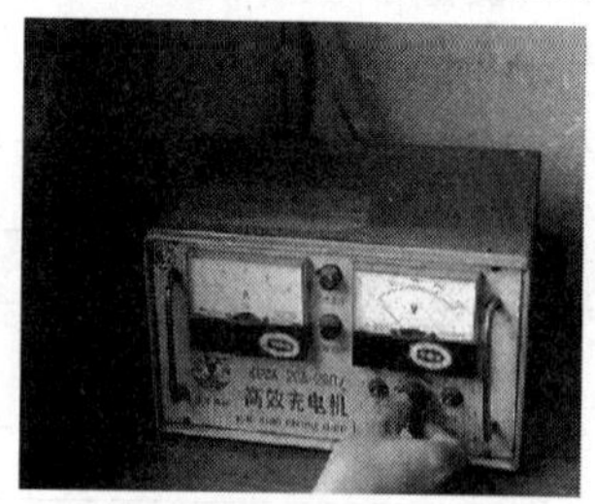

7 接通充电电流，调整充电电流，充电电流一般为蓄电池额定电容量的10%。例如，54A·h的蓄电池，充电电流应为5.4A。缓慢调整充电电压，直至电流接近5.4A为止

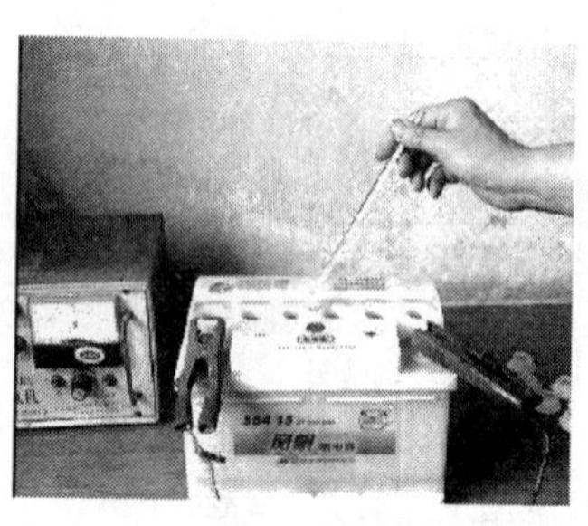

8 在充电过程中，随时检查电解液的温度，如果温度超过40℃，则应停止充电或减小充电电流，直到温度降到40℃以下

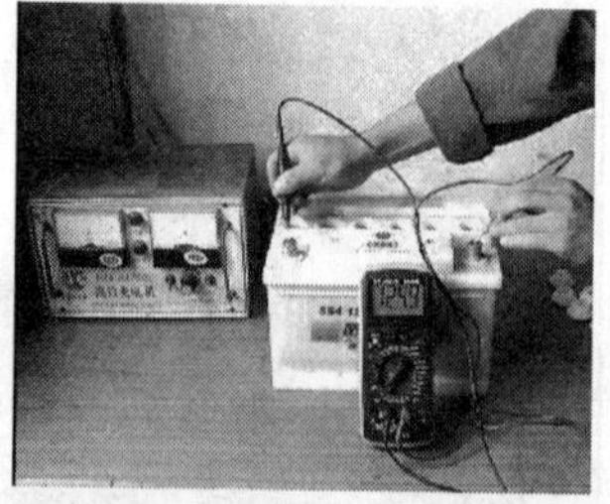

9 每小时测量三次电解液密度和电压，直到电压不再上升时停止充电。蓄电池电压应为13V左右

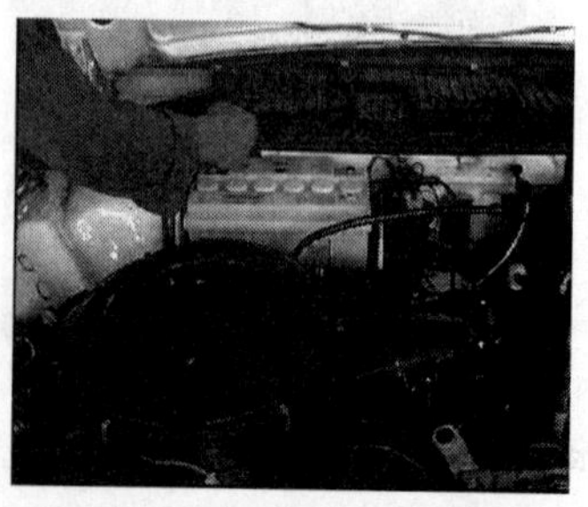

10 安装蓄电池时，应将螺母紧固好

试题5　发电机的维护

一、考核要求

按正确的操作规程维护发电机。

二、考核时间

30min。

三、设备及设施准备

序号	名　称	单位	数量	备　注
1	汽车	辆	1	带发电机
2	修理工具、量具	套	1	—
3	棉纱	团	1	—
4	秒表	块	1	用于计时

四、配分与评分标准

序号	作业项目	考核内容及要求	配分	评分标准	考核记录	扣分	得分
1	正确选用工具、量具	选用工具、量具齐全并准确	5	缺一件扣1分，选错一件扣1分，扣完为止			
2	准备	维护前的准备	5	准备不充分，每次扣2.5分，扣完为止			
				准备失误扣5分			
3	拆卸	按正确方法拆卸	20	根据情况酌情扣分			
4	检查	按正确方法检查	20	根据情况酌情扣分			
5	安装	按正确方法安装	20	根据情况酌情扣分			
6	正确使用工具、量具	工具、量具使用正确	10	一种工具、量具使用不正确扣2分，扣完为止			
				损坏或丢失一件工具、量具不得分			
7	操作规程	操作规程执行情况	15	违反操作规程不得分			
8	清理现场	清理、擦洗并回收工具和量具	5	少收一件工具或量具扣1分，扣完为止			
9	分数总计		100				

否定项说明：出现重大安全事故按0分计

五、基本操作步骤

操作步骤描述：拆卸→检查→安装。

1 拆卸发电机时，先旋松发电机的固定螺栓

2 将发电机推向发动机

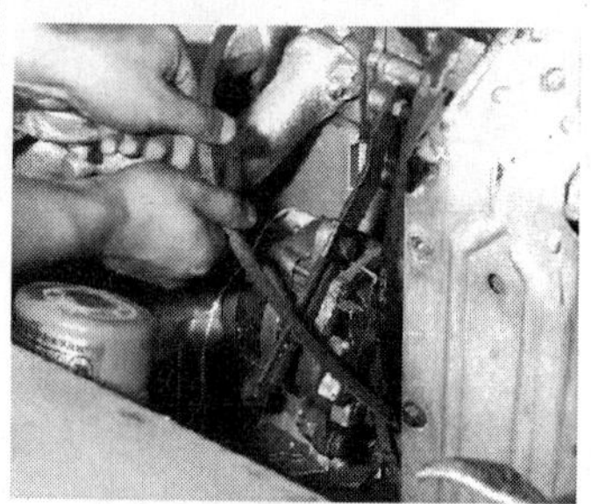

3 取下传动带

4 检查发电机支架和调整臂，不应有裂纹和变形，若有，则应予以焊接或更换

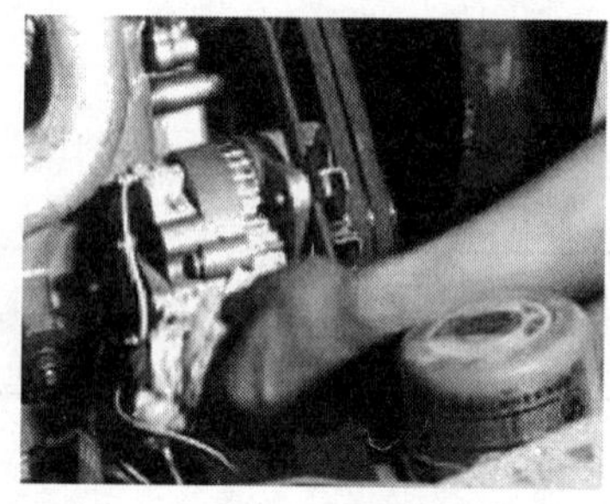

5 清洁发电机外部，检查发电机壳体，不应有裂纹和破损

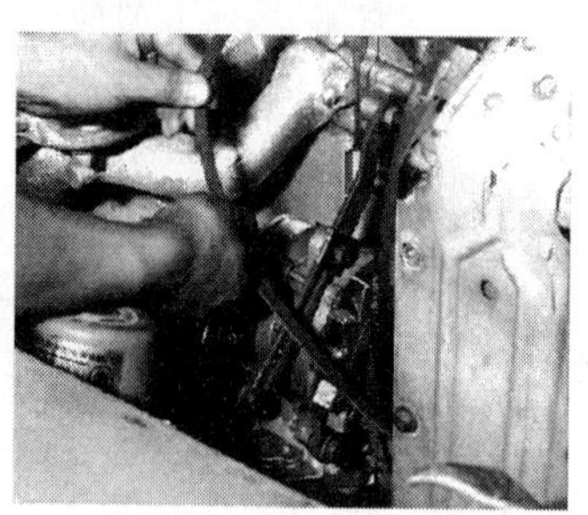

6 检查传动带有无裂纹和损伤，如有，必须更换

7 按与拆卸相反的顺序安装发电机和传动带

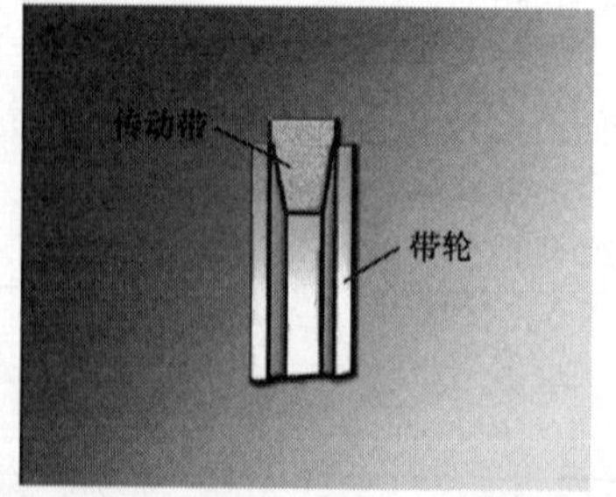

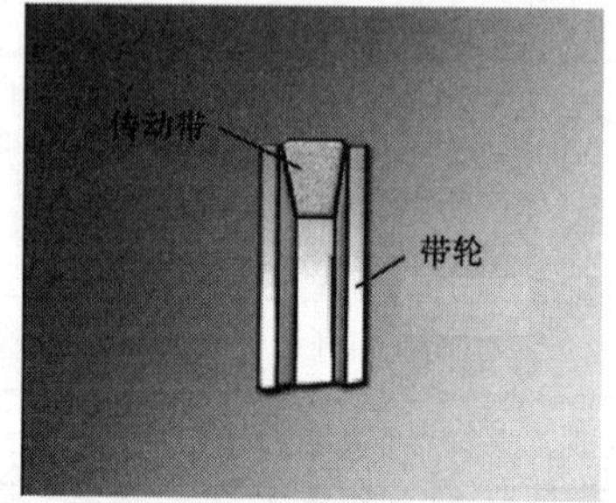

8 检查传动带与带轮的啮合情况。传动带应略高出带轮，如果传动带与带轮平齐或低于带轮，则说明传动带磨损严重，应更换

9 检查传动带的挠度：在传动带中间用手指施加98N的压力，传动带的挠度应为2～5mm

10 当挠度不符合规定时，拧松张紧卡板和发电机上的紧固螺栓，使传动带挠度符合规定

11 拧紧支架紧固螺栓，安装好发电机后，起动发动机，并逐渐提高转速

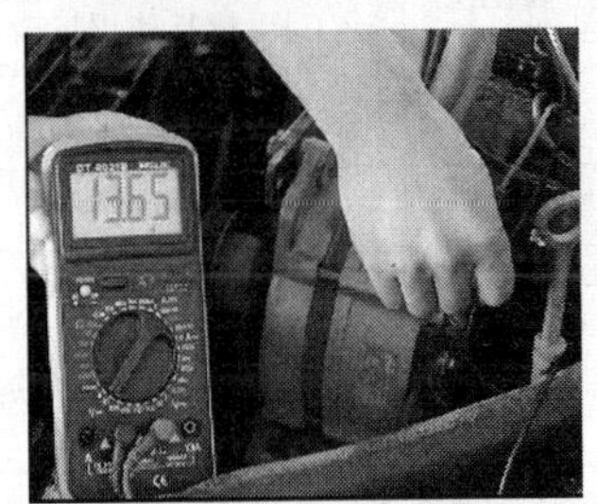

12 当发动机转速达到1050r/min时，用万用表测量发电机的输出电压，电压值应达到12.4～14.5V

试题6　起动机的维护

一、考核要求

按正确的操作规程维护起动机。

二、考核时间

30min。

三、设备及设施准备

序号	名　称	单位	数量	备　注
1	汽车	辆	1	—
2	修理工具、量具	套	1	—
3	棉纱	团	1	—
4	秒表	块	1	用于计时

四、配分与评分标准

序号	作业项目	考核内容及要求	配分	评分标准	考核记录	扣分	得分
1	正确选用工具、量具	选用工具、量具齐全并准确	5	缺一件扣1分，选错一件扣1分，扣完为止			

（续）

序号	作业项目	考核内容及要求	配分	评分标准	考核记录	扣分	得分
2	准备	维护前的准备	5	准备不充分，每次扣2.5分，扣完为止 准备失误扣5分			
3	拆卸	按正确方法拆卸	20	根据情况酌情扣分			
4	检查	按正确方法检查	20	根据情况酌情扣分			
5	安装	按正确方法安装	20	根据情况酌情扣分			
6	正确使用工具、量具	工具、量具使用正确	10	一种工具、量具使用不正确扣2分，扣完为止 损坏或丢失一件工具、量具不得分			
7	操作规程	操作规程执行情况	15	违反操作规程不得分			
8	清理现场	清理、擦洗并回收工具和量具	5	少收一件工具或量具扣1分，扣完为止			
9		分数总计	100				
否定项说明：出现重大安全事故按0分计							

五、基本操作步骤

操作步骤描述：拆卸→检查→安装。

1 拆下起动机，清洗、擦净起动机外部，检查起动机壳体，不应有裂纹和破损现象

2 检查离合器驱动齿轮是否有严重损伤现象，若已损坏，则应更换

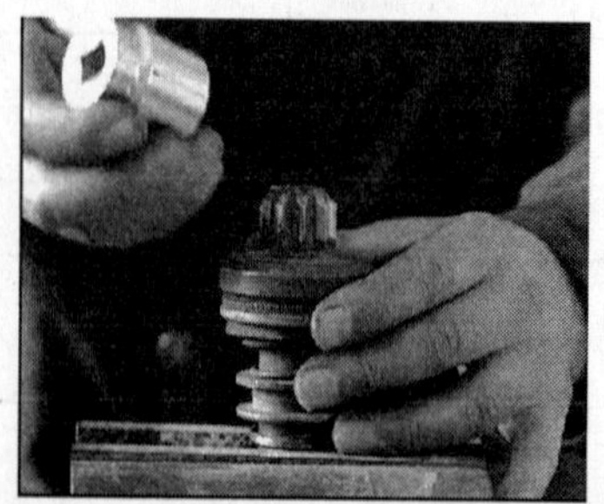

3 检查离合器是否打滑或卡滞：将驱动齿轮夹固在台虎钳上，在花键套筒中套上花键轴，将扳手接在花键轴上，测得的力矩应大于24N·m，否则，说明单向离合器打滑

4 反方向转动单向离合器，不应卡滞，否则，更换离合器

5 检查电磁开关：将起动机的外壳与蓄电池的负极连接，使蓄电池的正极短暂与50端子接触，活动铁心应动作，否则更换电磁开关

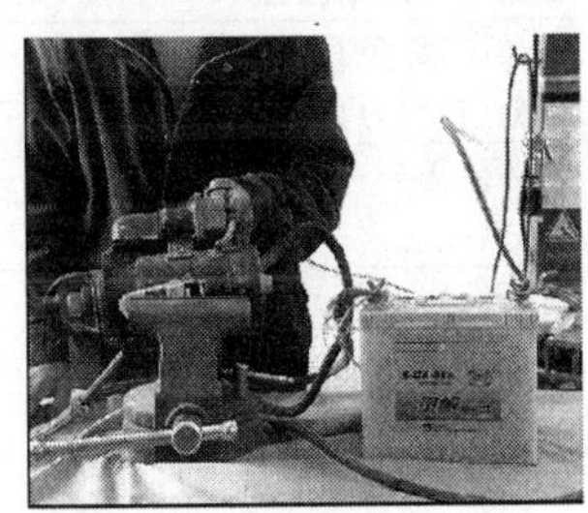

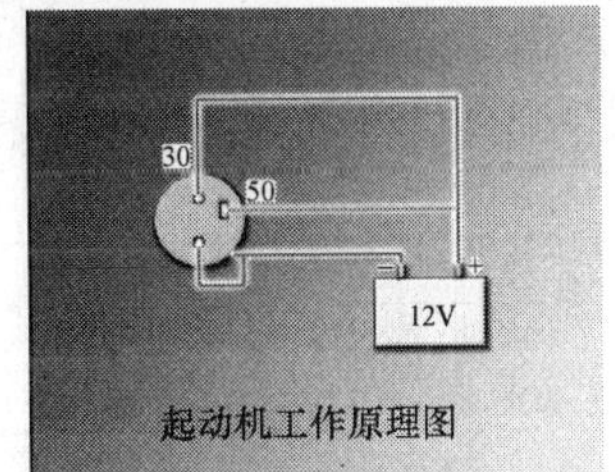

起动机工作原理图

6 进行起动机性能试验：将起动机的外壳与蓄电池的负极连接，并将蓄电池的正极与30端子连接，再用蓄电池的正极与50端子接触

7 此时，驱动齿轮应向外伸出，起动机应平稳运转，转速不应低于5000r/min

8 在蓄电池的正极与50端子脱离后，驱动齿轮应回位，起动机应停止运转

试题7 照明系统的维护与调整

一、考核要求

按正确的操作规程对灯光进行维护与调整。

二、考核时间

40min。

三、设备及设施准备

序号	名　称	单位	数量	备　注
1	桑塔纳LX型轿车	辆	1	具有完善的照明系统
2	修理工具、量具	套	1	—
3	棉纱	团	1	—
4	秒表	块	1	用于计时

四、配分与评分标准

序号	作业项目	考核内容及要求	配分	评分标准	考核记录	扣分	得分
1	正确选用工具、量具	选用工具、量具齐全并准确	5	缺一件扣1分，选错一件扣1分，扣完为止			
2	准备	维护前的准备	5	准备不充分，每次扣2.5分，扣完为止			
				准备失误扣5分			
3	拆卸	按正确方法拆卸	20	根据情况酌情扣分			
4	检查、更换	按正确方法检查、更换	20	根据情况酌情扣分			
5	安装	按正确方法安装	20	根据情况酌情扣分			
6	正确使用工具、量具	工具、量具使用正确	10	一种工具、量具使用不正确扣2分，扣完为止			
				损坏或丢失一件工具、量具不得分			
7	操作规程	操作规程执行情况	15	违反操作规程不得分			
8	清理现场	清理、擦洗并回收工具和量具	5	少收一件工具或量具扣1分，扣完为止			
9	分数总计		100				
否定项说明：出现重大安全事故按0分计							

五、基本操作步骤

操作步骤描述：拆卸→检查、更换→安装。

1. 前照灯的更换与调整

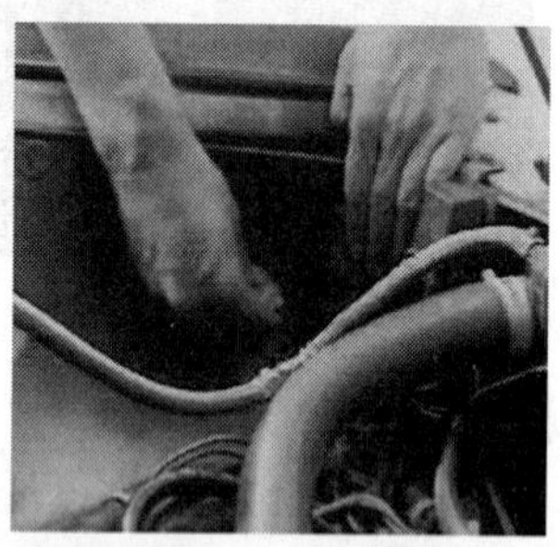

1 拔下前照灯灯泡上的接线插头

2 取下防尘帽

3 将锁紧钢丝扳向一边

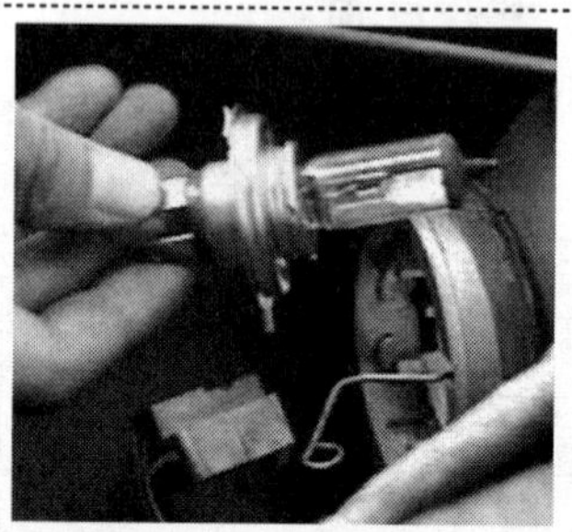

4 取下坏灯泡

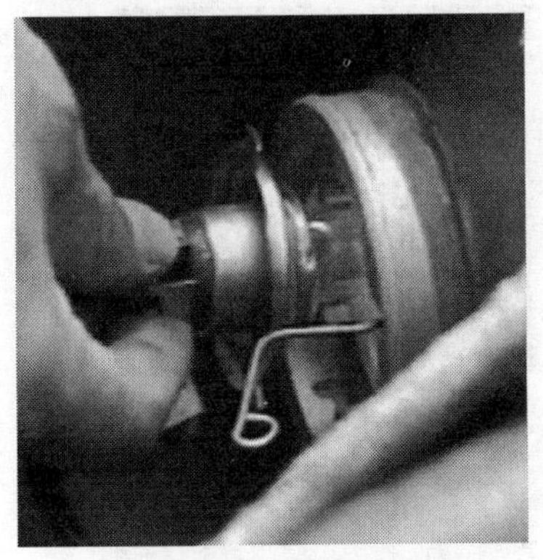
5 装上一支 12V,60W 的新灯泡

6 装上灯座弹簧夹

7 盖上防尘罩

8 插上灯泡的接线插头

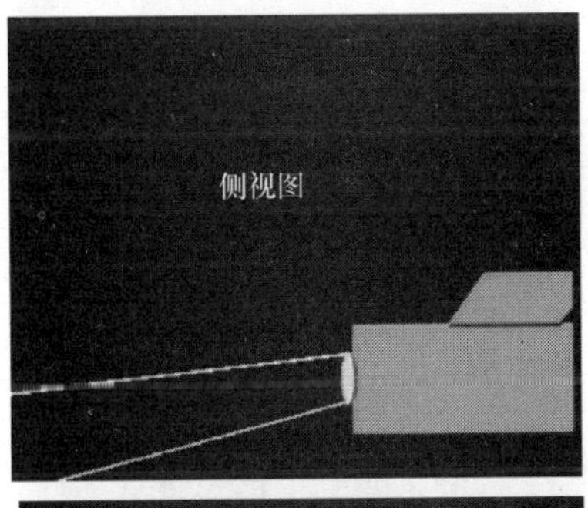

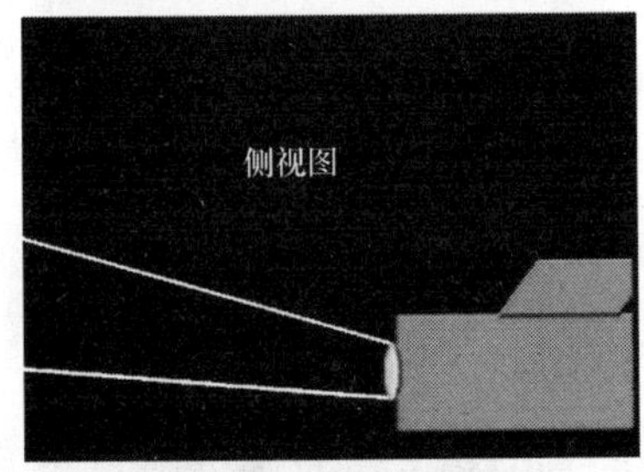

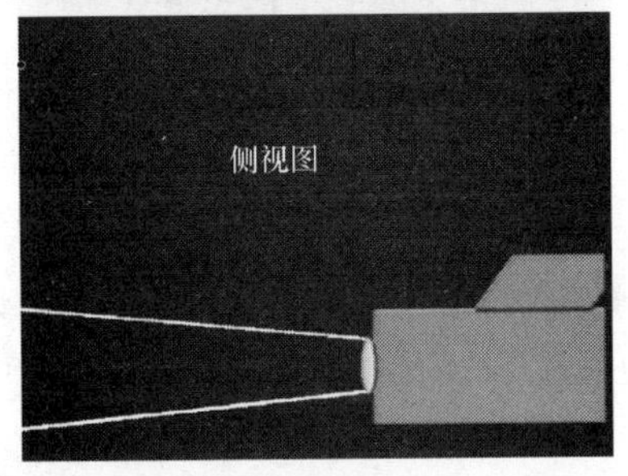

9 在夜晚,打开前照灯近光,调整前照灯上侧的壳体螺钉,进行光线的上下调整

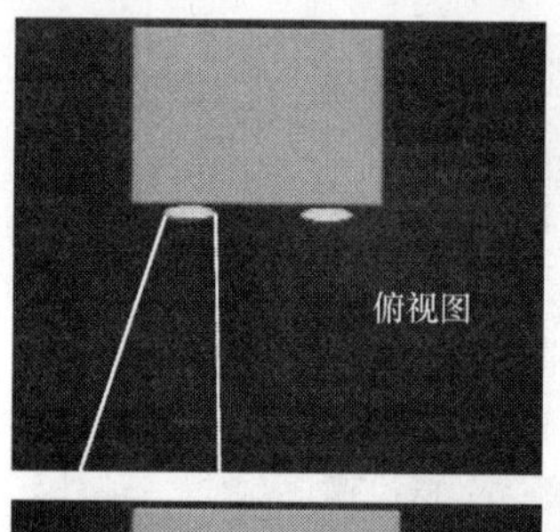

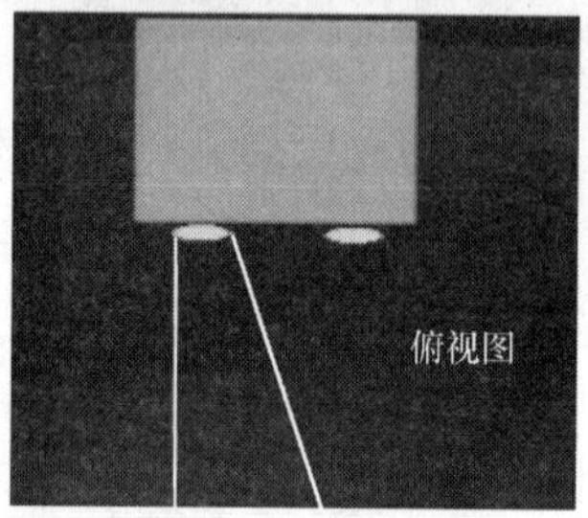

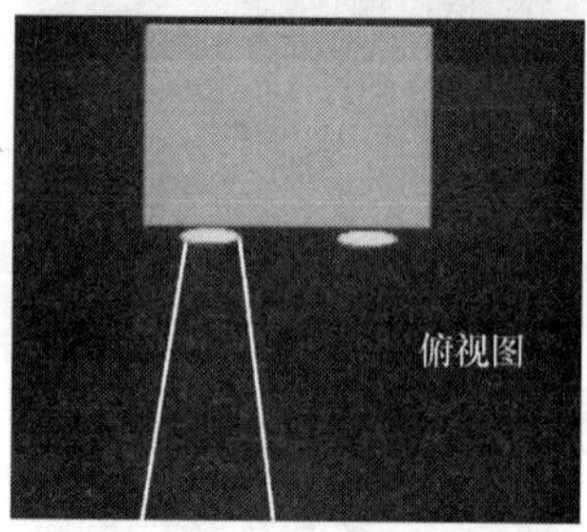

10 调节完毕后，调节壳体下侧的调节螺钉，进行光线的左右调整

11 调整好的标准是：每个前照灯均能够照射到车前方 15m 处的路中央

2. 雾灯的更换与调整

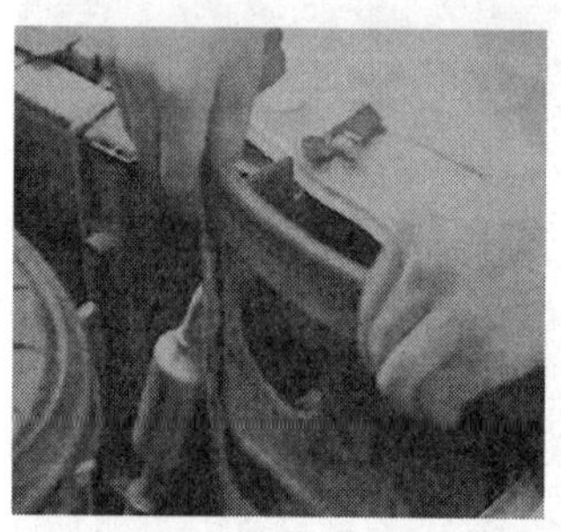

1 拆下空气滤清器进气管的护板

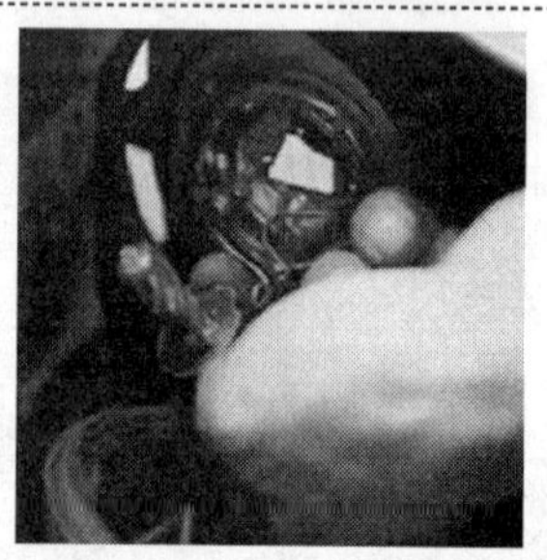

2 取下雾灯的防尘帽，将固定弹簧扳到一边，拉出灯座，装上一支 12V 55W 的新灯泡，将弹簧夹扳回座上，最后将雾灯装入保险杠内

3 调整雾灯光照时，用旋具旋转螺钉，可对灯光上下位置进行调整，雾灯不能进行水平方向的调整

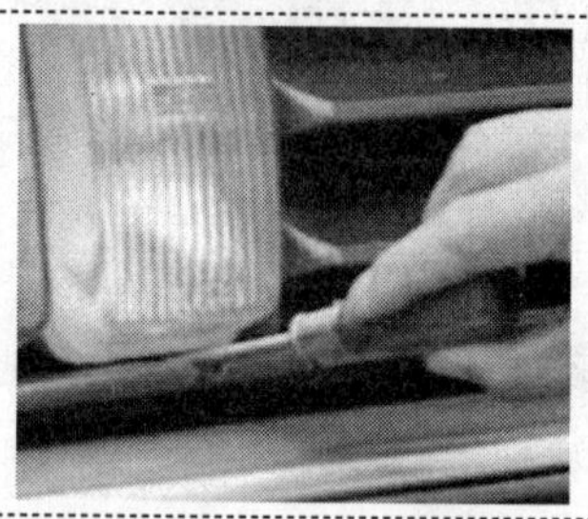

3. 前小灯的更换

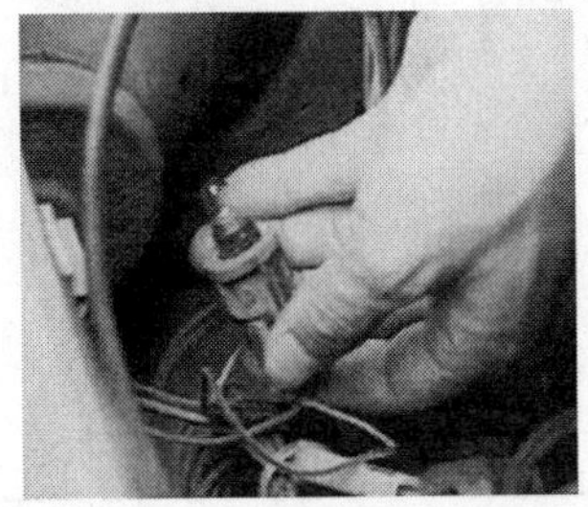

1 前小灯灯泡在前照灯总成内，将前小灯灯座逆时针旋转，拉出灯座，取出坏灯泡，换上一支 12V，4W 的新灯泡

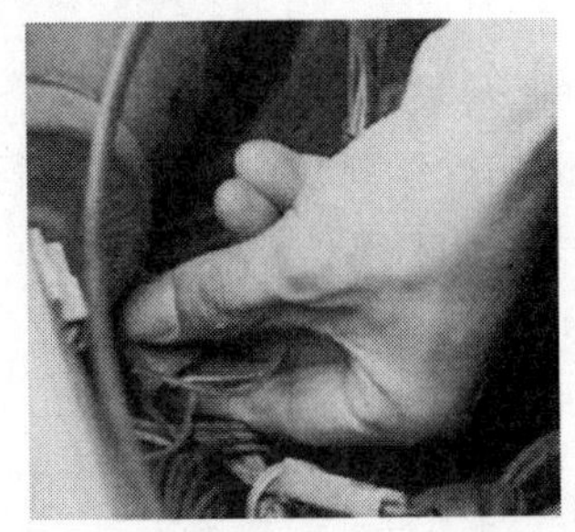

2 将灯座塞入橡胶灯座内，顺时针旋紧，即可安装到位

4. 组合后灯及车内顶灯的检查与更换

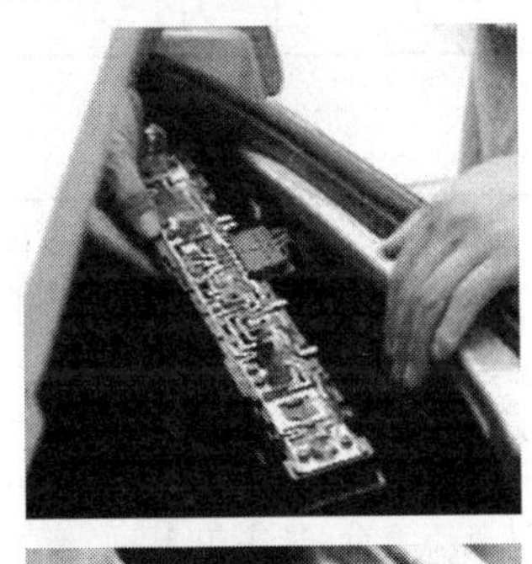

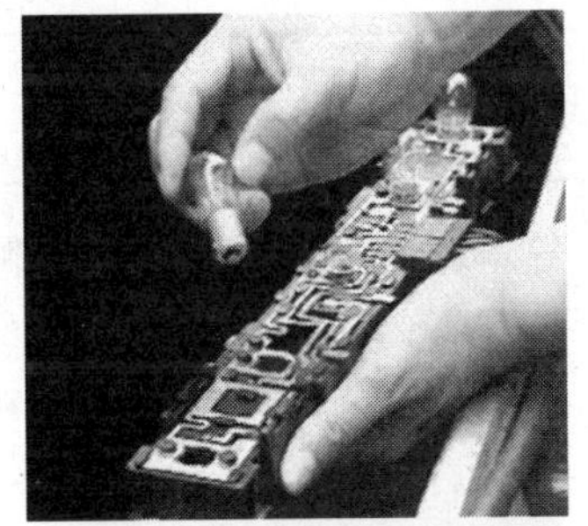

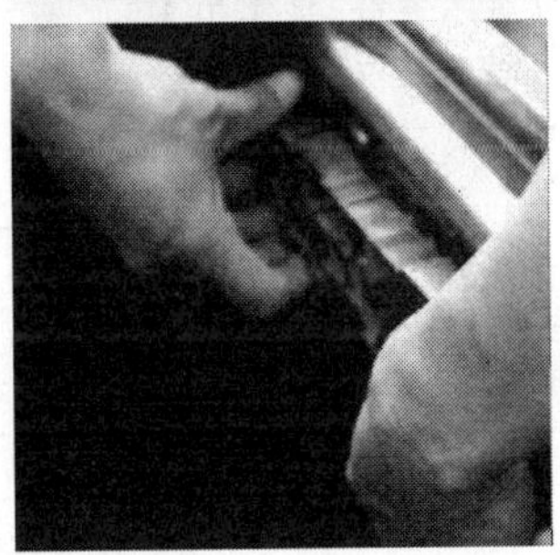

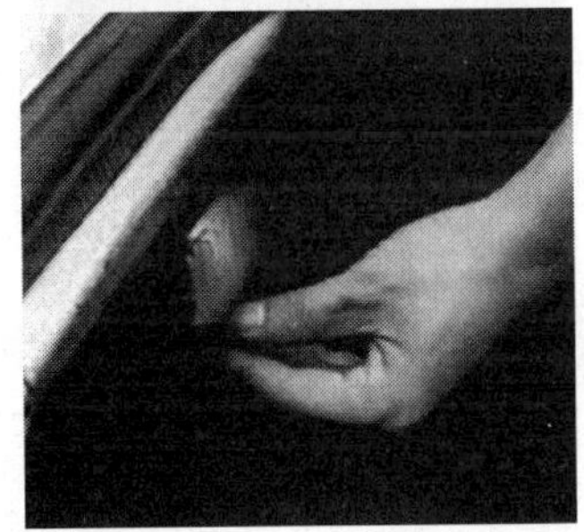

1 组合后灯包括尾灯、后转向灯、制动灯、倒车灯、雾灯以及夜间指示灯，具体更换过程见上图

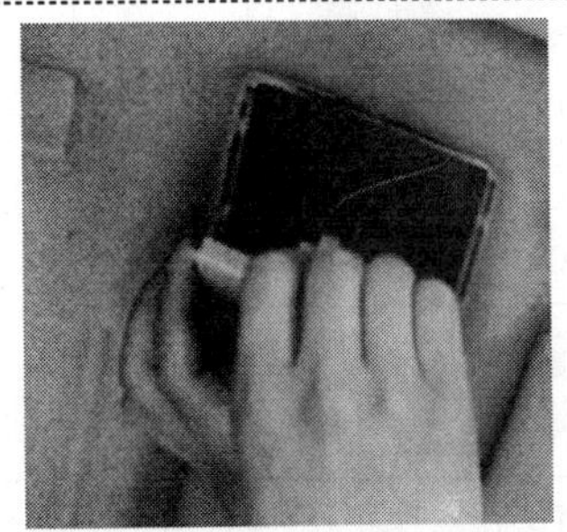

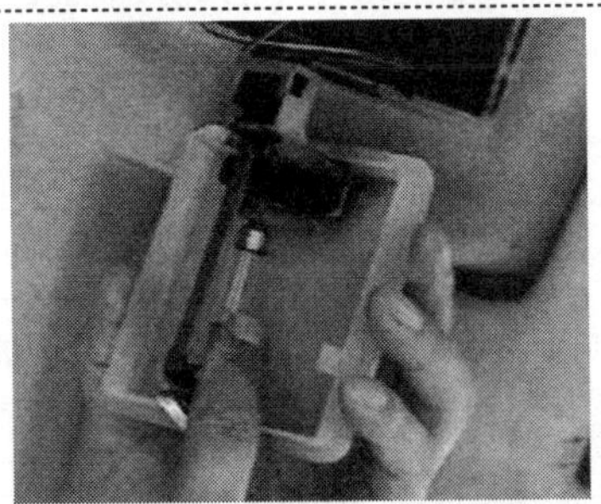

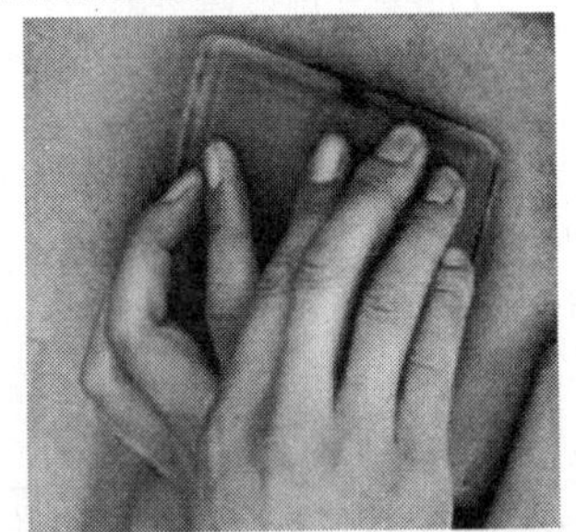

2 车内顶灯的更换方法是：将灯罩卡扣按压下去，将灯体拉出，取出坏灯泡，换上新灯泡，将灯体推入，安装到位

试题8　检查、清洁火花塞

一、考核要求

按正确的操作规程对火花塞进行检查与清洁。

二、考核时间

20min。

三、设备及设施准备

序号	名　称	单位	数量	备　注
1	桑塔纳2000轿车	辆	1	—
2	修理工具、量具	套	1	—
3	棉纱	团	1	—
4	秒表	块	1	用于计时

四、配分与评分标准

序号	作业项目	考核内容及要求	配分	评分标准	考核记录	扣分	得分
1	正确选用工具、量具	选用工具、量具齐全并准确	5	缺一件扣1分，选错一件扣1分，扣完为止			
2	准备	维护前的准备	5	准备不充分，每次扣2.5分，扣完为止			
				准备失误扣5分			
3	拆卸	按正确方法拆卸	20	根据情况酌情扣分			
4	检查	按正确方法检查	20	根据情况酌情扣分			
5	安装	按正确方法安装	20	根据情况酌情扣分			
6	正确使用工具、量具	工具、量具使用正确	10	一种工具、量具使用不正确扣2分，扣完为止			
				损坏或丢失一件工具、量具不得分			
7	操作规程	操作规程执行情况	15	违反操作规程不得分			
8	清理现场	清理、擦洗并回收工具和量具	5	少收一件工具、量具扣1分，扣完为止			
9	分数总计		100				

否定项说明：出现重大安全事故按0分计

五、基本操作步骤

操作步骤描述：拆卸→检查→安装。

1 拆卸发动机的护罩螺栓

2 取下发动机护罩

3 在拆卸火花塞前，要清除火花塞孔处的杂物和灰尘

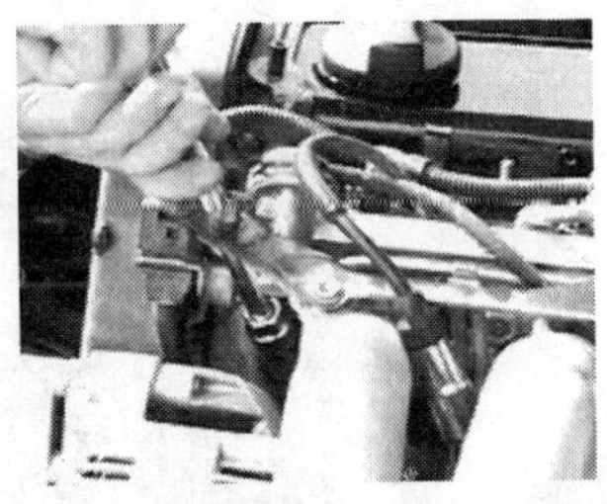

4 用火花塞套筒逐一卸下各缸的火花塞。拆卸时，火花塞套筒要套牢火花塞，否则，会损坏火花塞的绝缘磁体而引起漏电

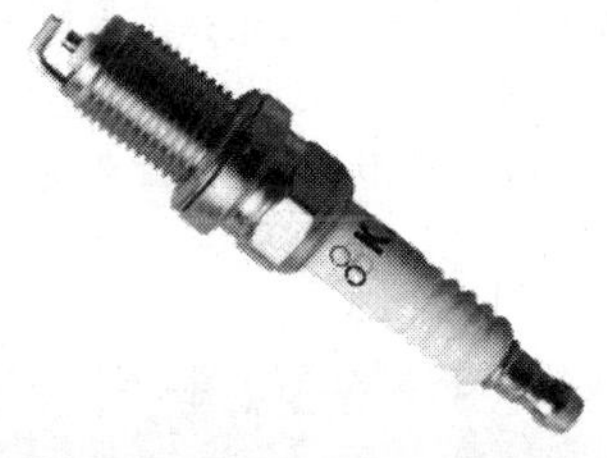

5 逐一检查火花塞，如果火花塞的电极呈现灰白色，而且没有积炭，则表明该火花塞工作正常，燃烧良好

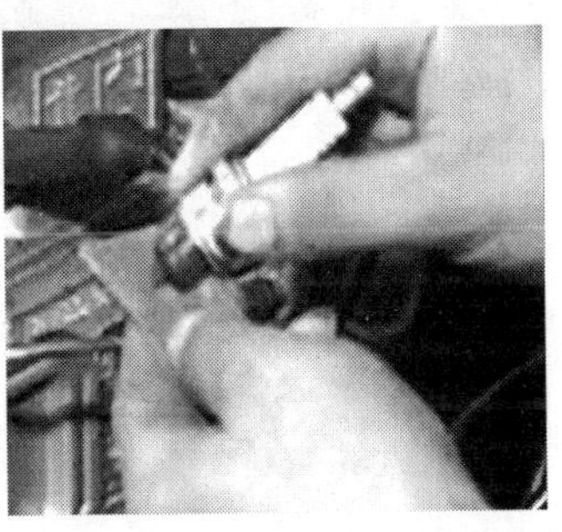

6 如果电极有积炭，则用火花塞清洁器清除积炭

7 如果火花塞有烧蚀或其他异常现象，则表明该火花塞有故障，应予更换

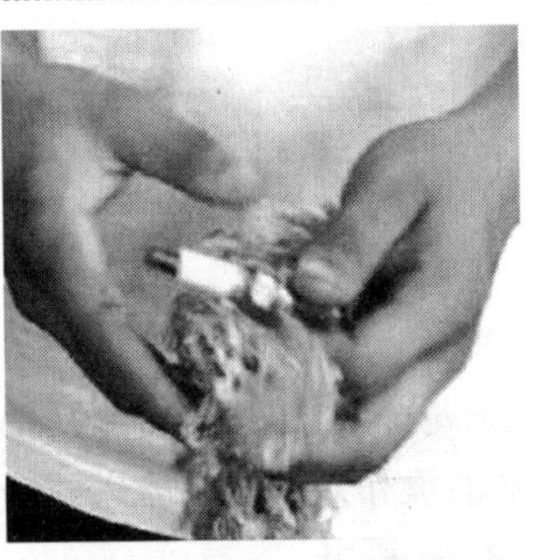

8 用抹布擦净火花塞，检查火花塞的绝缘体

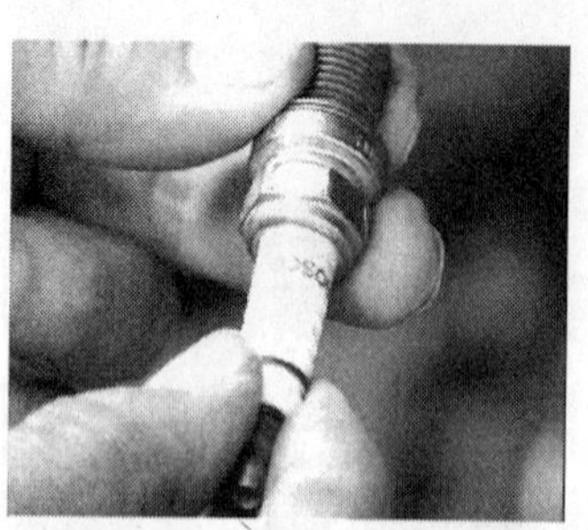

9 磁心若有损坏、破裂现象，则应予以更换

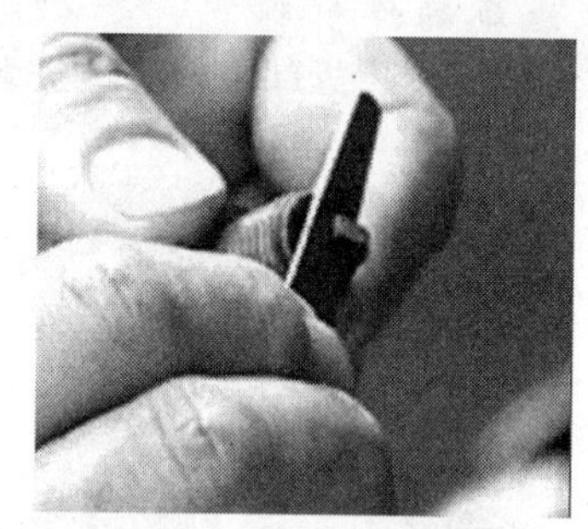

10 用火花塞量规测量火花塞电极间隙

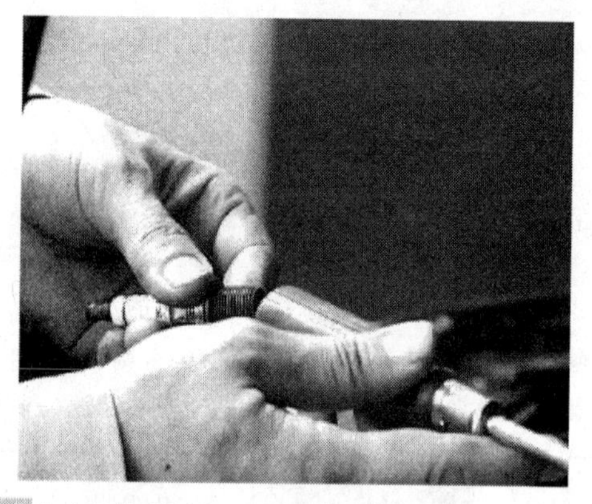

11 当火花塞间隙太大时，可用螺钉旋具柄轻轻敲打外电极来调整

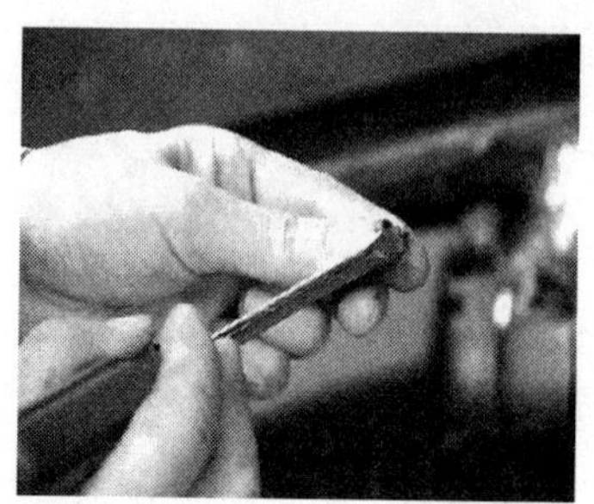

12 若间隙过小，则可将一字槽螺钉旋具插入电极之间，扳动一字槽螺钉旋具把间隙调整到符合要求(0.7～0.9mm)

注意：在调整间隙时，只能弯动旁电极，不能弯动中央电极，以免损坏绝缘体。在将火花塞间隙调整好后，外电极与中央电极应成直角，若过度弯曲或电极烧蚀成圆形，则表示该火花塞不能再使用，应予更换

13 安装火花塞：先用手抓住火花塞的尾部，对准火花塞孔，慢慢用手拧上几圈，然后再用火花塞套筒拧紧

试题9　分电器的清洁、检查

一、考核要求

按正确的操作规程对分电器进行检查与清洁。

二、考核时间

20min。

三、设备及设施准备

序号	名称	单位	数量	备注
1	桑塔纳2000轿车	辆	1	—
2	修理工具、量具	套	1	—
3	棉纱	团	1	—
4	秒表	块	1	用于计时

四、配分与评分标准

序号	作业项目	考核内容及要求	配分	评分标准	考核记录	扣分	得分
1	正确选用工具、量具	选用工具、量具齐全并准确	5	缺一件扣1分，选错一件扣1分，扣完为止			
2	准备	维护前的准备	5	准备不充分，每次扣2.5分，扣完为止			
				准备失误扣5分			
3	拆卸	按正确方法拆卸	20	根据情况酌情扣分			
4	检查	按正确方法检查	20	根据情况酌情扣分			
5	安装	按正确方法安装	20	根据情况酌情扣分			
6	正确使用工具、量具	工具、量具使用正确	10	一种工具、量具使用不正确扣2分，扣完为止			
				损坏或丢失一件工具、量具不得分			
7	操作规程	操作规程执行情况	15	违反操作规程不得分			
8	清理现场	清理、擦洗并回收工具和量具	5	少收一件工具或量具扣1分，扣完为止			
9	分数总计		100				

否定项说明：出现重大安全事故按0分计

五、基本操作步骤

操作步骤描述：拆卸→检查→安装。

1 打开分电器盖的卡簧，卸下分电器盖，然后用抹布擦拭分电器盖的内部和外部，检查分电器盖有无破损现象或龟裂的痕迹，若分电器盖出现破损或龟裂现象，则必须更换

2 检查中央电极的炭棒及弹簧，用手或螺钉旋具轻压中央电极，松开时，电极应能弹回原位。如果中央电极的炭棒及弹簧损坏，则应更换

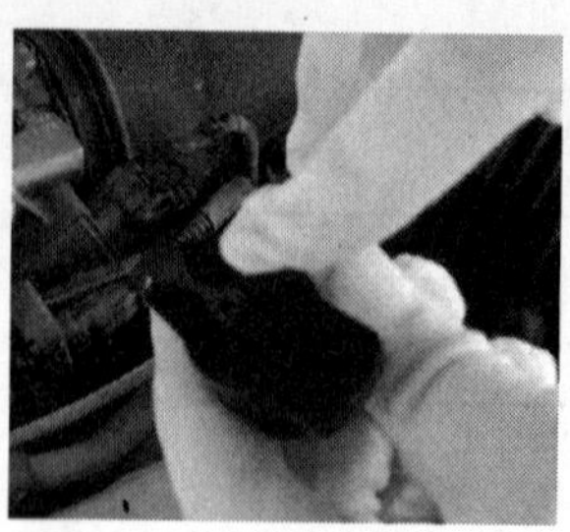

3 用布擦净分火头，检查分火头有无裂纹或破损现象，若有龟裂或破损现象，则应及时更换

4 检查分电器轴的间隙是否过大，若旷量较大，则应更换轴承

5 在将分电器安装牢固以后，检查中央高压线及各缸高压线是否牢固

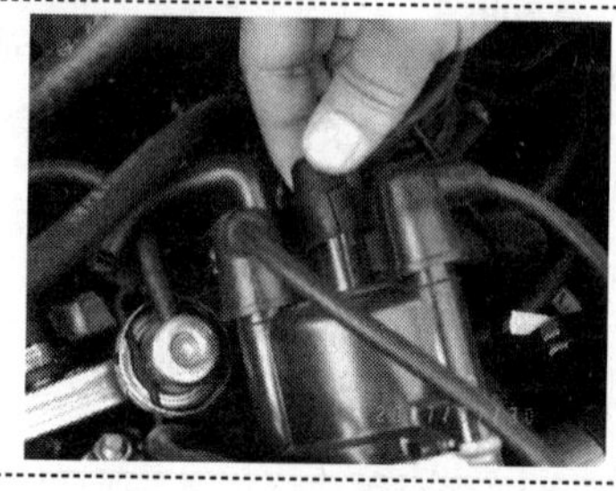

第二部分　汽 车 修 理

第四章　发动机的修理

试题1　气缸盖的拆装与维护

一、考核要求

1）能够正确拆装气缸盖。

2）能够正确维护气缸盖。

二、考核时间

30min。

三、设备及设施准备

序号	名　称	单位	数量	备　注
1	发动机	台	1	—
2	常用维修工具、量具	套	1	—
3	秒表	块	1	计时用

四、配分与评分标准

序号	作业项目	考核内容及要求	配分	评分标准	考核记录	扣分	得分
1	正确选用工具、量具	选用工具、量具齐全并准确	5	缺一件扣1分，选错一件扣1分，扣完为止			
2	准备	检测前的准备	5	准备不充分，每次扣2.5分，扣完为止			
				准备失误扣5分			
3	拆卸	能够正确拆卸气缸盖	25	拆卸方法一处不正确扣5分，扣完为止			
4	维护	清理积炭	10	方法不正确扣5分			
				清洁不彻底扣5分			
5	安装	能够正确安装气缸盖	25	安装方法一处不正确扣5分，扣完为止			
6	正确使用工具、量具	工具、量具使用正确	10	一种工具、量具使用不正确扣2分，扣完为止			
				损坏或丢失一件工具、量具不得分			

（续）

序号	作业项目	考核内容及要求	配分	评分标准	考核记录	扣分	得分
7	操作规程	操作规程执行情况	15	违反操作规程不得分			
8	清理现场	清理、擦洗并回收工具和量具	5	少收一件工具或量具扣1分，扣完为止			
9		分数总计	100				
否定项说明：出现重大安全事故按0分计							

五、基本操作步骤

操作步骤描述：拆卸→维护→安装。

1. 气缸盖的拆卸

1 拆下正时带后护罩

2 拆下凸轮轴正时齿轮后护罩

3 拆下气门室罩盖压条螺母，拧下机油加注口盖，然后取下气门室罩盖压条，最后取下气门室罩盖

4 取下气门室罩盖密封垫

5 拆卸气缸盖螺栓

说明：按照图中编号1～10的顺序分两三次拧下气缸盖螺栓。如果不按正确顺序拆卸螺栓，则有可能损坏气缸盖

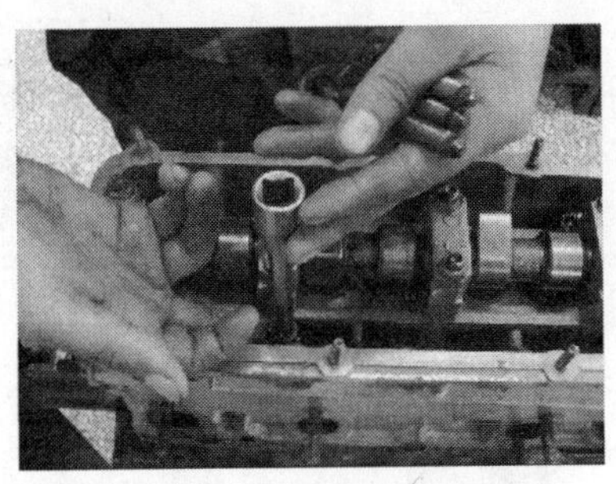

6 依次用套筒或吸棒取出气缸盖螺栓

注意：每个螺栓对应的位置不要搞错

7 拆下气缸盖

注意：若气缸盖粘住，可用木锤轻击气缸盖四周使其松动，不准用螺钉旋具或撬棒插入缝口硬撬，以免损坏气缸盖垫和刮伤气缸体、气缸盖平面

8 取下气缸垫

2. 气缸盖积炭的清洗

（1）化学清除法　用化学方法清除积炭是指以按一定比例配制的化学溶液为原料，实施对积炭的清除。化学溶剂的主要成分有氢氧化钠（NaOH）、碳酸钠（Na_2CO_3）、重铬酸钾（$K_2Cr_2O_7$）、硅酸钠（Na_2SiO_3）、肥皂和水。具体方法是：将所配制的溶液加热到 95 ~ 100℃，然后将零件放入其中浸泡 60min 左右，待积炭充分软化后，再用刷子将零件上的积炭刷除，最后用热水清洗并用压缩空气吹干。

（2）物理清除法　物理清除法是针对积炭较厚处而采用的一种方法。

1）拆下气缸盖、气门和进排气管后，可先用煤油使积炭软化。

2）用木质刮刀除去被软化的积炭。

3）清除完毕后用柴油或汽油清洗干净。

4）在不取下活塞的情况下，清除气缸口和活塞顶部的积炭时，可使活塞处于上止点位置，在活塞与气缸壁缝隙处涂抹一层润滑脂，以防止积炭掉入缝隙中，然后再进行刮除。工作时一定要细心。

注意：在刮除积炭时，尽量不要使用金属刮器，避免损伤机件表面，尤其对铝合金制品件应格外谨慎。一旦刮出印痕并且不作处理，在装配使用后，该印痕将成为新的积炭增长中心，而且增长速度较以前快得多。当刮出印痕时，可用 0 号砂纸研磨平光。

5）在将活塞顶和气缸口等处刮完后，将积炭和润滑脂一并去除，并擦洗干净。

3. 气缸盖的安装

1）全面清洁气缸盖下平面和气缸体上平面及气缸垫。

2）在气缸垫两面涂上一层薄机油或石墨脂，然后将其装于气缸体上。注意：铸铁气缸盖的气缸垫翻边应朝上；铝合金气缸盖的气缸垫翻边应朝下。

3）装上气缸盖。

注意：每个气缸盖的第1、3火花塞孔下部各有一个定位孔要与气缸体上的定位环对准。同时，气缸垫也是以这两个定位环定位的，以保证气缸孔、水道、油道孔和螺栓孔均能准确地对准。

4）将气缸盖螺栓的螺纹部位蘸少量机油，旋入螺孔。

5）用原厂规定的力矩，以一定的顺序，分两三次逐渐拧紧螺栓。

▲气缸盖螺栓的紧固顺序

试题2　气缸盖的检测

一、考核要求

1）检查气缸盖各平面的平面度。

2）口述气缸盖各平面和燃烧室的修理方法和技术标准。

二、考核时间

30min。

三、设备及设施准备

序号	名　　称	单位	数量	备　　注
1	发动机气缸盖	个	1	各型号均可
2	钢直尺	把	1	—
3	塞尺	把	1	—
4	平台	个	1	—
5	维修手册	本	1	与考试所用气缸型号配套
6	棉纱	团	1	—
7	秒表	块	1	计时用

四、配分与评分标准

序号	作业项目	考核内容及要求	配分	评分标准	考核记录	扣分	得分
1	正确选用工具、量具	选用工具、量具齐全并准确	5	缺一件扣1分，选错一件扣1分，扣完为止			
2	准备	检测前的准备	5	准备不充分，每次扣2.5分，扣完为止			
				准备失误扣5分			

（续）

序号	作业项目	考核内容及要求	配分	评分标准	考核记录	扣分	得分
3	检测气缸盖的变形情况	检测气缸盖下平面的平面度	20	检测方法不正确扣10分			
				检测结果不正确扣10分			
		检测气缸盖侧平面的平面度	20	检测方法不正确扣10分			
				检测结果不正确扣10分			
4	修理气缸盖结合面（口述）	气缸盖下平面及侧平面的修理	20	修理方法叙述不正确扣10分			
				技术要求叙述不正确扣10分			
5	正确使用工具、量具	工具、量具使用正确	10	一种工具、量具使用不正确扣2分，扣完为止			
				损坏或丢失一件工具、量具不得分			
6	操作规程	操作规程执行情况	15	违反操作规程不得分			
7	清理现场	清理、擦洗并回收工具和量具	5	少收一件工具或量具扣1分，扣完为止			
8	分数总计		100				

否定项说明：出现重大安全事故按0分计

五、基本操作步骤

操作步骤描述：检测气缸盖下平面的平面度→检测气缸盖侧平面的平面度。

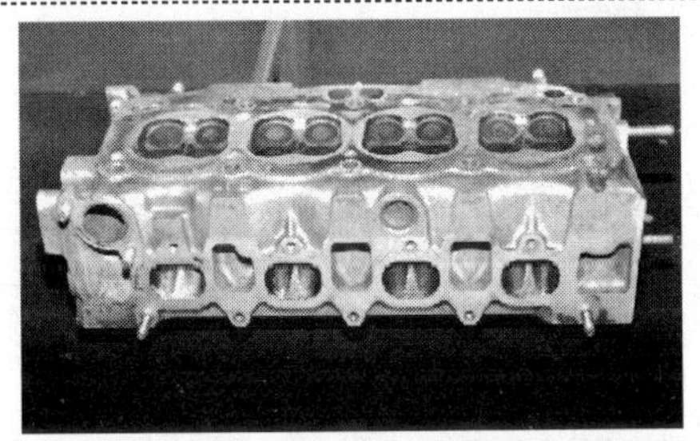

1 将需检测的气缸盖倒放在检测平台上

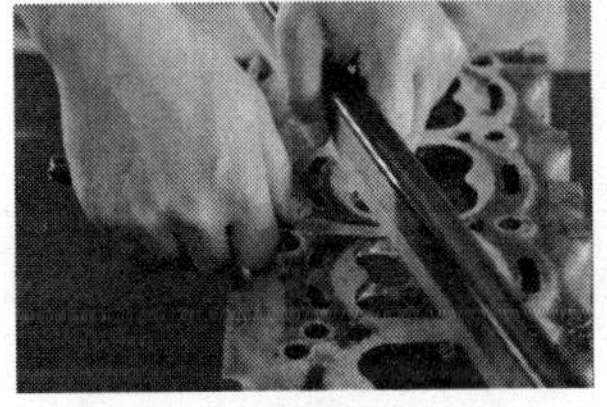

2 将钢直尺或刀口形直尺沿一条对角线贴靠在气缸盖的下平面上，在钢直尺或刀口形直尺与气缸盖下平面间的缝隙处插入塞尺，所测数值即为气缸盖下平面的平面度值

3 同样，将钢直尺或刀口形直尺沿另一条对角线贴靠在气缸盖的下平面上，在钢直尺或刀口形直尺与气缸盖下平面间的缝隙处插入塞尺进行测量

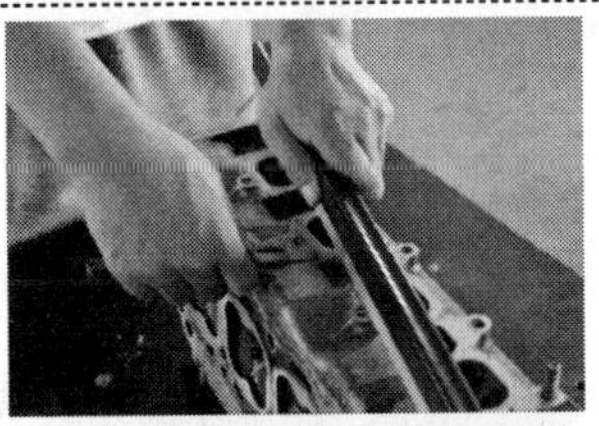

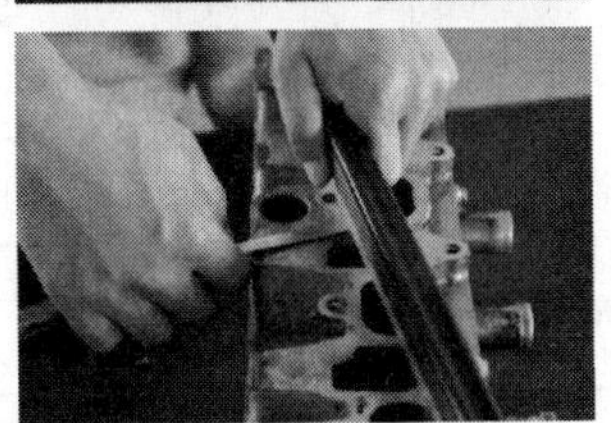

4 将所测气缸盖侧放在检测平台上，用同样的方法检测气缸盖侧平面的平面度

试题3　气缸磨损程度及圆度、圆柱度误差的检测

一、考核要求

运用量缸表检测气缸的磨损程度及圆度、圆柱度。

二、考核时间

30min。

三、设备及设施准备

序号	名　称	单位	数量	备　注
1	发动机气缸体	个	1	各型号均可
2	量缸表	块	1	—
3	平台	个	1	—
4	维修手册	本	1	与考试所用气缸型号配套
5	棉纱	团	1	—
6	秒表	块	1	计时用

四、配分与评分标准

序号	作业项目	考核内容及要求	配分	评分标准	考核记录	扣分	得分
1	正确选用工具、量具	选用工具、量具齐全并准确	5	缺一件扣1分，选错一件扣1分，扣完为止			
2	准备	检测前的准备	5	准备不充分，每次扣2.5分，扣完为止			
				准备失误扣5分			
3	检测	校表	20	校表方法不正确扣10分			
				校表结果不正确扣10分			
		测量	20	测量方法不正确扣10分			
				测量结果不正确扣10分			
		计算	10	计算方法不正确扣5分			
				不会计算扣10分			
		确定修理尺寸	10	不会确定扣10分			
4	正确使用工具、量具	工具、量具使用正确	10	一种工具、量具使用不正确扣2分，扣完为止			
				损坏或丢失一件工具、量具不得分			
5	操作规程	操作规程执行情况	15	违反操作规程不得分			
6	清理现场	清理、擦洗并回收工具和量具	5	少收一件工具或量具扣1分，扣完为止			
7	分数总计		100				

否定项说明：出现重大安全事故按0分计

五、基本操作步骤

操作步骤描述：校表→测量→计算→确定修理尺寸。

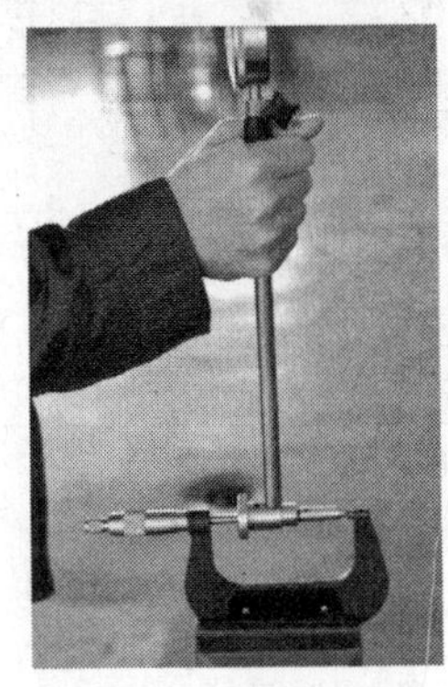

1 校表。将外径千分尺校准到被测气缸的标准尺寸，将量缸表校准到外径千分尺尺寸，转动表盘，进行指针调零，并记住小指针指示的毫米数

2 将量缸表放在气缸磨损量最大部位的横断面上进行测量，然后旋转90°再次测量，两次读数差值的1/2即为该气缸的圆度误差

3 用同样的方法将量缸表分别下移至气缸中部和距气缸下边沿10mm左右处进行测量

4 三处测量尺寸最大值与最小值差值的1/2即为此气缸的圆柱度误差

5 确定修理尺寸

修理尺寸 = 气缸最大磨损直径 + 镗磨余量

镗磨余量一般取0.10～0.20mm

试题4　连杆的检修

一、考核要求

1）检查连杆的变形情况。

2）对变形的连杆进行校正，使之符合技术标准。

二、考核时间

30min。

三、设备及设施准备

序号	名　称	单位	数量	备　注
1	发动机连杆	根	1	—
2	连杆检验校正仪	台	1	—
3	塞尺	把	1	—
4	秒表	块	1	用于计时

四、配分与评分标准

<table>
<tr><th>序号</th><th>作业项目</th><th>考核内容及要求</th><th>配分</th><th>评分标准</th><th>考核记录</th><th>扣分</th><th>得分</th></tr>
<tr><td>1</td><td>正确选用工具、量具</td><td>选用工具、量具齐全并准确</td><td>5</td><td>缺一件扣1分，选错一件扣1分，扣完为止</td><td></td><td></td><td></td></tr>
<tr><td rowspan="2">2</td><td rowspan="2">准备</td><td rowspan="2">检测前的准备</td><td rowspan="2">5</td><td>准备不充分，每次扣2.5分，扣完为止</td><td rowspan="2"></td><td rowspan="2"></td><td rowspan="2"></td></tr>
<tr><td>准备失误扣5分</td></tr>
<tr><td rowspan="4">3</td><td rowspan="4">检验连杆的变形情况</td><td rowspan="2">连杆扭曲情况的检验</td><td rowspan="2">20</td><td>检验方法不正确扣10分</td><td rowspan="4"></td><td rowspan="4"></td><td rowspan="4"></td></tr>
<tr><td>检验结果不正确扣10分</td></tr>
<tr><td rowspan="2">连杆弯曲情况的检验</td><td rowspan="2">20</td><td>检验方法不正确扣10分</td></tr>
<tr><td>检验结果不正确扣10分</td></tr>
<tr><td rowspan="2">4</td><td rowspan="2">变形连杆的校正</td><td rowspan="2">校正连杆的扭曲、弯曲变形（可口述）</td><td rowspan="2">10</td><td>校正方法不正确扣5分</td><td rowspan="2"></td><td rowspan="2"></td><td rowspan="2"></td></tr>
<tr><td>技术要求叙述不正确扣5分</td></tr>
<tr><td rowspan="2">5</td><td rowspan="2">连杆裂纹的检验</td><td rowspan="2">检测连杆的裂纹（可口述）</td><td rowspan="2">10</td><td>操作方法不正确扣5分</td><td rowspan="2"></td><td rowspan="2"></td><td rowspan="2"></td></tr>
<tr><td>检测结果不正确扣5分</td></tr>
<tr><td rowspan="2">6</td><td rowspan="2">正确使用工具、量具</td><td rowspan="2">工具、量具使用正确</td><td rowspan="2">10</td><td>一种工具、量具使用不正确扣2分，扣完为止</td><td rowspan="2"></td><td rowspan="2"></td><td rowspan="2"></td></tr>
<tr><td>损坏或丢失一件工具、量具不得分</td></tr>
<tr><td>7</td><td>操作规程</td><td>操作规程执行情况</td><td>15</td><td>违反操作规程不得分</td><td></td><td></td><td></td></tr>
<tr><td>8</td><td>清理现场</td><td>清理、擦洗并回收工具和量具</td><td>5</td><td>少收一件工具或量具扣1分，扣完为止</td><td></td><td></td><td></td></tr>
<tr><td>9</td><td colspan="2">分数总计</td><td>100</td><td></td><td></td><td></td><td></td></tr>
<tr><td colspan="8">否定项说明：出现重大安全事故按0分计</td></tr>
</table>

五、基本操作步骤

操作步骤描述：连杆弯曲和扭曲变形的检验→连杆弯曲和扭曲变形的校正。

1. 连杆弯曲和扭曲变形的检验

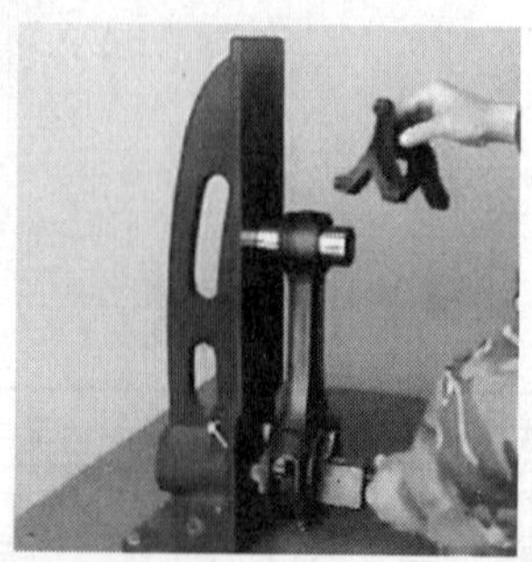

1 将连杆的大头装到连杆检验校正仪的心轴上，通过调整螺钉使定心张开，然后将连杆固定在检验仪上

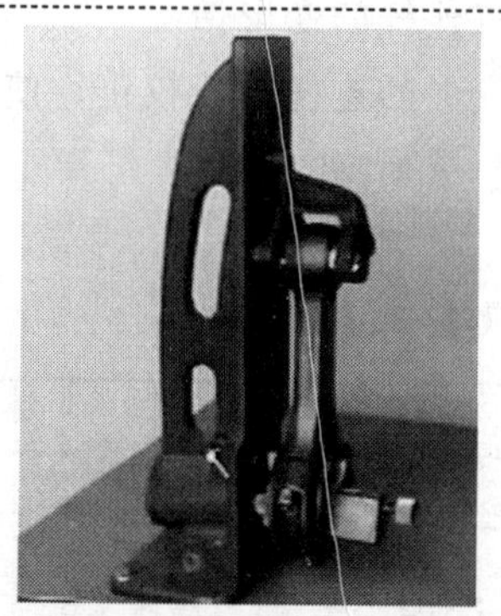

2 将棱形支撑轴下移，使其下平面靠在活塞销上，拧紧棱形支撑轴的固定螺钉

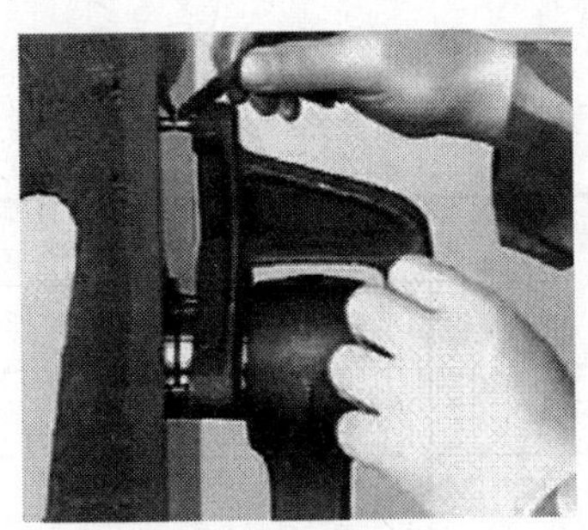

3 观察或用塞尺检查销子两端与小角铁之间的间隙。两间隙之差能够反映弯曲变形的方向和程度，即连杆大小头孔轴线的平行度误差，此误差值应不大于极限值(0.05mm)

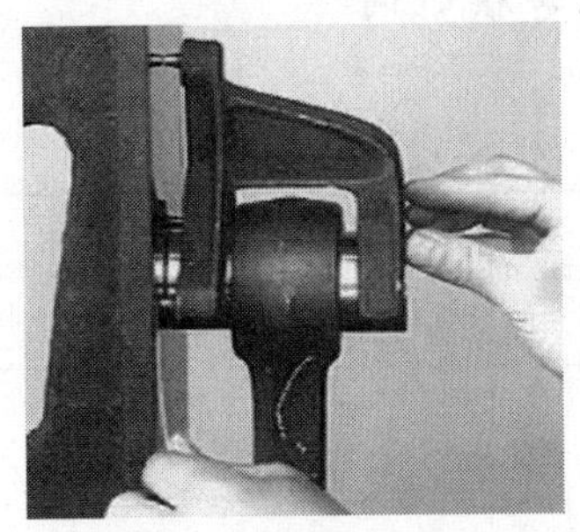

4 将小角铁下移，观察和测量活塞销两端与小角铁侧平面间的间隙，就可检查出连杆扭曲变形的情况，即连杆大小头孔中心线在另一方向上的平行度误差，此误差值应不大于极限值(0.10mm)

2. 连杆弯曲变形的校正

1 将弯曲的连杆放置于压具上，使弯曲的部位朝上，并对正丝杆部位放好垫块

2 施加压力，使连杆向已弯曲的反方向产生变形，并使连杆变形量达到已弯曲部位变形量的数倍以上

3 保持施加载荷一定时间，等金属组织稳定后，去掉外载荷

4 重新检查校正变形情况，确定是否需要再次校正

3. 连杆扭曲变形的校正

1 将连杆大端盖装好，套在连杆检验校正仪的心轴上

2 用扳钳进行校正，直到合格为止

试题5　凸轮轴的检修

一、考核要求

1）检查凸轮轴的弯曲变形情况。

2）检查凸轮轴轴颈和凸轮的磨损状况。

3）检查凸轮轴的裂纹及其他损伤情况。

4）口述凸轮轴的修理方法和技术标准。

二、考核时间

30min。

三、设备及设施准备

序号	名　称	单位	数量	备　注
1	凸轮轴	根	1	—
2	外径千分尺	套	1	—
3	百分表	块	1	—
4	V形架	对	1	—
5	棉纱	团	1	—
6	秒表	块	1	用于计时

四、配分与评分标准

序号	作业项目	考核内容及要求	配分	评分标准	考核记录	扣分	得分
1	正确选用工具、量具	选用工具、量具齐全并准确	5	缺一件扣1分,选错一件扣1分,扣完为止			
2	准备	检测前的准备	5	准备不充分,每次扣2.5分,扣完为止			
				准备失误扣5分			
3	检测	弯曲变形情况的检测	20	检测方法不正确扣10分			
				检测结果不正确扣10分			
		轴颈磨损情况的检测	10	检测方法不正确扣5分			
				检测结果不正确扣5分			
		凸轮磨损情况的检测	10	检测方法不正确扣5分			
				检测结果不正确扣5分			
		其他损伤的检测	10	检测方法不正确扣5分			
				检测结果不正确扣5分			
4	修理(口述)	凸轮轴各种损伤的检测方法	10	各种损伤的检测方法每错一处扣2分			
5	正确使用工具、量具	工具、量具使用正确	10	一种工具、量具使用不正确扣2分,扣完为止			
				损坏或丢失一件工具、量具不得分			
6	操作规程	操作规程执行情况	15	违反操作规程不得分			
7	清理现场	清理、擦洗并回收工具和量具	5	少收一件工具或量具扣1分,扣完为止			
8	分数总计		100				

否定项说明:出现重大安全事故按0分计

五、基本操作步骤

操作步骤描述：凸轮磨损情况的检测→检修方法。

1 凸轮磨损的检测:用外径千分尺测量凸轮的全高与凸轮基圆直径的差值,从而确定凸轮的磨损程度。凸轮磨损量超过规定值时应换用新件

2 凸轮轴弯曲变形情况的检测:将凸轮轴放在平台的V形架上,以两端轴颈为支点,然后将百分表触头抵在中间的轴颈上,缓慢转动凸轮轴一周,若百分表摆差超过0.10mm,则应采用冷压法校正,校正后的弯曲度应不大于0.03mm

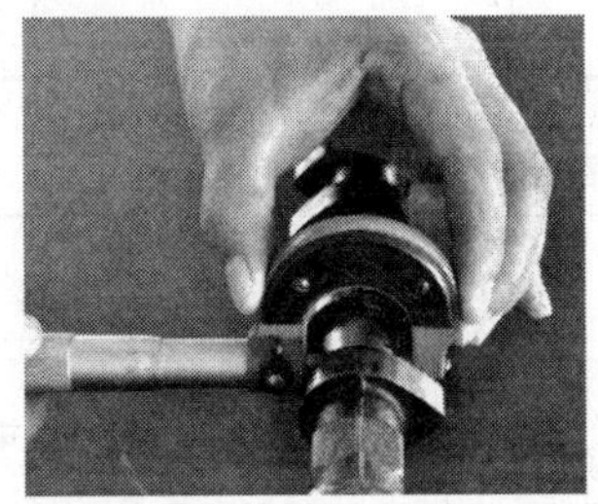

3 凸轮轴轴颈磨损情况的检测:用外径千分尺测量凸轮轴轴颈的圆度及圆柱度误差,若超过规定值,则应按修理尺寸磨削轴颈,即缩小轴颈尺寸,然后配用相应修理尺寸的凸轮轴轴承

4 凸轮轴其他损伤的检修

①凸轮轴上驱动分电器及机油泵传动齿轮的磨损量不应超过规定值,否则,应更换新件

②凸轮轴上偏心轮表面磨损量不应超过规定值,否则应更换新件

③正时齿轮键与键槽磨损量不应超过规定值,否则应更换新键

④当凸轮轴装正时齿轮固定螺母的螺纹损坏时,若多于两牙,则可堆焊修复,重新车螺纹或换用新件

试题6 修配气门座

一、考核要求

1）正确检查2个气门座的工作面。

2）正确修配1个气门座，使之符合技术标准。

二、考核时间

30min。

三、设备及设施准备

序号	名 称	单位	数量	备 注
1	发动机气缸盖	个	1	任意车型均可

（续）

序号	名　　称	单位	数量	备　　注
2	气门座铰刀	把	1	—
3	气门捻子	个	1	—
4	机油	L	0.5	—
5	汽油	L	0.5	—
6	研磨砂	盒	1	—
7	维修手册	本	1	与考试所用发动机气缸盖型号配套
8	常用工具、量具	套	1	—
9	棉纱	团	1	—
10	秒表	块	1	计时用

四、配分与评分标准

序号	作业项目	考核内容及要求	配分	评分标准	考核记录	扣分	得分
1	正确选用工具、量具	选用工具、量具齐全并准确	5	缺一件扣1分,选错一件扣1分,扣完为止			
2	准备	修配前的准备	5	准备不充分,每次扣2.5分,扣完为止			
				准备失误扣5分			
3	铰、研气门座密封锥面	铰削气门座	20	铰削方法不正确扣10分			
				铰削质量不符合要求扣10分			
		研磨气门座	20	研磨方法不正确扣10分			
				研磨质量不符合要求扣10分			
4	检查	检查气门密封性	20	检查方法不正确扣10分			
				检查结果不正确扣10分			
5	正确使用工具、量具	工具、量具使用正确	10	一种工具、量具使用不正确扣2分,扣完为止			
				损坏或丢失一件工具、量具不得分			
6	操作规程	操作规程执行情况	15	违反操作规程不得分			
7	清理现场	清理、擦洗并回收工具和量具	5	少收一件工具或量具扣1分,扣完为止			
8	分数总计		100				
否定项说明:出现重大安全事故按0分计							

五、基本操作步骤

操作步骤描述：铰削气门座→研磨气门→密封性检查。

1. 铰削气门座

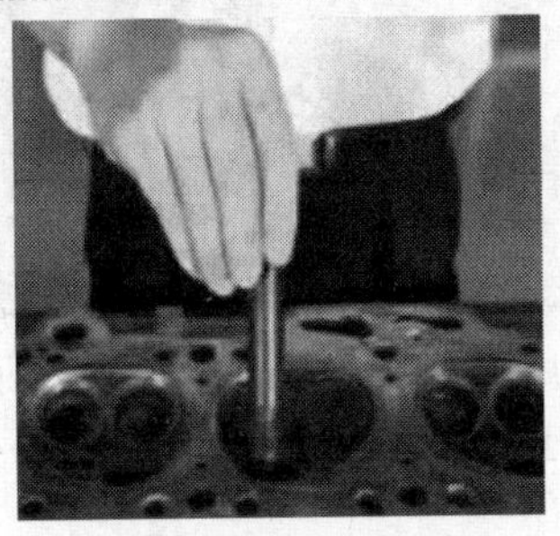

1 根据气门导管内径选择铰刀导杆。铰刀导杆以能轻易插入气门导管内，无松旷为宜

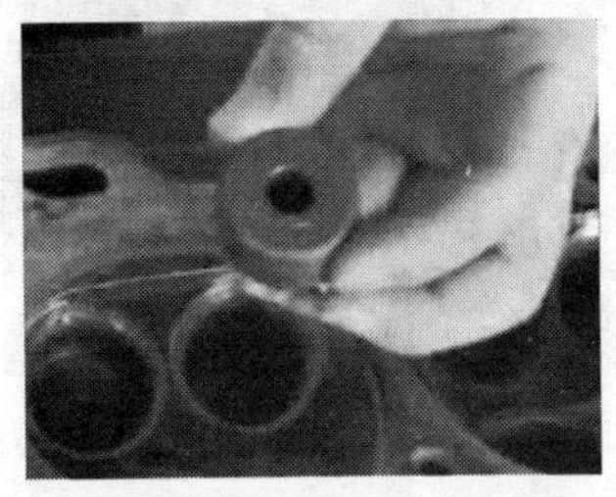

2 用与气门锥角相同的粗铰刀铰削工作锥面，直到凹陷、斑点全部除去，并保证有 2.5mm 以上的完整锥面为止

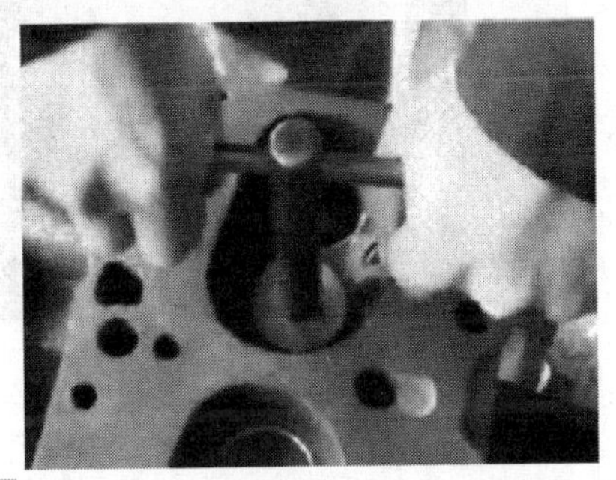

3 铰削时，两手握住手柄垂直向下用力，并做顺时针方向转动，不允许倒转或只在小范围内转动

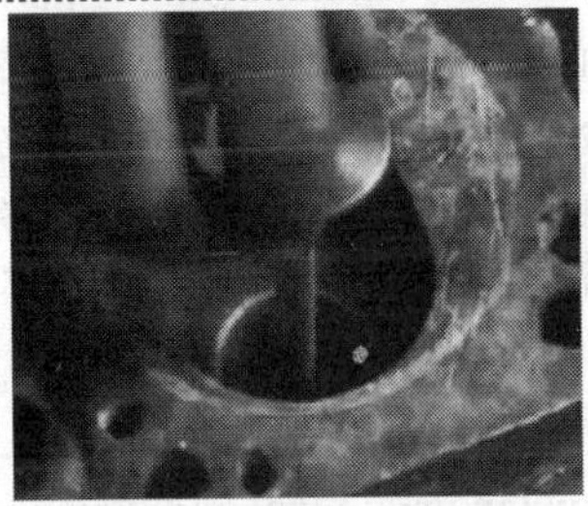

4 用修理好的气门或新气门进行试配，根据气门密封锥面接触环带的位置和宽度进行铰削修正。若接触环带偏向气门杆部，则用 75°的铰刀修正；若接触环带偏向气门顶部，则用 15°的铰刀修正。铰削好的气门座工作面宽度应符合规定，接触环带应处在气门密封锥面中部偏气门顶的位置

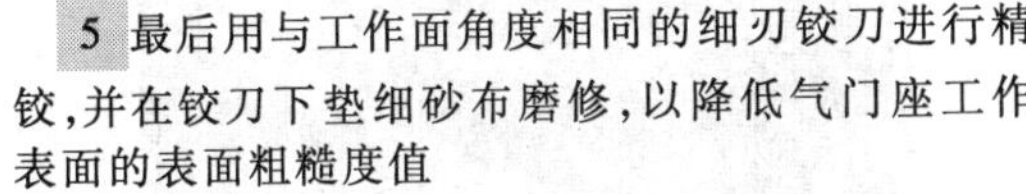

5 最后用与工作面角度相同的细刃铰刀进行精铰，并在铰刀下垫细砂布磨修，以降低气门座工作表面的表面粗糙度值

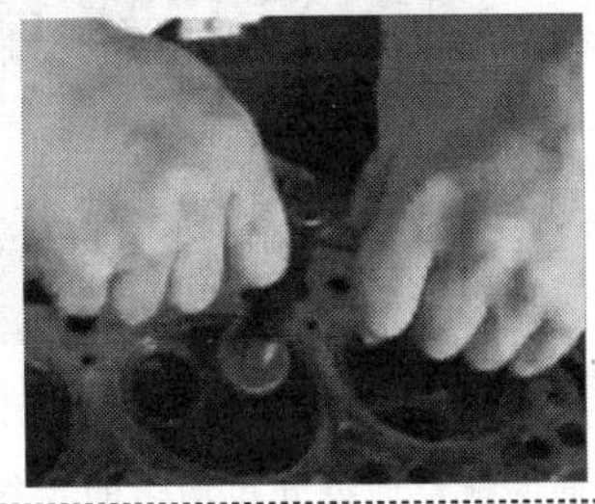

2. 研磨气门

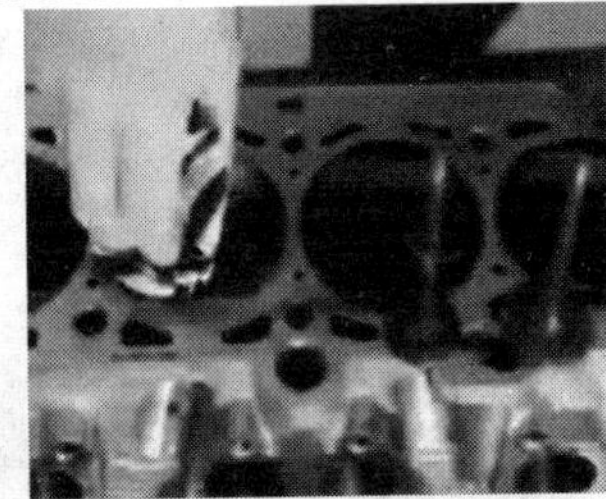

1 研磨前将气门、气门座及气门导管清洗干净，按顺序给气门做标记

2 在气门工作面涂上一层薄薄的研磨砂

3 在气门杆上涂少许机油，套上一只细软螺旋弹簧，将气门杆插入气门导管内

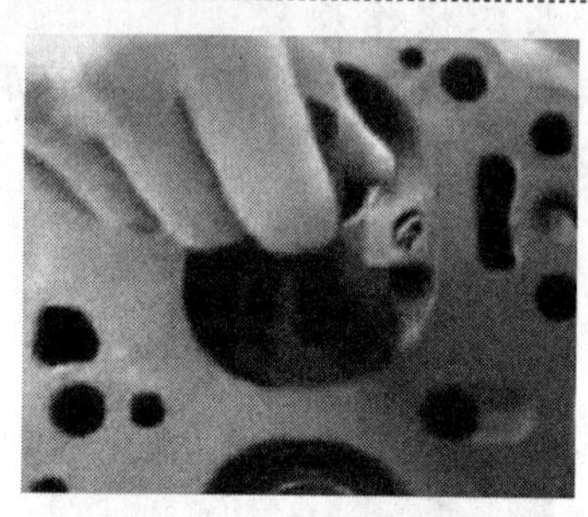

4 用橡皮捻子或螺钉旋具往复旋转气门，转角一般以 10° ~ 30°为宜，并适时地提起和转动气门，以改变接触位置

5 当气门和气门座工作面出现一条整齐无斑痕或麻点的接触带时，换涂细研磨砂继续研磨，直至工作面出现一条整齐、灰色、无光泽的环带，再洗掉细研磨砂，涂上机油，继续研磨几分钟，然后进行密封性试验

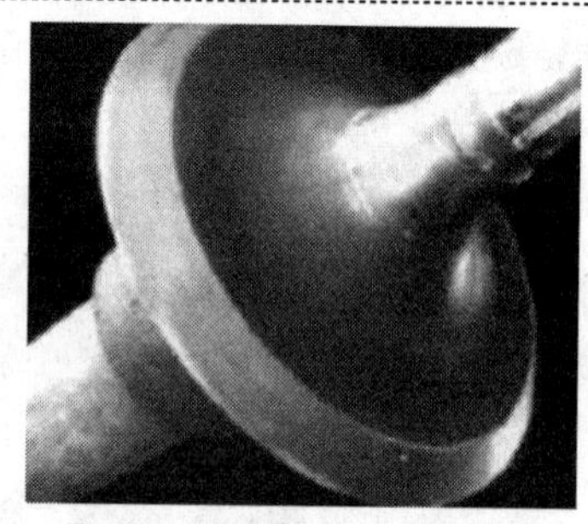

3. 气门的密封性检查

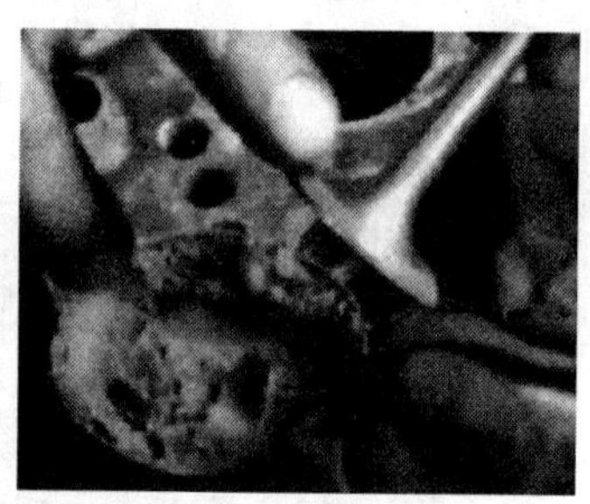

1 将气门和气门座清洗干净，用软铅笔在气门工作面上画若干条分布均匀的竖线或均匀地涂上红丹（四氧化二铅）

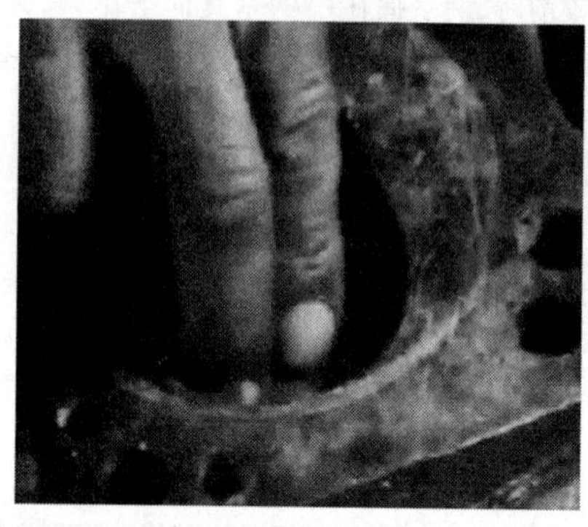

2 将气门插入气门座内，轻敲或转动 90°

3 取出气门观察所画竖线或红丹印痕，如果线条未被切断，或红丹印痕布满气门工作面，十分整齐，则表明密封性良好，否则，需要重新研磨

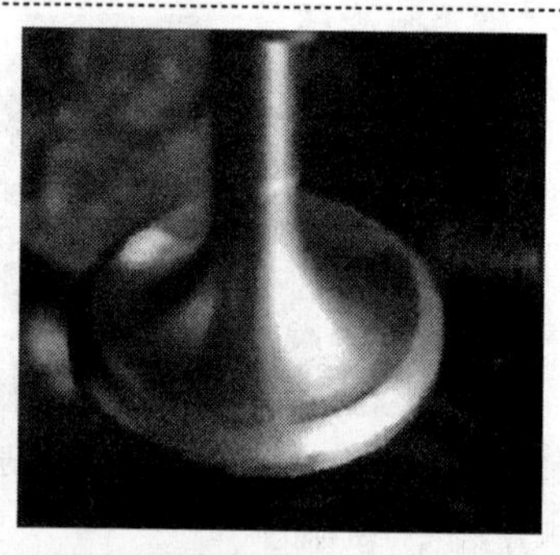

试题7 更换活塞环

一、考核要求

1）按正确的操作规程更换指定气缸的活塞环。

2）检查活塞环间隙是否符合要求。

二、考核时间

20min。

三、设备及设施准备

序号	名　称	单位	数量	备　注
1	发动机气缸体	个	1	装备一组活塞连杆组，无油底壳
2	套筒扳手	套	1	—
3	锤子	把	1	—
4	活塞环拆装钳	把	1	—
5	活塞环箍	把	1	—
6	尖嘴钳	把	1	—
7	指示式扭力扳手	把	1	—
8	塞尺	把	1	—
9	维修手册	本	1	与所选发动机型号配套
10	机油	L	1	—
11	棉纱	团	1	—
12	秒表	块	1	计时用

四、配分与评分标准

序号	作业项目	考核内容及要求	配分	评分标准	考核记录	扣分	得分
1	正确选用工具、量具	选用工具、量具齐全并准确	5	缺一件扣1分，选错一件扣1分，扣完为止			
2	准备	检测前的准备	5	准备不充分，每次扣2.5分，扣完为止			
				准备失误扣5分			
3	拆卸	从气缸中拆下活塞连杆组	15	拆卸方法不正确扣6分			
				拆卸时没有核对记号扣6分			
		从活塞上拆下活塞环	10	拆卸方法不正确扣5分，不会测量不得分			
				拆卸时折断活塞环每次扣5分，扣完为止			

（续）

序号	作业项目	考核内容及要求	配分	评分标准	考核记录	扣分	得分
4	检测	检测活塞环间隙	10	活塞环间隙检测一处不正确扣5分，扣完为止			
5	安装	安装活塞销	10	安装方法不正确扣10分			
		安装活塞环	15	安装方向不正确扣15分；活塞环开口位置不正确扣5分；安装时折断活塞环扣15分，扣完为止			
6	正确使用工具、量具	工具、量具使用正确	10	一种工具、量具使用不正确扣2分，扣完为止			
				损坏或丢失一件工具、量具不得分			
7	操作规程	操作规程执行情况	15	违反操作规程不得分			
8	清理现场	清理、擦洗并回收工具和量具	5	少收一件工具或量具扣1分，扣完为止			
9	分数总计		100				

否定项说明：出现重大安全事故按0分计

五、基本操作步骤

操作步骤描述：拆卸→检测→安装。

1. 拆卸

1 将第一缸活塞转至下止点的位置

2 分两三次均匀拆下第一缸连杆轴承盖上的螺栓

3 取下轴承盖

4 取出活塞连杆组

5 将取下的活塞连杆组重新组合起来，做上第一缸的标记。注意连杆与轴承盖的方向

6 拆下其余的活塞连杆组，每组活塞连杆必须做好记号，以防装复时将顺序弄乱

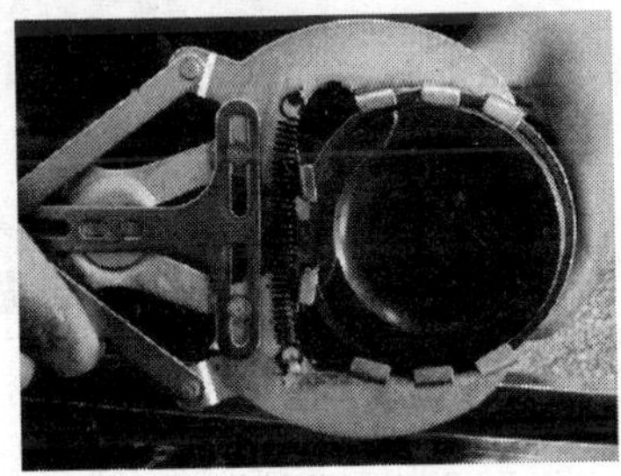

7 用活塞环拆装钳拆下活塞环

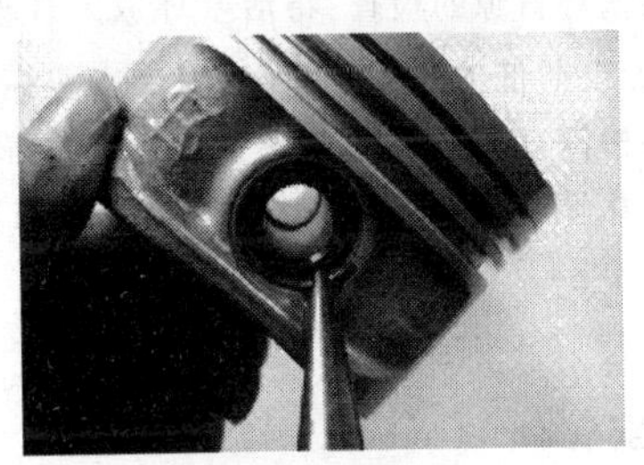

8 用尖嘴钳拆下活塞销卡环

9 取出活塞销

2. 检查

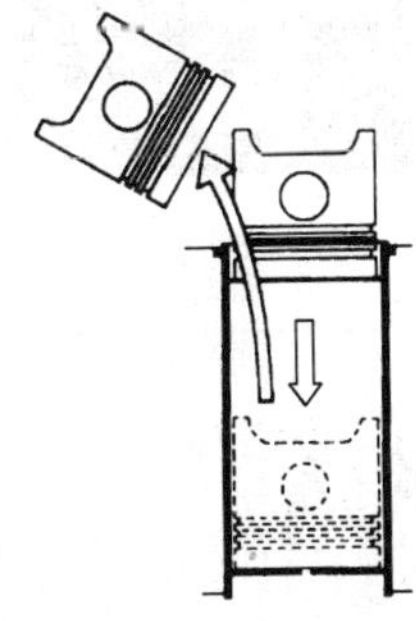

1 活塞环端隙的检验。将活塞环放入气缸内，用活塞顶将活塞环推正

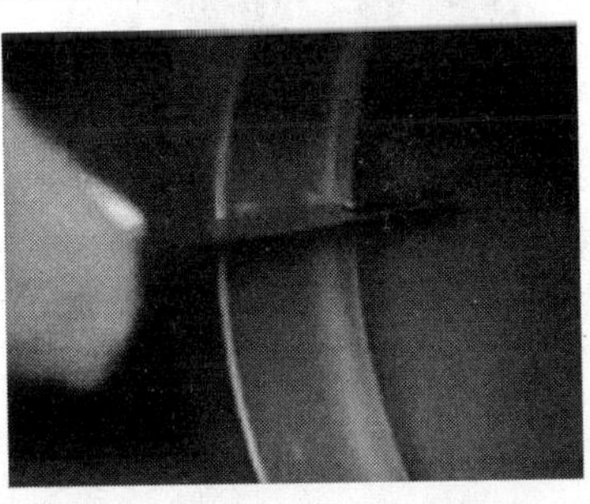

2 将塞尺插入活塞环开口处进行测量，其间隙值应符合要求

3 活塞环边隙的检查。检查时，将活塞环放在环槽内，使活塞环围绕环槽转动一圈，环在环槽内应能自由转动，无阻滞现象

4 用塞尺测量边隙，应符合要求

5 活塞环背隙的检查：将活塞环放入环槽内，活塞环的宽度应低于活塞环槽岸；用深度游标卡尺测量时，环槽深度与环的宽度之差即为环的背隙，一般为 0～0.35mm。背隙过大或过小，都应重新选配

3. 安装

1 将活塞置于水中，加热到 70～80℃ 取出，擦拭干净。在座孔和活塞销上涂上一层薄薄的机油，用大拇指把活塞销推入座孔，并迅速通过连杆小头衬套孔，直至另一侧销座孔的锁环槽边

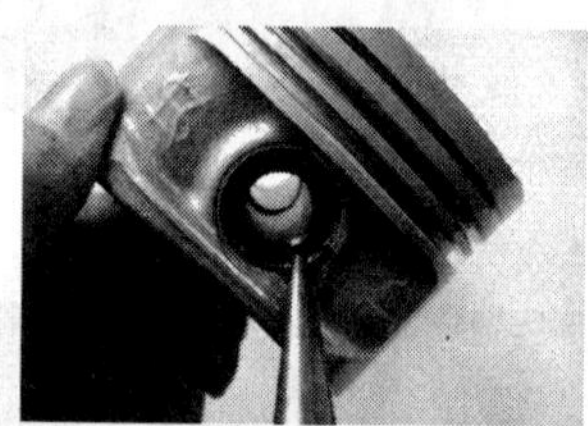
2 装上活塞销两边的锁环。有磨损台阶的锁环应予以更换

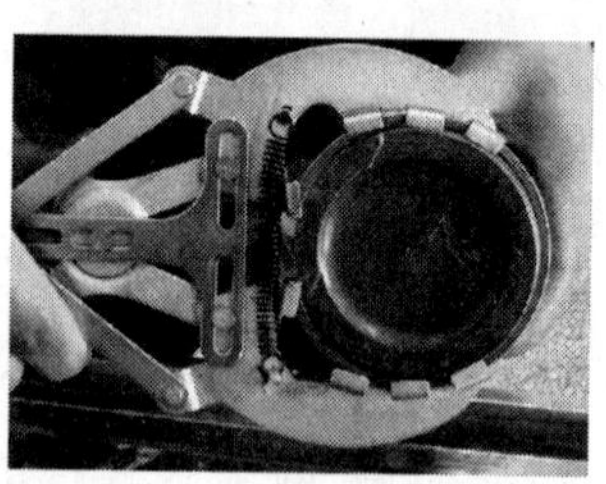
3 安装活塞环

试题 8　正时带的拆装与检查

一、考核要求

1）按正确的操作规程拆装正时带。

2）对正时带进行检查。

二、考核时间

30min。

三、设备及设施准备

序号	名　称	单位	数量	备　注
1	发动机	台	1	装备正时带
2	常用工具、量具	套	1	—
3	秒表	块	1	用于计时

四、配分与评分标准

序号	作业项目	考核内容及要求	配分	评分标准	考核记录	扣分	得分
1	正确选用工具、量具	选用工具、量具齐全并准确	5	缺一件扣1分，选错一件扣1分，扣完为止			
2	准备	检测前的准备	5	准备不充分，每次扣2.5分，扣完为止			
				准备失误扣5分			
3	拆卸	从发动机上拆卸正时带	20	每出现一次错误扣5分			
4	检查	正确检查正时带	20	每出现一次错误扣5分			
5	安装	安装正时带	20	每出现一次错误扣5分			
6	正确使用工具、量具	工具、量具使用正确	10	一种工具、量具使用不正确扣2分，扣完为止			
				损坏或丢失一件工具、量具不得分			
7	操作规程	操作规程执行情况	15	违反操作规程不得分			
8	清理现场	清理、擦洗并回收工具和量具	5	少收一件工具或量具扣1分，扣完为止			
9	分数总计		100				

否定项说明：出现重大安全事故按0分计

五、基本操作步骤

操作步骤描述：拆卸→检查→安装。

1 拆下正时带上护罩

2 拆下正时带中护罩，检查护罩上的上止点记号是否完好

3 拆下曲轴带轮

4 拆下正时带下护罩

5 松开正时带张紧轮

6 取下正时带

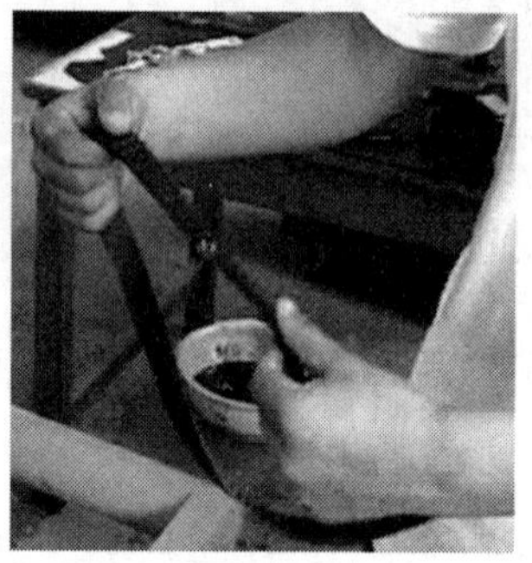
7 检查正时带

8 正时齿轮上都做有 O 形啮合标记，安装时这个标记一定要和气缸体上的“一”字标记对齐

9 按与拆卸相反的顺序安装正时带

试题9 曲轴的检测

一、考核要求

检测曲轴变形与轴颈磨损情况。

二、考核时间

30min。

三、设备及设施准备

序号	名　称	单位	数量	备　注
1	曲轴	根	1	—
2	平台	个	1	—
3	V形架	对	1	—
4	千分尺	把	1	—
5	棉纱	团	1	—
6	秒表	块	1	用于计时

四、配分与评分标准

序号	作业项目	考核内容及要求	配分	评分标准	考核记录	扣分	得分
1	正确选用工具、量具	选用工具、量具齐全并准确	5	缺一件扣1分，选错一件扣1分，扣完为止			
2	准备	检测前的准备	5	准备不充分，每次扣2.5分，扣完为止			
				准备失误扣5分			
3	检测曲轴	裂纹的检测	10	检测方法不正确扣5分			
				检测结果不正确扣5分			
		弯曲情况的检测	20	检测方法不正确扣10分			
				检测结果不正确扣10分			
		扭曲情况的检测	10	检测方法不正确扣5分			
				检测结果不正确扣5分			
		磨损情况的检测	20	检测方法不正确扣10分			
				检测结果不正确扣10分			
4	正确使用工具、量具	工具、量具使用正确	10	一种工具、量具使用不正确扣2分，扣完为止			
				损坏或丢失一件工具、量具不得分			
5	操作规程	操作规程执行情况	15	违反操作规程不得分			
6	清理现场	清理、擦洗并回收工具和量具	5	少收一件工具或量具扣1分，扣完为止			
7		分数总计	100				

否定项说明：出现重大安全事故按0分计

五、基本操作步骤

操作步骤描述：曲轴裂纹的检测→曲轴弯曲情况的检测→曲轴扭曲情况的检测→曲轴轴颈磨损情况的检测。

1 曲轴裂纹的检测

①将曲轴取出后清洗，首先检查主轴颈和各连杆轴颈表面有无毛糙、疤痕和凹槽，然后检查有无裂纹

②目视检查曲轴裂纹。曲轴裂纹多发生在曲柄臂与轴颈之间的过渡圆角以及油孔处。前者称为横向裂纹，危害极大，若有横向裂纹，则应更换曲轴；后者称为轴向裂纹，必要时也应更换曲轴

2 曲轴弯曲情况的检测：将曲轴放在检验平板的 V 形架上，将百分表触头垂直地触及中间一道主轴颈，转动曲轴，此时百分表指针指示的最大摆差（径向圆跳动误差）即为曲轴主轴颈的同轴度偏差。一般要求轿车曲轴主轴颈的同轴度偏差不大于 0.06mm，否则予以校正。校正时，一般可结合磨削轴颈予以修正，无法修磨校正时应予以报废

3 曲轴扭曲情况的检测：检测曲轴扭曲变形情况时，仍采用上述设备，将曲轴置于检验平板的 V 形架上，将第一、六缸连杆轴颈转到水平位置，用百分表测量两轴颈至平板的距离，求得同一方位上两高度差 ΔA，即可求得曲轴扭曲变形的扭转角 θ

$$\theta = 360\Delta A/2\pi R \approx 57\Delta A/R$$

式中　R——曲柄半径。

4 曲轴轴颈磨损情况的检测：曲轴轴颈的磨损情况通常用外径千分尺来检测。每个轴颈测量两个截面，每个截面测量 3 ~ 4 个点的直径。将每次测量的直径记录下来，计算出曲轴各轴的圆度误差和圆柱度误差，计算方法与检测气缸时相同

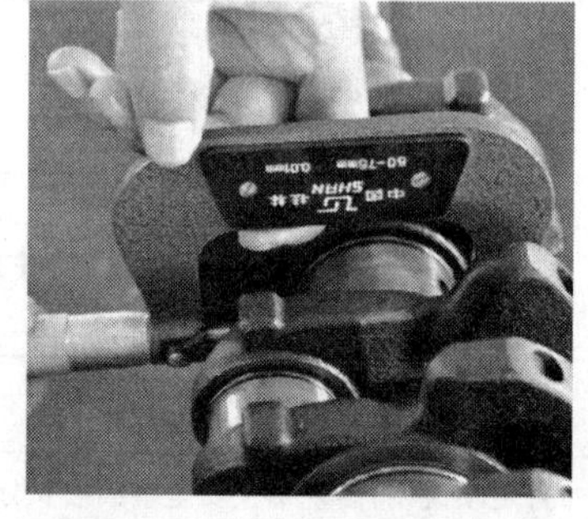

试题10 检测、选配活塞

一、考核要求

1）正确检测活塞的变形情况。

2）能够正确选配活塞。

二、考核时间

15min。

三、设备及设施准备

序号	名称	单位	数量	备注
1	活塞	个	1	—
2	刮刀	把	1	—
3	外径千分尺	把	1	—
4	棉纱	团	1	—
5	秒表	块	1	用于计时

四、配分与评分标准

序号	作业项目	考核内容及要求	配分	评分标准	考核记录	扣分	得分
1	正确选用工具、量具	选用工具、量具齐全并准确	5	缺一件扣1分，选错一件扣1分，扣完为止			
2	准备	检测前的准备	5	准备不充分，每次扣2.5分，扣完为止			
				准备失误扣5分			
3	检测	检测活塞	30	检测方法不正确扣15分			
				检验结果不正确扣15分			
4	选配活塞	正确选配活塞（口述）	30	选配不正确扣15分			
				不会选配扣15分			
5	正确使用工具、量具	工具、量具使用正确	10	一种工具、量具使用不正确扣2分，扣完为止			
				损坏或丢失一件工具、量具不得分			
6	操作规程	操作规程执行情况	15	违反操作规程不得分			
7	清理现场	清理、擦洗并回收工具和量具	5	少收一件工具或量具扣1分，扣完为止			
8	分数总计		100				

否定项说明：出现重大安全事故按0分计

五、基本操作步骤

操作步骤描述：检测活塞→选配活塞。

1. 检测活塞

1 清除活塞环槽内的积炭

2 检查活塞裙部的磨损状况

3 在与活塞销垂直的方向，用外径千分尺测量活塞裙部的直径

2. 选配活塞

当气缸的磨损量超过规定值或活塞异常损坏时，必须对气缸进行修复，并且应根据气缸的修理尺寸选配活塞。选配活塞时要注意以下几点：

1）选用同一修理尺寸或同一分组尺寸的活塞。活塞裙部的尺寸是镗磨气缸的依据，即气缸的修理尺寸是哪一级，就要选用哪一级修理尺寸的活塞。由于活塞的分组，因此只有在选用同一分组的活塞后，才能按选定活塞的裙部尺寸镗磨气缸。

2）同一发动机必须选用同一厂同一型号的活塞。活塞应成套选配，以保证其材料和性能的一致性。

3）在选配的成套活塞中，尺寸差和质量差应符合要求。其尺寸差一般为0.02～0.025mm，质量差一般为4～8g。另外，活塞销座孔的涂色标记应相同。

新型汽车的活塞与气缸的配合都采用选配法，应在气缸技术要求确定的前提下，选配相应的活塞。活塞的修理尺寸级别一般分为+0.25mm、+0.50mm、+0.75mm、+1.00mm四级，有的只有1～2个级别。在每一个修理尺寸级别中又分为若干组，通常分为3～6组不等。相邻两组的直径差为0.010～0.015mm。

选配时，要注意活塞的分组标记和涂色标记。有的发动机为薄型气缸套，活塞不设置修理尺寸，只区分标准系列活塞和维修系列活塞，每一系列的活塞也有若干组供选配。活塞的修理尺寸级别代号常打印在活塞顶部。

▼桑塔纳轿车（1.8L）发动机活塞的分组与气缸的直径

分组	活塞尺寸/mm	气缸尺寸/mm	配合间隙/mm	备　注
公称尺寸	80.98	81.01	0.03	测量活塞时，在距活塞裙底边缘15mm处测量
一	81.23	81.26		
二	81.48	81.51		
三	81.98	82.01		

试题11　曲轴飞轮组的拆卸

一、考核要求

1）在规定的时间内完成发动机曲轴飞轮组的拆卸，使之符合技术标准。

2）在操作过程中出现的违规操作，应及时指正。

二、考核时间

15min。

三、设备及设施准备

序号	名　称	单位	数量	备　注
1	发动机(翻转台架)	台	1	—
2	常用工具、量具	套	1	—
3	维修手册	本	1	与所选发动机型号配套
4	抹布	片	若干	—
5	秒表	块	1	用于计时

四、配分与评分标准

序号	作业项目	考核内容及要求	配分	评分标准	考核记录	扣分	得分
1	正确选用工具、量具	选用工具、量具齐全并准确	5	缺一件扣1分，选错一件扣1分，扣完为止			
2	准备	拆卸前的准备	5	准备不充分，每次扣2.5分，扣完为止 准备失误扣5分			
3	拆卸	拆下飞轮	12	按要求酌情扣分，并指正			
		拆下曲轴后油封凸缘	12	按要求酌情扣分，并指正			
		拆下曲轴主轴承盖	12	按要求酌情扣分，并指正			
		抬出曲轴	12	按要求酌情扣分，并指正			
		取下曲轴上轴瓦	12	按要求酌情扣分，并指正			
4	正确使用工具、量具	工具、量具使用正确	10	一种工具、量具使用不正确扣2分，扣完为止 损坏或丢失一件工具、量具不得分			
5	操作规程	操作规程执行情况	15	违反操作规程不得分			
6	清理现场	清理、擦洗并回收工具和量具	5	少收一件工具或量具扣1分，扣完为止			
7	分数总计		100				

否定项说明：出现重大安全事故按0分计

五、基本操作步骤

操作步骤描述：准备工作→拆卸飞轮→拆卸曲轴。

1. 操作前的准备工作

准备好所需的工具和物品。检查拆装台架的完整情况，是否安全固定

2. 拆卸飞轮

1 拆卸飞轮

2 用上图所示的方法单方向固定曲轴，防止拆卸飞轮螺栓时曲轴旋转

3 对角分两三次拧下飞轮上的 6 个固定螺栓，取下飞轮

3. 拆卸曲轴

1 对角分两三次拧下曲轴后油封凸缘的 6 个固定螺栓，然后用橡皮锤轻击并取下曲轴后油封凸缘

2 拆卸曲轴主轴承盖

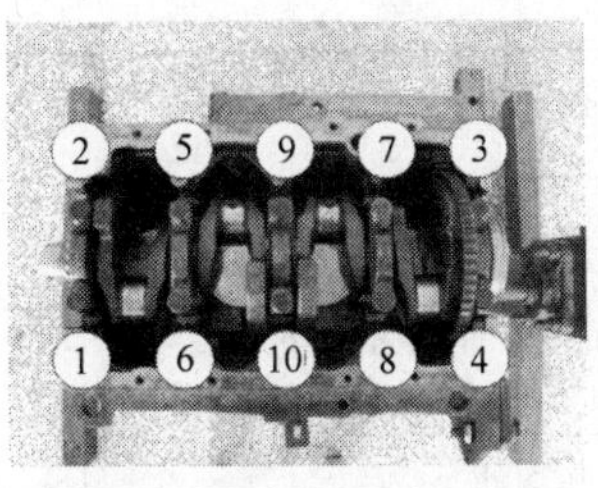

3 按上图所示顺序分两三次均匀拆下主轴承盖的 10 个固定螺栓

4 取下轴承盖

5 取下带止推片的第三道轴承盖

6 将下轴承和主轴承盖放在一起

7 抬出曲轴

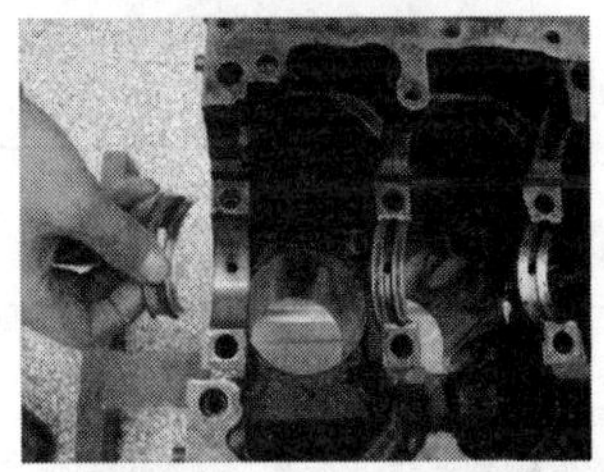

8 取下曲轴上轴瓦

试题 12　电动燃油泵的检测

一、考核要求

1）检查电动燃油泵的电压。

2）检查电动燃油泵的电阻。

二、考核时间

30min。

三、设备及设施准备

序号	名　称	单位	数量	备　注
1	电控汽车	辆	1	—
2	万用表	块	1	—
3	常用工具、量具	套	1	—
4	发光二极管	只	1	—
5	秒表	块	1	用于计时

四、配分与评分标准

序号	作业项目	考核内容及要求	配分	评分标准	考核记录	扣分	得分
1	正确选用工具、量具	选用工具、量具齐全并准确	5	缺一件扣1分，选错一件扣1分，扣完为止			
2	准备	检测前的准备	5	准备不充分，每次扣2.5分，扣完为止 准备失误扣5分			
3	检测电压	检测电压	30	检测方法不正确扣15分 检测结果不正确扣15分			
4	检测电阻	检测电阻	30	检测方法不正确扣15分 检测结果不正确扣15分			
5	正确使用工具、量具	工具、量具使用正确	10	一种工具、量具使用不正确扣2分，扣完为止 损坏或丢失一件工具、量具不得分			
6	操作规程	操作规程执行情况	15	违反操作规程不得分			
7	清理现场	清理、擦洗并回收工具和量具	5	少收一件工具或量具扣1分，扣完为止			
8	分数总计		100				

否定项说明：出现重大安全事故按0分计

五、基本操作步骤

操作步骤描述：检测电阻→检测电压。

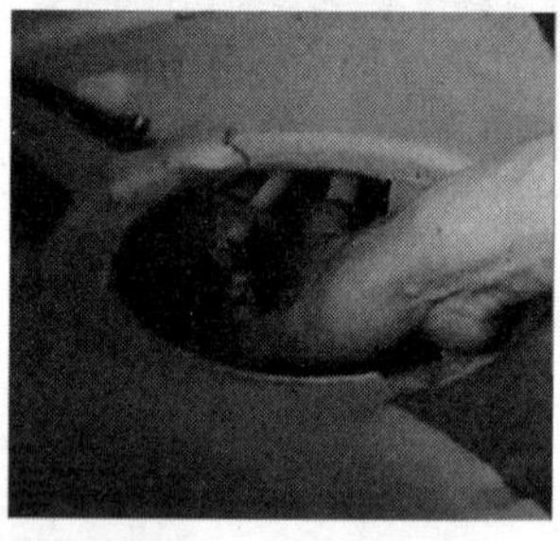

1 将点火开关接通，不起动发动机，用手触摸电动燃油泵，应能感到持续时间为2s的转动

2 若燃油泵不转动，则应检查中央电路板上的燃油泵熔丝

3 若熔丝正常，则将发光二极管测试灯的一端接地，另一端接熔丝插座。短暂起动发动机，测试灯应闪亮。若测试灯不亮，则应检查线路

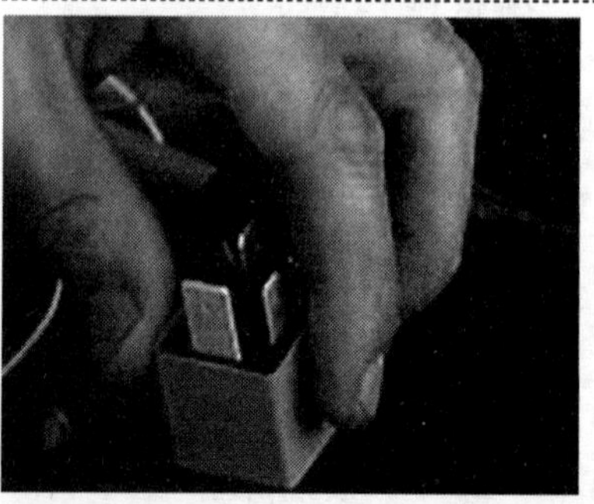

4 若熔丝和线路无故障，则应检查继电器

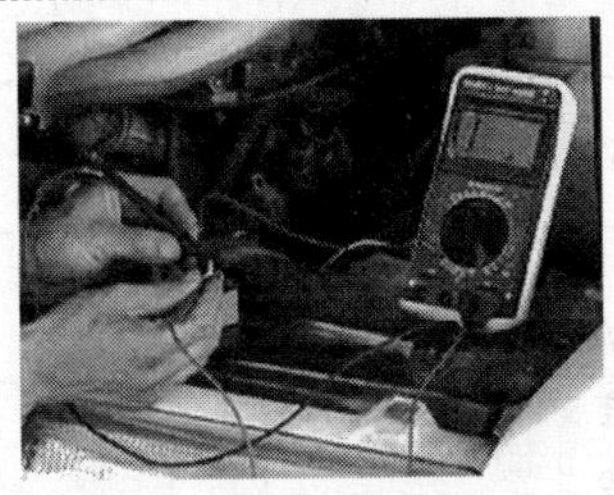

5 检查前，先关闭点火开关，取下燃油泵继电器。继电器的内部电路和插脚编号印在外壳上，检查时用万用表电阻挡测量 30 和 87 插脚间的电阻，阻值应为无穷大

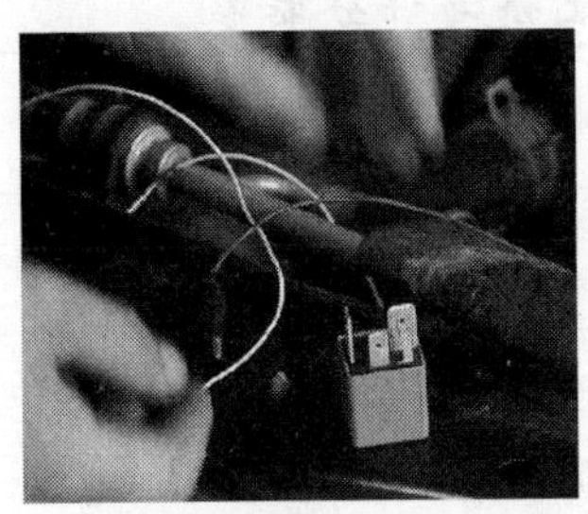

6 将 12V 直流电压接在 85 和 86 插脚上，此时应听到继电器“咔嗒”的吸合声

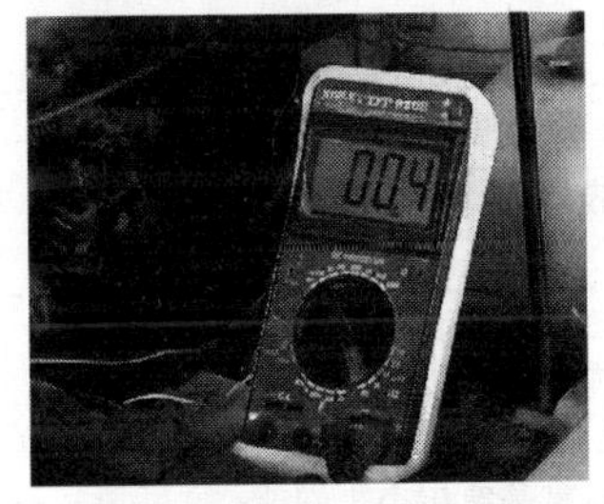

7 用万用表检测 30 和 87 插脚间的电阻，阻值应接近 0Ω，否则要更换继电器

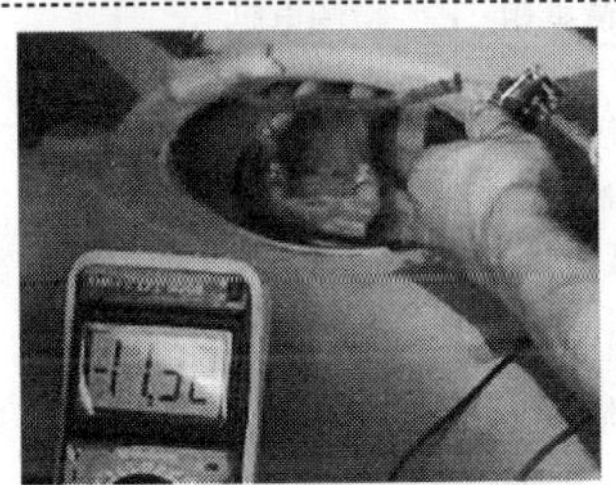

8 若熔丝或继电器无故障，则检测燃油泵的供电情况。检测前关闭点火开关，拔下燃油泵插头，用万用表电压挡测量插座两插孔间的电压，电压应高于 11V

9 若供电电压正常，则检查燃油泵电动机绕组电阻，用万用表测量燃油泵插座上两端子间的电阻值，应为 5～10Ω。若电阻值为无穷大，则绕组断路；若电阻值为零，则电动机内部有短路故障。若存在这两种故障，则均应更换燃油泵

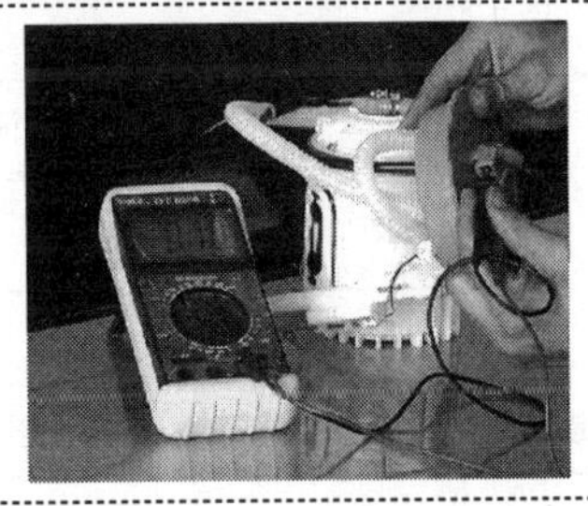

试题 13　汽油机喷油器的检测

一、考核要求

1）检查汽油机喷油器的驱动电路与电阻。

2）检查喷油器的喷雾质量。

二、考核时间

30min。

三、设备及设施准备

序号	名　　称	单位	数量	备　　注
1	电控汽车	辆	1	大众
2	万用表	块	1	—
3	发光二极管	只	1	—
4	故障诊断仪	台	1	大众 V. A. G1551
5	常用工具、量具	套	1	—
6	秒表	块	1	用于计时

四、配分与评分标准

序号	作业项目	考核内容及要求	配分	评分标准	考核记录	扣分	得分
1	正确选用工具、量具	选用工具、量具齐全并准确	5	缺一件扣1分，选错一件扣1分，扣完为止			
2	准备	检测前的准备	5	准备不充分，每次扣2.5分，扣完为止			
				准备失误扣5分			
				检测结果不正确扣10分			
3	检测电阻	检测电阻	20	检测方法不正确扣10分			
				检测结果不正确扣10分			
4	检验喷雾质量	检验喷雾质量	20	检验方法不正确扣10分			
				技术规范叙述不正确扣10分			
5	清洗	清洗喷油器	20	清洗方法不正确扣10分			
				清洗结果不彻底扣10分			
6	正确使用工具、量具	工具、量具使用正确	10	一种工具、量具使用不正确扣2分，扣完为止			
				损坏或丢失一件工具、量具不得分			
7	操作规程	操作规程执行情况	15	违反操作规程不得分			
8	清理现场	清理、擦洗并回收工具和量具	5	少收一件工具或量具扣1分，扣完为止			
9	分数总计		100				

否定项说明：出现重大安全事故按0分计

五、基本操作步骤

操作步骤描述：检测电阻→检测喷油量→清洗喷油器。

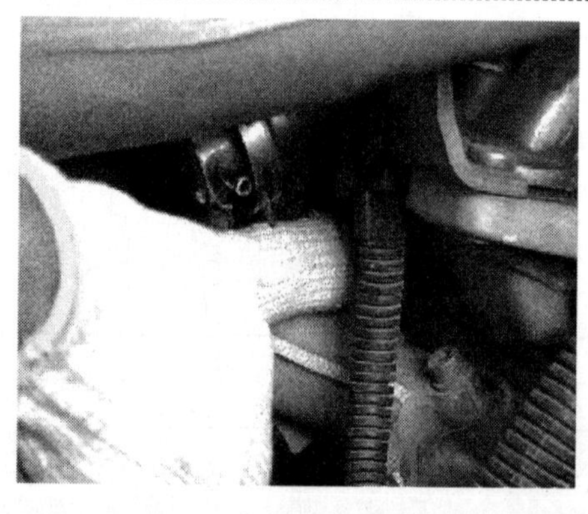

1 检测喷油器时，起动发动机，使其怠速运转，用手触摸喷油器，应有脉动样的振动感觉

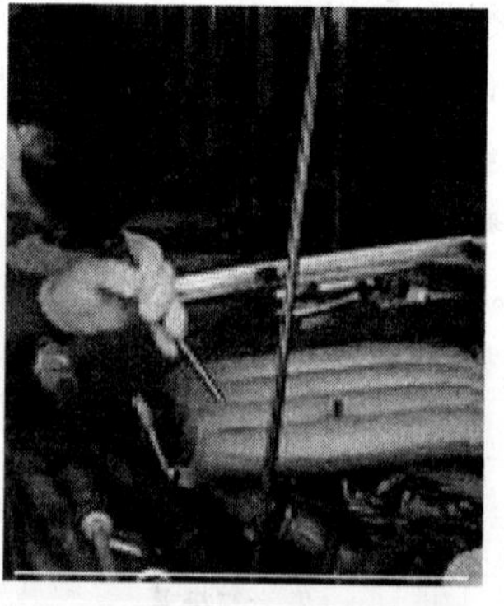

2 用螺钉旋具或听诊器与喷油器接触，应能听到有节奏的工作响声，否则表明喷油器工作不正常，应对喷油器和输入信号进行检查

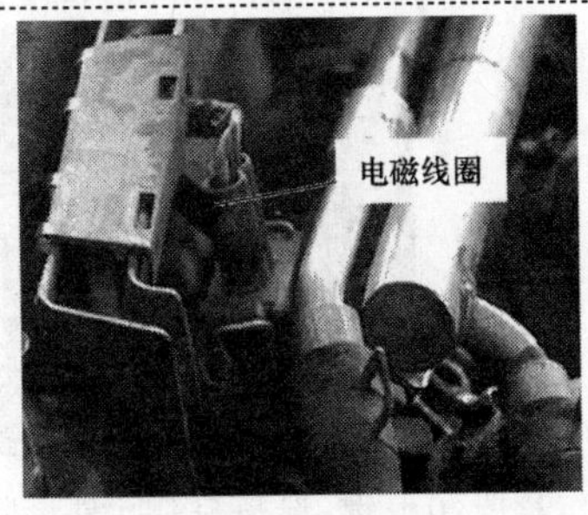

3 检测喷油器电磁线圈时，将发动机熄火，拔下喷油器线束插头，用万用表电阻挡测量接线的电阻值，20℃时，阻值应为 12～16Ω，否则应更换喷油器

4 检测喷油器的信号时，将发光二极管接到喷油器导线的插头上，起动发动机，测试灯应闪烁。若测试灯不亮或不闪烁，则控制回路有故障，可检查喷油器至 ECU 的线路和 ECU 输出信号是否有故障，也可用示波器检测波形，对控制电路进行检查

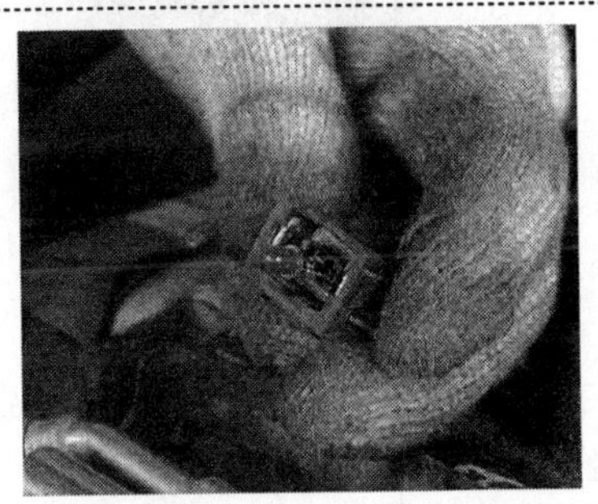

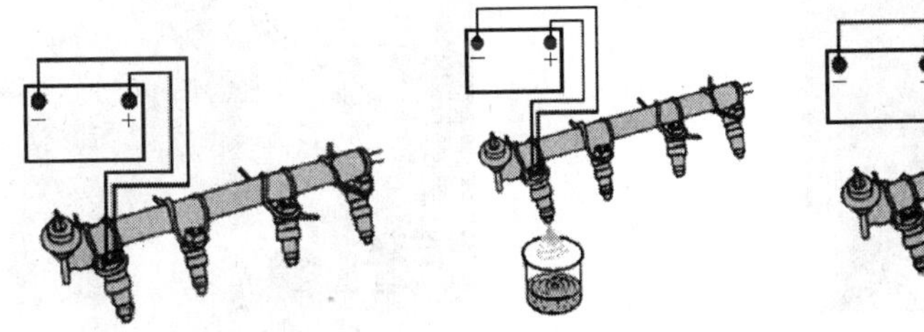

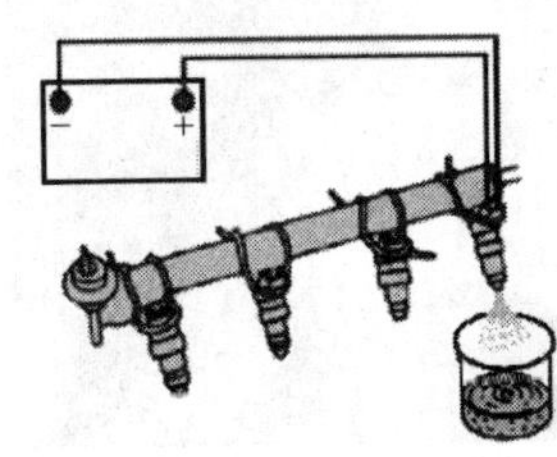

5 检测喷油器的喷油量。检测时用导线分别将喷油器与蓄电池相连接，并用量杯测量一定时间内的喷油量，一般为 50～70mL/15s。每个喷油器应重复测量 2～3 次。相互间的喷油量差值应小于 10%，否则对喷油器进行清洗或更换

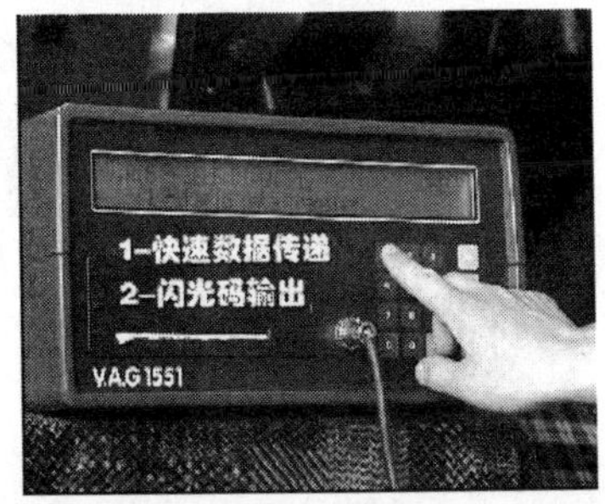

6 用故障诊断仪检测时，将诊断仪插头连接到故障诊断仪插座上，打开点火开关，按〈1〉键，选择快速数据传递功能

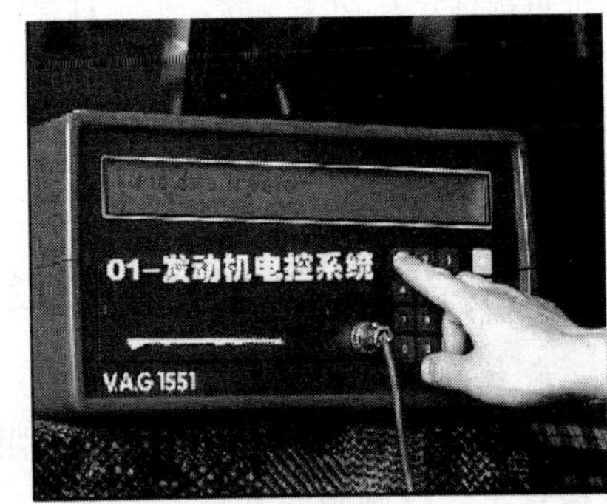

7 按〈01〉键，进入发动机电控系统，屏幕显示“控制单元信息”

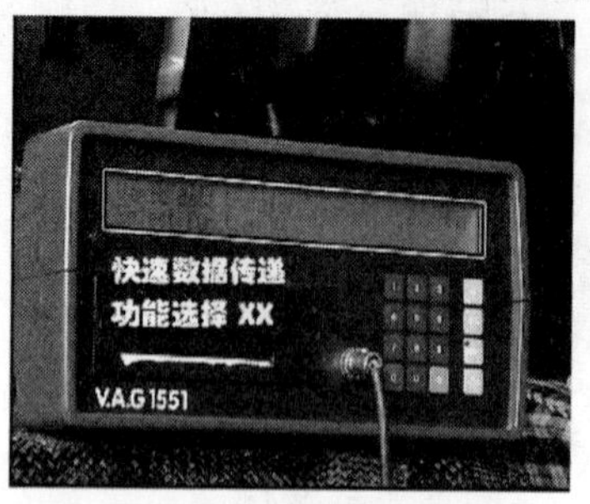

8 按〈→〉键，进入功能选择屏幕

9 按〈03〉键，选择控制元件诊断功能，屏幕显示第一缸喷油器 N30

10 用手触摸第一缸喷油器，应能听到或感觉到喷油器发出 5 次“咔嗒”声

11 按〈→〉键，用同样的方法检测其他喷油器，测试完成后，返回功能选择菜单

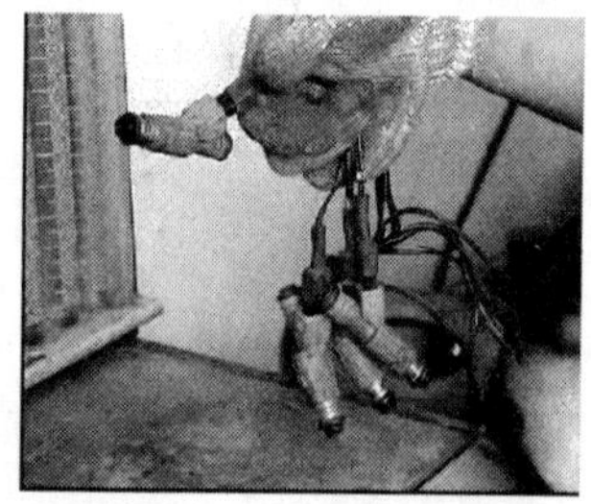

12 清洗喷油器时，用超声波清洗机进行清洗，然后取下喷油器，连接供电插头

13 将喷油器放入清洗机中

14 打开清洗机开关，开始清洗。清洗过程需要 10min，通常清洗 2 遍

试题 14　怠速控制阀的检测

一、考核要求

1）检查怠速控制阀的驱动电路与电阻。

2）检查怠速控制阀的外观。

二、考核时间

30min。

三、设备及设施准备

序号	名　称	单位	数量	备　注
1	电控汽车	辆	1	—
2	万用表	块	1	—
3	发光二极管	只	1	—
4	常用工具、量具	套	1	—
5	秒表	块	1	用于计时

四、配分与评分标准

序号	作业项目	考核内容及要求	配分	评分标准	考核记录	扣分	得分
1	正确选用工具、量具	选用工具、量具齐全并准确	5	缺一件扣1分,选错一件扣1分,扣完为止			
2	准备	检测前的准备	5	准备不充分,每次扣2.5分,扣完为止			
				准备失误扣5分			
3	车上检查	车上检查	10	检查方法不正确扣5分			
				检查结果不正确扣5分			
4	检测电阻	检测电磁线圈电阻	30	检测方法不正确扣15分			
				检测结果不正确扣15分			
5	检验外观	检验外观	20	检验方法不正确扣10分			
				技术规范叙述不正确扣10分			
6	正确使用工具、量具	工具、量具使用正确	10	一种工具、量具使用不正确扣2分,扣完为止			
				损坏或丢失一件工具、量具不得分			
7	操作规程	操作规程执行情况	15	违反操作规程不得分			
8	清理现场	清理、擦洗并回收工具和量具	5	少收一件工具或量具扣1分,扣完为止			
9	分数总计		100				
否定项说明:出现重大安全事故按0分计							

五、基本操作步骤

操作步骤描述:车上检查→检测电磁线圈电阻→检测怠速控制阀。

以脉冲电磁式怠速控制阀的检测为例。

1. 车上检查

当发动机怠速运转时,用手触摸怠速控制阀,应当有明显的振动感

说明:若无振动感或怠速转速过高或过低,则说明怠速控制阀失效,应更换

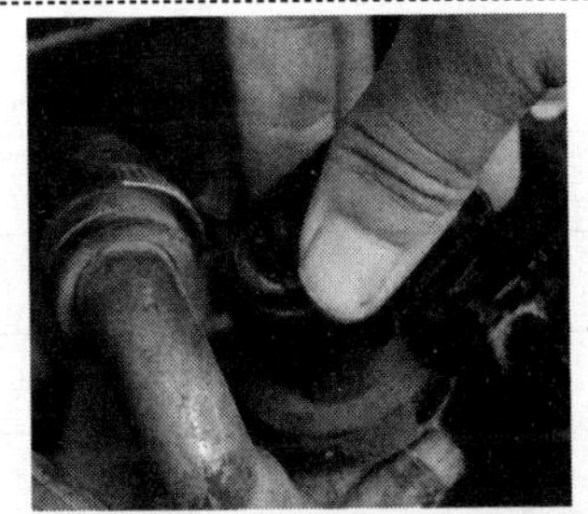

2. 检测电磁线圈电阻

断开点火开关，拔下怠速控制阀插接器插头，用万用表电阻挡检测插座上两个端子之间的线圈电阻值，应符合规定

说明：脉冲电磁式怠速控制阀只有一组线圈，阻值为10～15Ω，若阻值不符合规定，则应更换

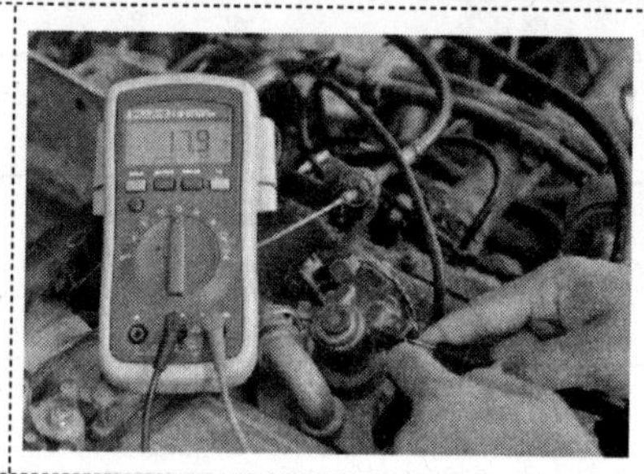

3. 检测怠速控制阀

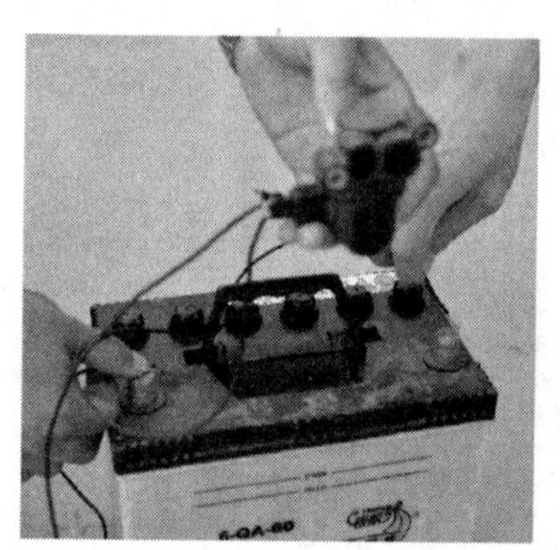

1 从节气门体上拆下怠速控制阀，用导线将其一个端子连接蓄电池正极，另一个端子连接蓄电池负极，阀芯应当移动。若阀芯不移动，则说明怠速控制阀失效，应更换

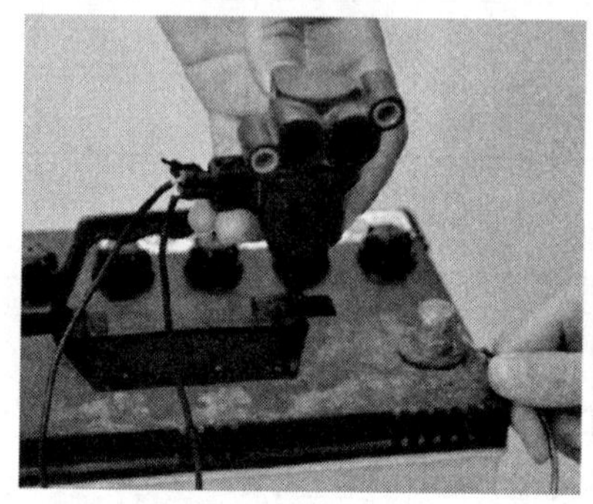

2 当断开一根导线时，阀芯应当移动。若阀芯不能移动，则说明怠速控制阀失效，应予更换

试题15　空气流量计的检测

一、考核要求

1）检查空气流量计的电路。

2）检查空气流量计的外观。

二、考核时间

30min。

三、设备及设施准备

序号	名　称	单位	数量	备　注
1	电控汽车	辆	1	装备有空气流量计
2	万用表	块	1	—
3	发光二极管	只	1	—
4	常用工具、量具	套	1	—
5	秒表	块	1	用于计时

四、配分与评分标准

序号	作业项目	考核内容及要求	配分	评分标准	考核记录	扣分	得分
1	正确选用工具、量具	选用工具、量具齐全并准确	5	缺一件扣1分,选错一件扣1分,扣完为止			
2	准备	检测前的准备	5	准备不充分,每次扣2.5分,扣完为止			
				准备失误扣5分			
3	检测电阻	检测电阻	30	检测方法不正确扣15分			
				检测结果不正确扣15分			
4	检测电压	检测电压	30	检测方法不正确扣15分			
				检测结果不正确扣15分			
5	正确使用工具、量具	工具、量具使用正确	10	一种工具、量具使用不正确扣2分,扣完为止			
				损坏或丢失一件工具、量具不得分			
6	操作规程	操作规程执行情况	15	违反操作规程不得分			
7	清理现场	清理、擦洗并回收工具和量具	5	少收一件工具或量具扣1分,扣完为止			
8	分数总计		100				
否定项说明:出现重大安全事故按0分计							

五、基本操作步骤

操作步骤描述：检测电路→检测电阻→检验外观。

1. 翼板式空气流量计的检测

说明：翼板式空气流量计在工作过程中，常会出现翼板摆动不灵、卡滞、电位计滑动触点磨损或接触不良、电动汽油泵开关失灵或接触不良等故障。为保证空气流量计能准确地检测发动机的空气流量，应定期对空气流量计进行检测。

1）按要求拆下翼板式空气流量计。

2）用手指拨动翼板，检查翼板的摆动是否平顺，有无破裂。

3）翼板式空气流量计的内部电路有两种形式。用万用表分别测量流量计内各接线柱之间的电阻，测量结果应与各车型维修手册中的标准值一致。

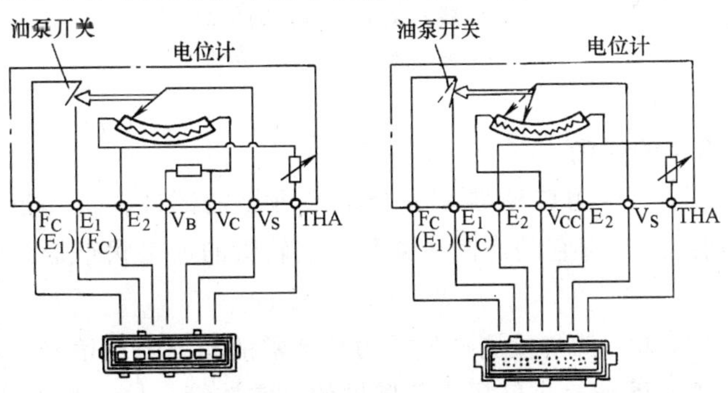

▲翼板式空气流量计电路

4）测量翼板式空气流量计内的电动燃油泵开关，可用万用表测量 E_1-F_C 两端。当翼板完全关闭时，开关应断开，电阻值为无穷大；当翼板开启角度超过10°时，开关应闭合，电阻值为0Ω。

5）慢慢推动翼板，同时测量 E_2-V_S 两端的电阻。在翼板由全闭至全开的过程中，电阻值应连续变化，全开时的阻值应符合标准值。

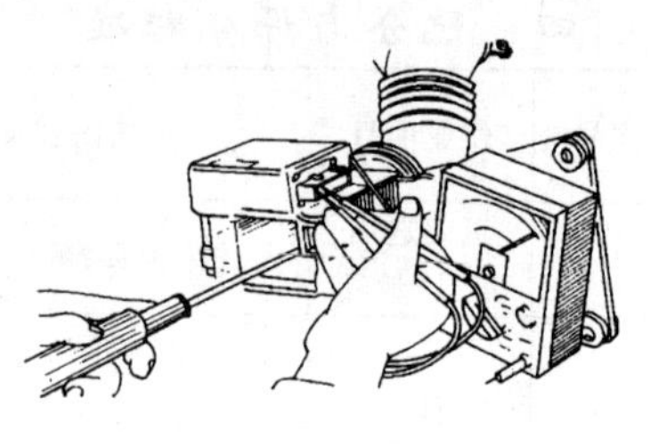

▲测量电阻

2. 热线式空气流量计的检测

（1）目测检查　观察热线式空气流量计内部的热线有无断丝或脏污，护网有无堵塞或破裂故障，如有异常，应更换流量计。

（2）自洁电路的检查　就车检查热线式空气流量计的自洁电路时可按下述方法进行：

1）起动发动机并加速到2500r/min以上。

2）使发动机怠速运转，拆下热线式空气流量计进口处的空气滤清器和进气管。

3）关闭点火开关，从热线式空气流量计入口处观察流量计内的热线是否能在发动机熄火5s后被加热至发出红光，并持续1s。

若不符合要求，则可进一步检查微处理器与热线式空气流量计之间的线路及热线式空气流量计。

（3）工作状况的检查　拆下热线式空气流量计，按其电源电压调整稳压电源的电压，并接至与流量计相应的电源接线柱上（注意电源极性应正确），用电压表测量信号输出端的电压。当电吹风将空气吹入热线式空气流量计时，信号输出端的电压应平稳变化并与相应车型维修手册中的标准数值一致。若测量结果不符合要求，则应更换流量计。

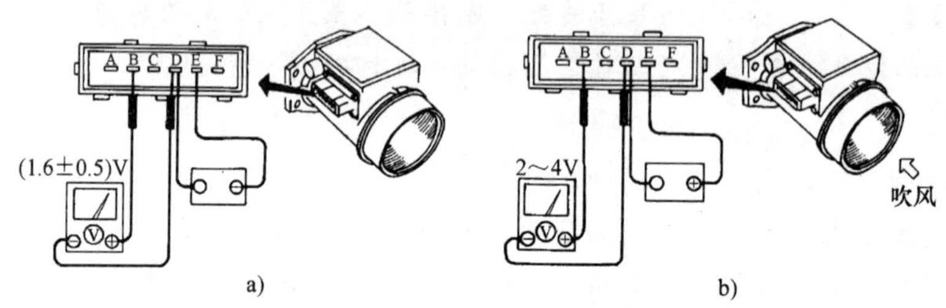

▲热线式空气流量计的检测

a）静态检测　b）动态检测

3. 进气压力传感器的检测

（1）目测检查　进气压力传感器是一个结构可靠的部件，工作过程中一般不会损坏，因此在维护时应特别注意检查它的控制线路和真空软管的连接状态是否良好，真空软管是否老化、破裂或堵塞。

（2）输出电压的检测　就车检测进气压力传感器的输出电压信号，可按下述方法进行：

1）从进气歧管处拔下连接进气压力传感器的真空软管，接通点火开关。

2）在微处理器线束插头处测量进气压力传感器暴露于大气中的输出电压。

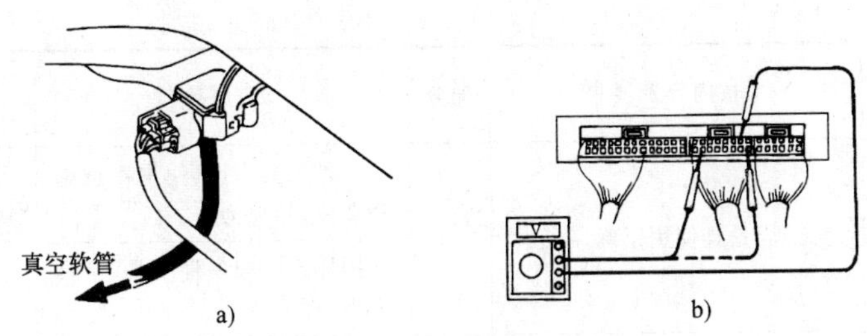

▲进气压力传感器的检测
a）传感器位置　b）输出电压的检测

3）用手动真空泵通过真空软管抽气，使进气压力传感器处于低气压环境，使气压从 13.3kPa 一直增加到 66.7kPa 为止。测量不同真空度下进气压力传感器的输出电压，并与标准值比较，若不符合要求，则应做进一步检查。

试题 16　进气温度传感器的检测

一、考核要求

1）检测进气温度传感器的电压和电阻。

2）检查进气温度传感器的外观。

二、考核时间

30min。

三、设备及设施准备

序号	名　称	单位	数量	备　注
1	电控汽车	辆	1	装备有进气温度传感器
2	万用表	块	1	—
3	发光二极管	只	1	—
4	常用工具、量具	套	1	—
5	秒表	块	1	用于计时

四、配分与评分标准

序号	作业项目	考核内容及要求	配分	评分标准	考核记录	扣分	得分
1	正确选用工具、量具	选用工具、量具齐全并准确	5	缺一件扣 1 分，选错一件扣 1 分，扣完为止			
2	准备	检测前的准备	5	准备不充分，每次扣 2.5 分，扣完为止			
				准备失误扣 5 分			
3	检测电压	检测进气温度传感器的电压	30	检测方法不正确扣 15 分			
				检测结果不正确扣 15 分			
4	检测电阻	检测进气温度传感器的电阻	30	检测方法不正确扣 15 分			
				检测结果不正确扣 15 分			

（续）

序号	作业项目	考核内容及要求	配分	评分标准	考核记录	扣分	得分
5	正确使用工具、量具	工具、量具使用正确	10	一种工具、量具使用不正确扣2分，扣完为止			
				损坏或丢失一件工具、量具不得分			
6	操作规程	操作规程执行情况	15	违反操作规程不得分			
7	清理现场	清理、擦洗并回收工具和量具	5	少收一件工具或量具扣1分，扣完为止			
8	分数总计		100				

否定项说明：出现重大安全事故按0分计

五、基本操作步骤

操作步骤描述：检测电路→检测电阻→检验外观。

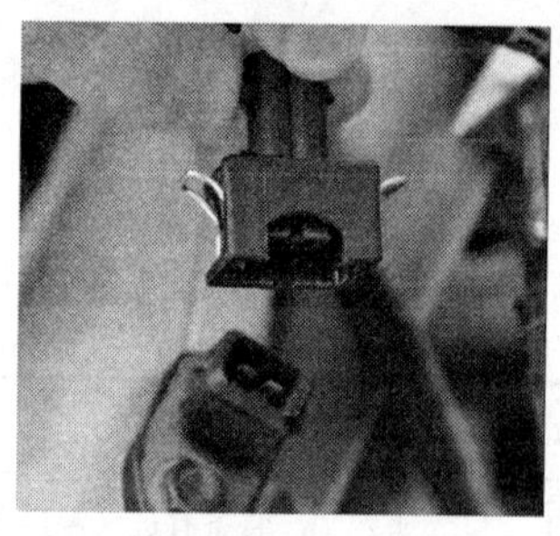

1 将点火开关置于“OFF”位置，拔下进气温度传感器导线插接器，并将传感器拆下

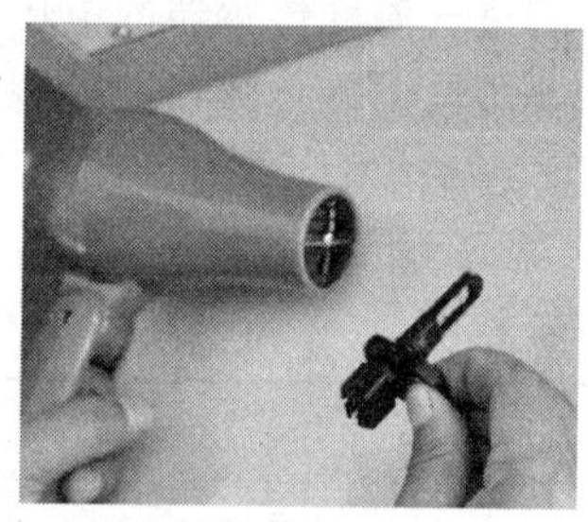

2 用电热吹风器、红外线灯或热水加热进气温度传感器

3 用万用表欧姆挡在不同温度下测量两端子间的电阻值，将测得的电阻值与标准数值进行比较，若与标准值不符，则应更换进气温度传感器

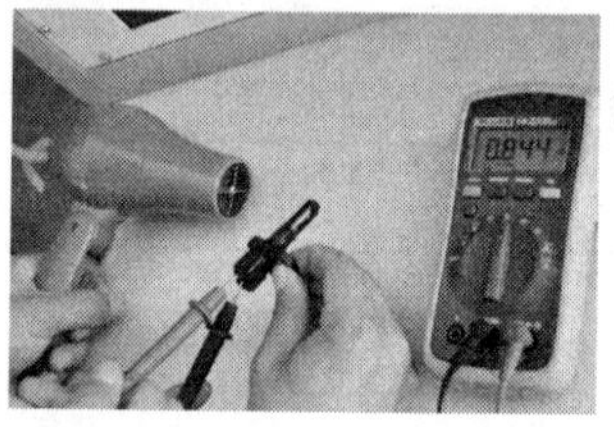

4 进气温度传感器输出信号电压值的检测：当点火开关置于“ON”位置时，ECU的THA端子与E2端子间或进气温度传感器插接器THA与E2端子间的电压值在20℃时应为0.5～3.4V

试题17　节气门位置传感器的检测

一、考核要求

检测节气门位置传感器的电压和电阻。

二、考核时间

30min。

三、设备及设施准备

序号	名 称	单位	数量	备 注
1	电控汽车	辆	1	皇冠3.0
2	万用表	块	1	—
3	发光二极管	只	1	—
4	常用工具、量具	套	1	—
5	秒表	块	1	用于计时

四、配分与评分标准

序号	作业项目	考核内容及要求	配分	评分标准	考核记录	扣分	得分
1	正确选用工具、量具	选用工具、量具齐全并准确	5	缺一件扣1分，选错一件扣1分，扣完为止			
2	准备	检测前的准备	5	准备不充分，每次扣2.5分，扣完为止			
				准备失误扣5分			
3	检测	检测电阻	30	检测方法不正确扣15分			
				检测结果不正确扣15分			
		检测电压	30	检测方法不正确扣15分			
				检测结果不正确扣15分			
4	正确使用工具、量具	工具、量具使用正确	10	一种工具、量具使用不正确扣2分，扣完为止			
				损坏或丢失一件工具、量具不得分			
5	操作规程	操作规程执行情况	15	违反操作规程不得分			
6	清理现场	清理、擦洗并回收工具或量具	5	少收一件工具、量具扣1分，扣完为止			
7	分数总计		100				

否定项说明：出现重大安全事故按0分计

五、技术标准

▼线性可变电阻型节气门位置传感器各端子间的电阻（皇冠3.0车）

限位螺钉与限位杆间隙（或节气门开度）	端子名称	电阻值/kΩ
0mm	VTA—E_2	0.34～6.30
0.45mm	IDL—E_2	0.50（或更小）
0.55mm	IDL—E_2	∞
节气门全开	VTA—E_2	2.40～11.20
—	VC—E_2	3.10～7.20

▼节气门位置传感器各端子电压

端子	条件	标准电压/V
IDL—E_2	节气门全开	9～14
VC—E_2	—	4.0～5.5
VTA—E_2	节气门全闭	0.3～0.8
—	节气门全开	3.2～4.9

六、基本操作步骤

操作步骤描述：测量电阻→测量电压。

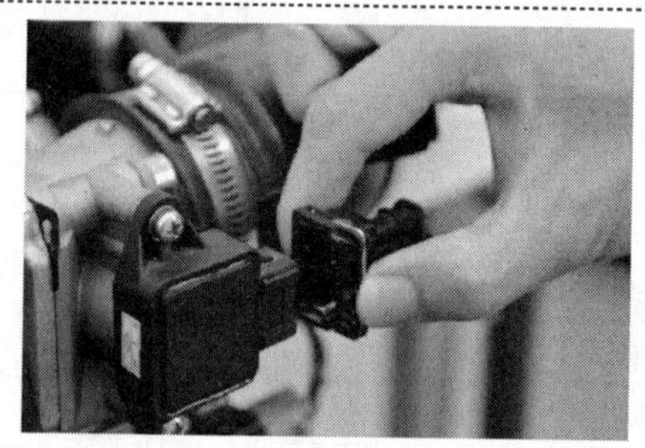

1 测量线性电位计的电阻：将点火开关置于“OFF”位置，拔下节气门位置传感器的导线插接器，用万用表的欧姆挡测量线性电位计的电阻，该电阻应能随着节气门开度的增大而线性增大

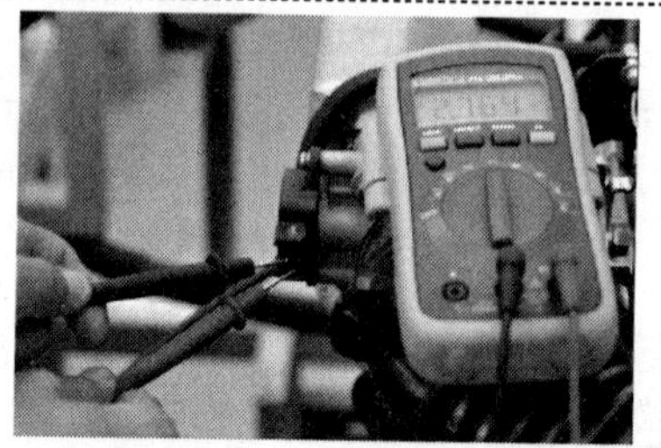

2 电压的检测：插好节气门位置传感器的导线插接器，当点火开关置于“ON”位置时，发动机ECU插接器上IDL、VC、VTA三个端子处应有电压；用万用表电压挡检测IDL—E_2、VC—E_2、VTA—E_2间的电压值，应符合要求

试题18　废气再循环控制系统的检修

一、考核要求

1）了解废气再循环控制系统的结构。

2）熟悉并掌握废气再循环控制系统的检修方法。

二、考核时间

30min。

三、设备及设施准备

序号	名　称	单位	数量	备　注
1	电控汽车	辆	1	装备EGR
2	万用表	块	1	—
3	发光二极管	只	1	—
4	常用工具、量具	套	1	—
5	手动抽真空器	个	1	—
6	秒表	块	1	用于计时

四、配分与评分标准

序号	作业项目	考核内容及要求	配分	评分标准	考核记录	扣分	得分
1	正确选用工具、量具	选用工具、量具齐全并准确	5	缺一件扣1分，选错一件扣1分，扣完为止			
2	准备	检测前的准备	5	准备不充分，每次扣2.5分，扣完为止			
				准备失误扣5分			
3	检修	系统工作状况的检修	15	检修方法不正确扣15分			
		三通电磁阀的检修	15	检修方法不正确扣15分			
		废气再循环阀的检修	15	检修方法不正确扣15分			
		废气调整阀的检修	15	检修方法不正确扣15分			
4	正确使用工具、量具	工具、量具使用正确	10	一种工具、量具使用不正确扣2分，扣完为止			
				损坏或丢失一件工具、量具不得分			
5	操作规程	操作规程执行情况	15	违反操作规程不得分			
6	清理现场	清理、擦洗并回收工具和量具	5	少收一件工具或量具扣1分，扣完为止			
7	分数总计		100				

否定项说明：出现重大安全事故按0分计

五、基本操作步骤

操作步骤描述：工作状况检查→三通电磁阀的检修→废气再循环阀的检修→废气调整阀的检修。

1 废气再循环系统工作的检查

1）起动发动机，并以怠速运转

2）将手指伸入废气再循环阀，按在膜片上（见右图），检查废气再循环有无动作

3）在冷车状态下踩下加速踏板，使发动机转速上升至2000r/min左右，此时废气再循环阀应不开启，手指上应感觉不到膜片的动作

4）在发动机热车后（冷却液温度高于50℃），踩下加速踏板，使发动机转速上升至2000r/min左右，此时废气再循环阀应开启，手指应可感觉到膜片的动作。

若废气再循环系统不能按上述规律动作，则说明该系统工作不正常，应检查该系统各零部件

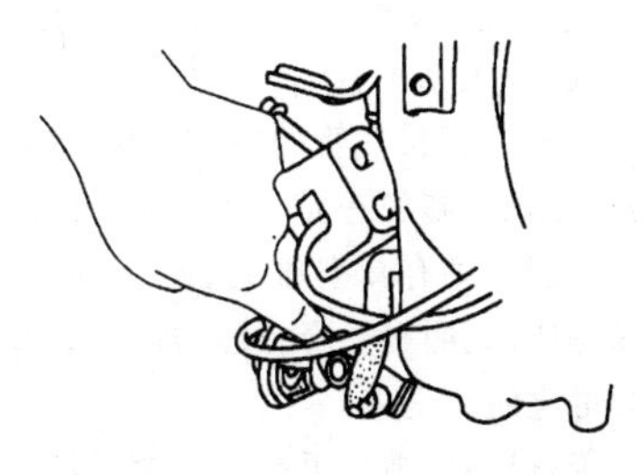

2 三通电磁阀的检修

1）拔下三通电磁阀的线束插头及真空软管，拆下三通电磁阀（见右图）

2）当电磁阀线圈不接通电源时，A—B、A—C之间应不通气，B—C之间应通气（见右图a），否则，说明三通电磁阀已损坏，应更换

3）接上电源，A—B之间应通气，A—C、B—C之间应不通气（见右图b），否则，说明三通电磁阀已损坏，应更换

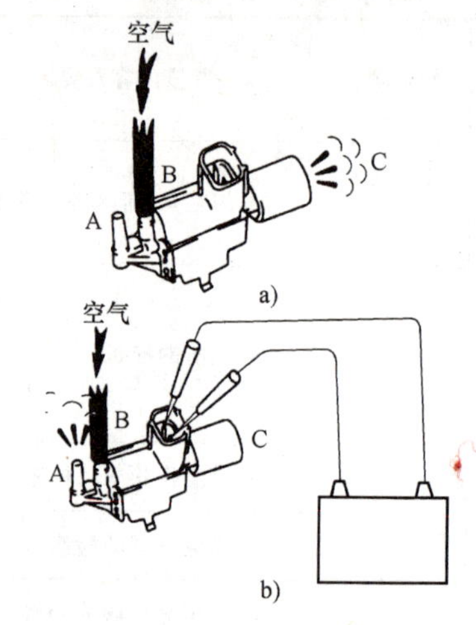

3 废气再循环阀的检修

1）使发动机以怠速运转

2）拔下连接废气再循环阀与废气调整阀的真空软管

3）用手动抽真空器对废气再循环膜片室施加约19.95kPa的真空度（见右图）

①若此时发动机怠速运转性能变坏甚至熄火，则说明废气再循环阀工作正常

②若发动机运转性能无变化，则说明废气再循环阀损坏，应更换

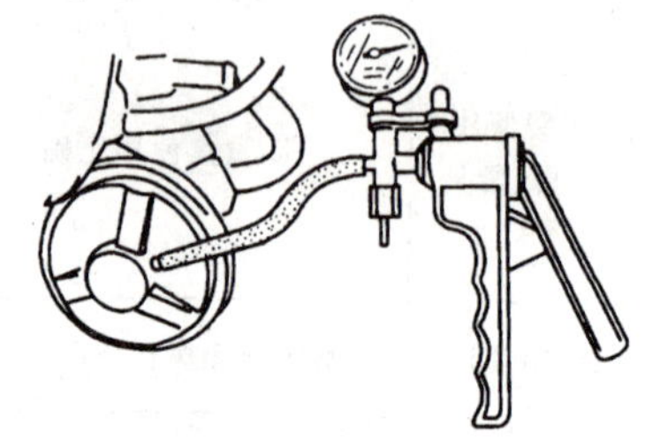

4 废气调整阀的检修

1）起动发动机，并预热至正常工作温度

2）拔下连接废气调整阀与废气再循环阀的真空软管，用手指按住真空管接口（见右图a）。

①当发动机怠速运转时，接口内应无真空吸力

②踩下加速踏板，使发动机转速上升至2000r/min，此时接口内应有真空吸力

③若不符合上述要求，则说明废气调整阀不正常，应拆卸检查

3）拆下废气调整阀，在连接节气门体真空管的接口处接上手动抽真空器，用手指堵住连接废气再循环阀的真空接口（见右图b）

4）向连接排气管的进气口内施加气压，同时扳动手动抽真空器，施加一定真空，在连接废气再循环阀的接口处应能感到有真空吸力；停止抽真空后，真空吸力应能保持住，无明显下降；放掉排气管进气口的压力，真空吸力也应随之消失

若有异常，则应更换废气调整阀

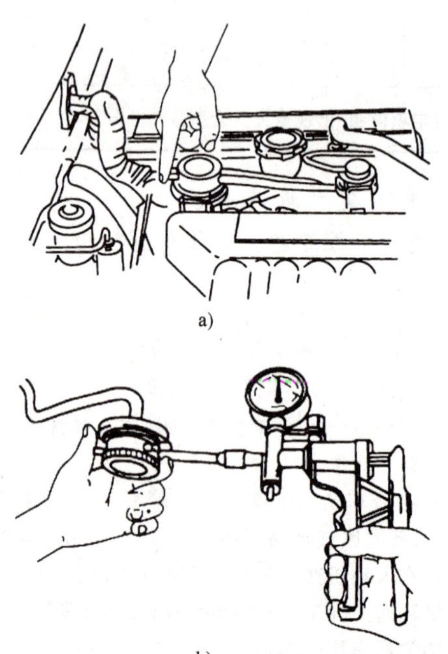

第五章　底盘的修理

试题1　离合器的检修

一、考核要求

1）拆检、装配离合器。

2）口述主要零件的修理方法和技术要求。

3）装车调整后，离合器应符合技术要求。

二、考核时间

30min。

三、设备及设备准备

序号	名　　称	单位	数量	备　　注
1	发动机附离合器总成	台	1	—
2	从动盘支架	个	1	—
3	平台	对	1	—
4	弹簧检验仪	只	1	—
5	百分表	块	1	—
6	游标卡尺	把	1	—
7	钢直尺	把	1	—
8	塞尺	把	1	—
9	套筒扳手	把	1	—
10	指针式扭力扳手	把	1	—
11	粉笔	支	1	—
12	锤子	把	1	—
13	变速器第一轴	根	1	—
14	秒表	块	1	用于计时

四、配分与评分标准

序号	作业项目	考核内容及要求	配分	评分标准	考核记录	扣分	得分
1	正确选用工具、量具	选用工具、量具齐全并准确	5	缺一件扣1分，选错一件扣1分，扣完为止			
2	准备	检修前的准备	5	准备不充分，每次扣2.5分，扣完为止			
				准备失误扣5分			
3	拆卸离合器	从发动机上拆下并分解离合器总成	10	拆卸时未做装配标记扣5分			
				每出现一处操作错误扣2分			

（续）

序号	作业项目	考核内容及要求	配分	评分标准	考核记录	扣分	得分
4	离合器主要零件的检修(修理方法可口述)	从动盘的检修	10	检修方法不正确扣5分 检修结果不正确扣5分			
		压盘的检修	10	检修方法不正确扣5分 检修结果不正确扣5分			
		压紧机件的检修	10	检修方法不正确扣5分 检修结果不正确扣5分			
		离合器盖的检修	10	检修方法不正确扣5分 检修结果不正确扣5分			
5	离合器的安装	将离合器总成安装到发动机后端的飞轮上	10	从动盘安装方向不正确扣4分 未按记号进行装配扣4分 未用离合器轴对从动盘进行正确定位扣2分			
6	正确使用工具、量具	工具、量具使用正确	10	一种工具、量具使用不正确扣2分，扣完为止 损坏或丢失一件工具、量具不得分			
7	操作规程	操作规程执行情况	15	违反操作规程不得分			
8	清理现场	清理、擦洗并回收工具和量具	5	少收一件工具或量具扣1分，扣完为止			
9	分数总计		100				

否定项说明：出现重大安全事故按0分计

五、基本操作步骤

操作步骤描述：拆卸→检修→安装。

1 拆下离合器，对角拧松压盘的螺栓，取下离合器压盘、从动盘

2 检查摩擦片表面的平面度，若表面不平整或出现翘曲状况，则应更换摩擦片

3 用游标卡尺检测磨损程度和铆钉埋入深度，若深度小于0.2mm，则应更换离合器摩擦片

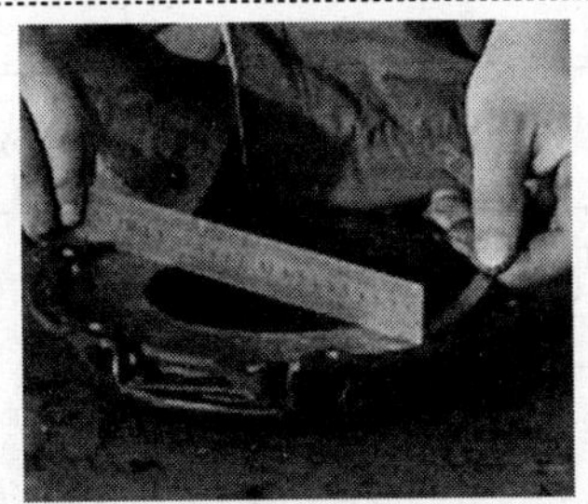

4 检查离合器压盘的平面度：将直尺放在压盘与从动盘的接合面上，用塞尺测量压盘的平面度，若平面度误差超过0.2mm，则应更换压盘

5 安装时将离合器的从动盘定位于飞轮和压盘中间

6 装上紧固螺栓，用规定的力矩对角拧紧螺栓

试题2　手动变速器（二轴）的拆装

一、考核要求

能正确拆装二轴式手动变速器。

二、考核时间

30min。

三、设备及设施准备

序号	名称	单位	数量	备注
1	手动变速器(二轴)	台	1	台架
2	常用工具、量具	套	1	—
3	秒表	块	1	用于计时

四、配分与评分标准

序号	作业项目	考核内容及要求	配分	评分标准	考核记录	扣分	得分
1	正确选用工具、量具	选用工具、量具齐全并准确	5	缺一件扣1分，选错一件扣1分，扣完为止			
2	准备	拆装前的准备	5	准备不充分，每次扣2.5分，扣完为止			
				准备失误扣5分			
3	拆卸	拆卸变速器	30	每出现一处操作错误扣2分			
4	安装	安装变速器	30	每出现一处操作错误扣2分			

（续）

序号	作业项目	考核内容及要求	配分	评分标准	考核记录	扣分	得分
5	正确使用工具、量具	工具、量具使用正确	10	一种工具、量具使用不正确扣2分，扣完为止			
				损坏或丢失一件工具、量具不得分			
6	操作规程	操作规程执行情况	15	违反操作规程不得分			
7	清理现场	清理、擦洗并回收工具和量具	5	少收一件工具或量具扣1分，扣完为止			
8	分数总计		100				
否定项说明：出现重大安全事故按0分计							

五、基本操作步骤

操作步骤描述：拆卸→安装。

1. 变速器的拆卸

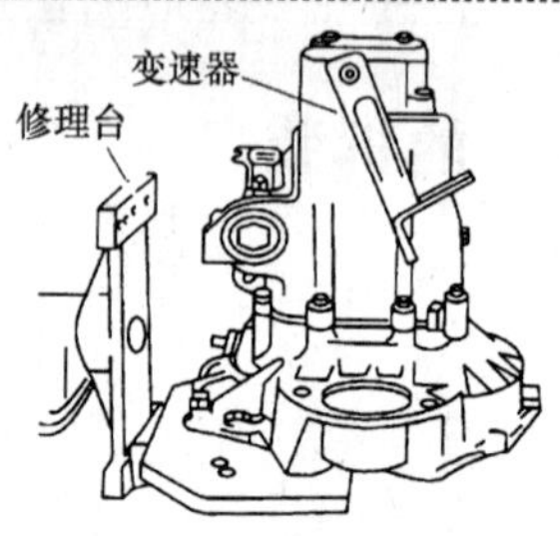

1 将变速器固定在修理台上，放出变速器油，向下拉出离合器压杆

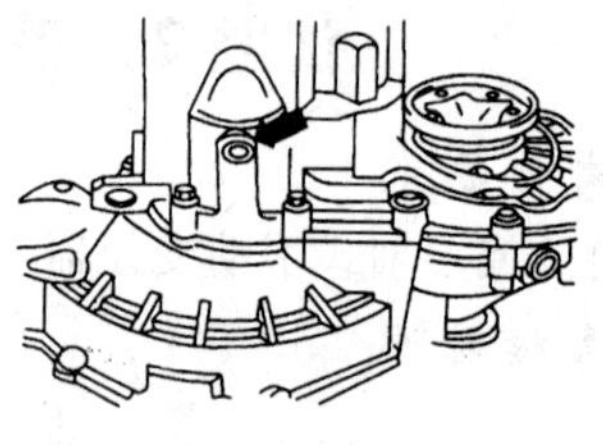

2 拧下倒挡齿轮轴内六角固定螺栓

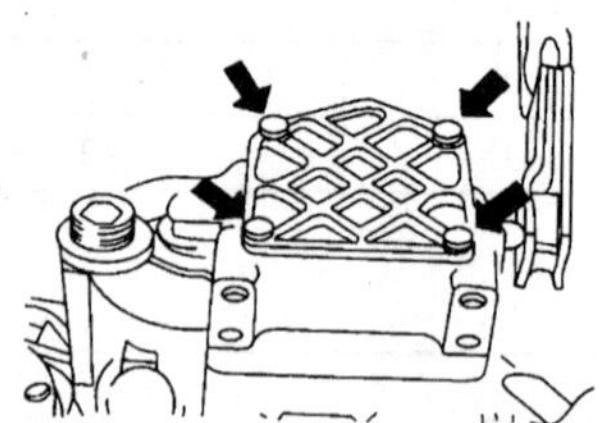

3 拆下变速器壳体侧盖的紧固螺栓

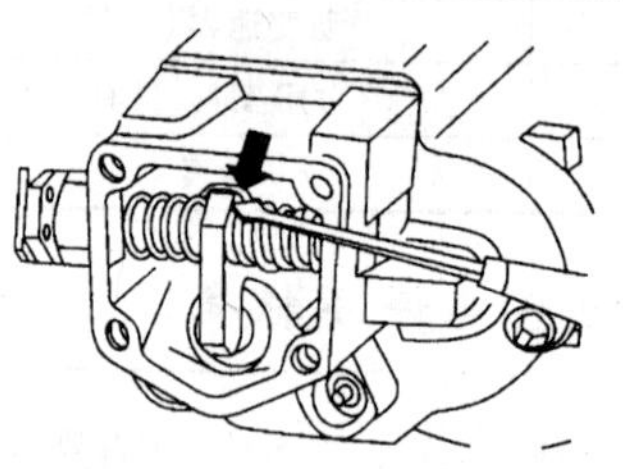

4 拆下分离轴的弹性挡圈

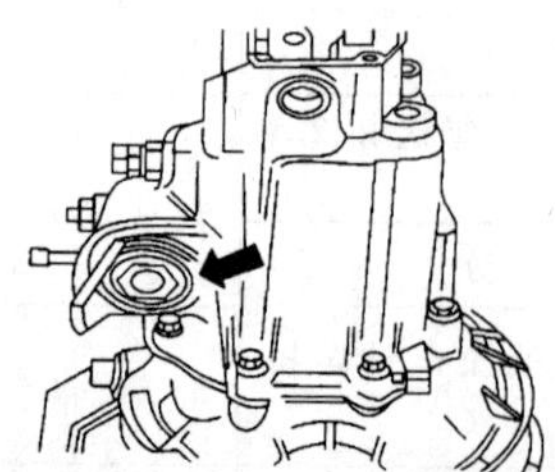

5 拧下选挡换挡轴端盖

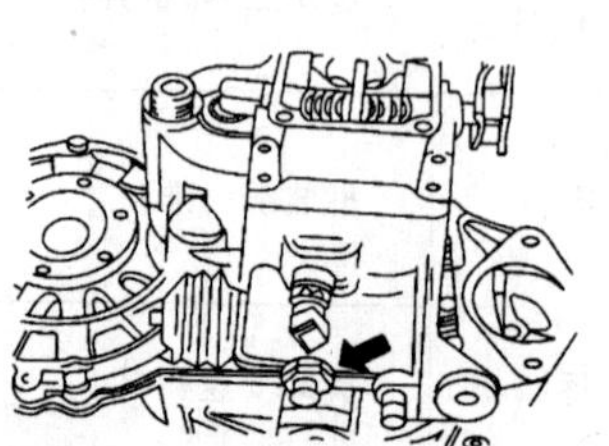

6 拆下选挡换挡轴端锁紧螺栓

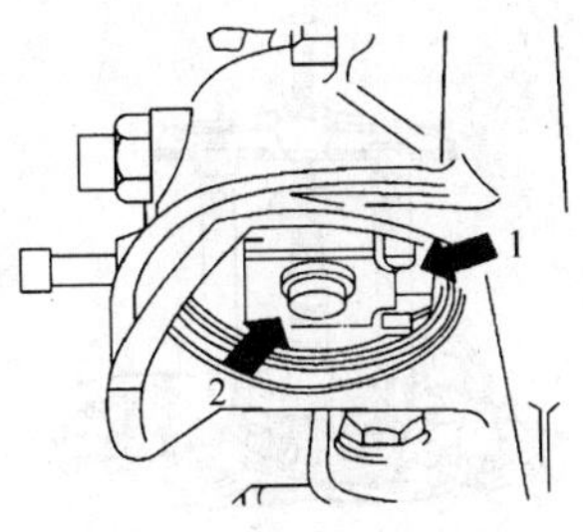

7 拆下堵塞(右图中箭头2所指)

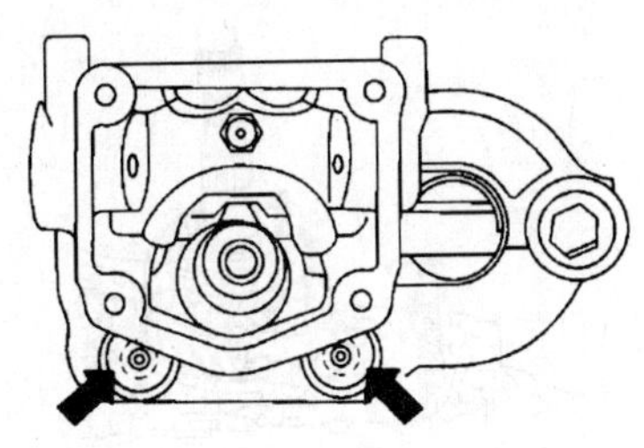

8 拆下三个螺母

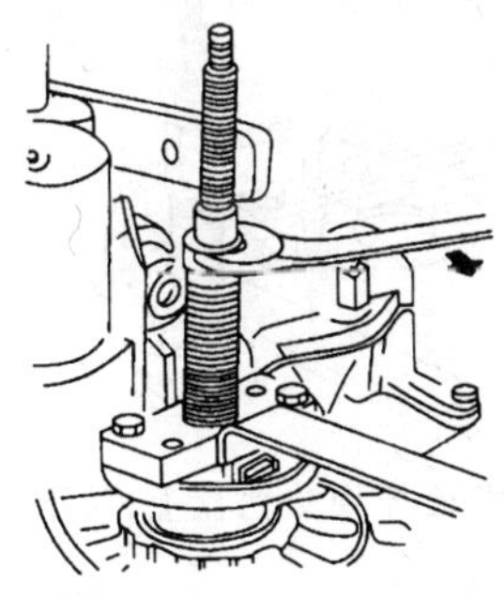

9 拆下驱动法兰盘

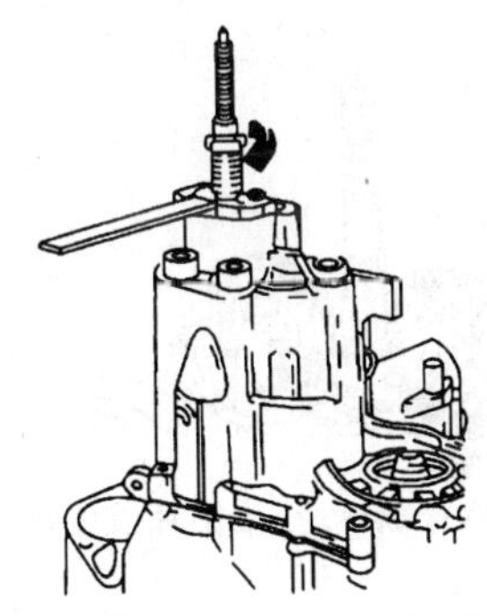

10 拉下变速器壳体

11 从离合器壳体内的孔中拉出换挡拉杆(上图箭头A所示),并转出换挡拨叉组件(上图箭头B所示)

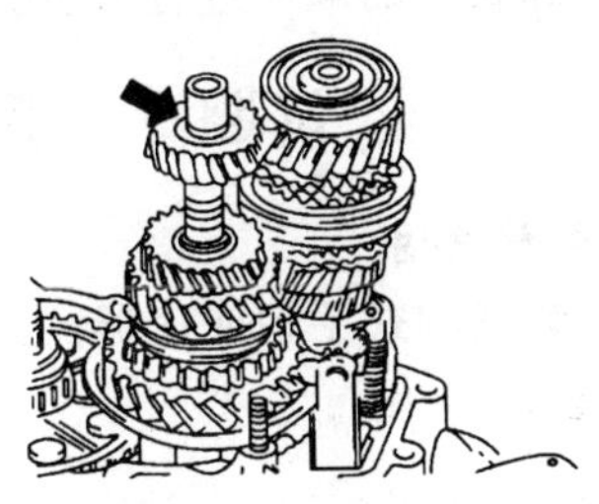

12 拆下输出轴四挡从动齿轮的弹性挡圈

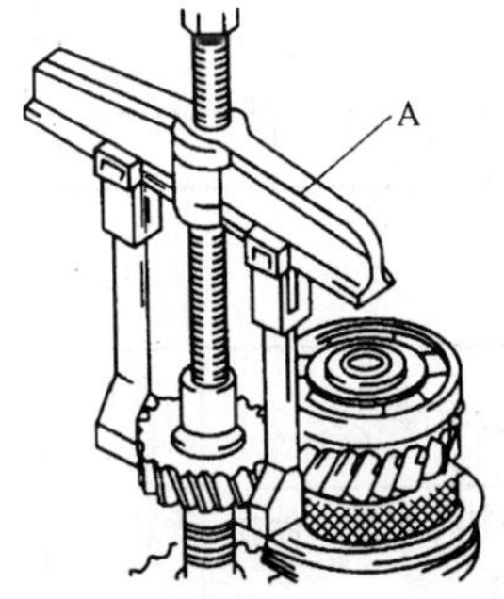

13 用双臂拉力器A(见上图)拆下输出轴四挡从动齿轮,再拆下输出轴总成

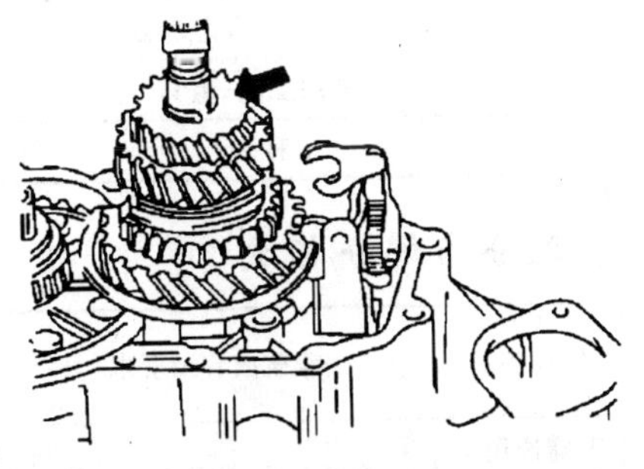

14 拆下三挡从动齿轮上的挡圈、三挡从动齿轮、二挡主动齿轮、同步器锁环及滚针轴承

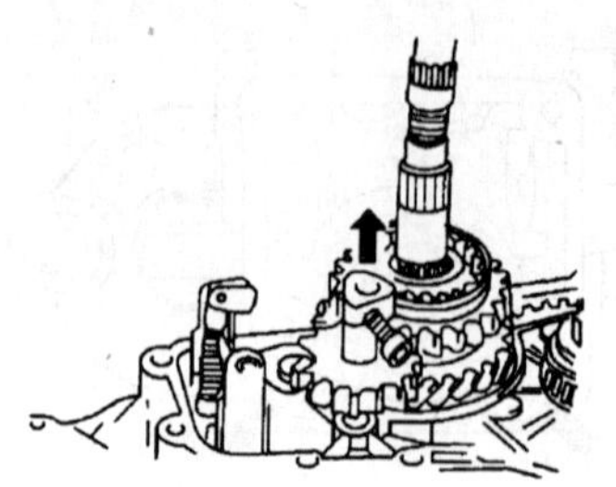

15 拆下倒挡齿轮

16 用拉力器拉下同步器花键毂及一挡主动齿轮

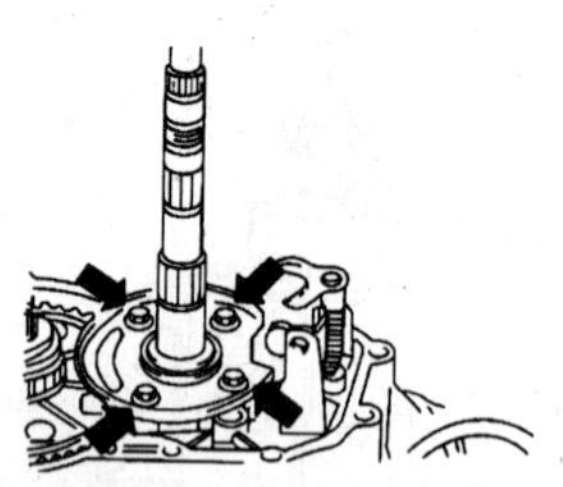

17 拆下轴承盖螺栓、止推垫片及输出轴

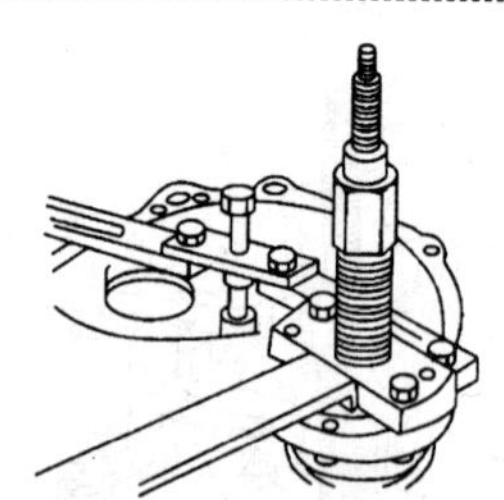

18 将两个螺栓拧到法兰盘上，拉下驱动法兰，拆下差速器

2. 变速器的安装

按与拆卸相反的顺序进行安装。

试题3　手动变速器（三轴）的拆装

一、考核要求

正确拆装三轴式手动变速器。

二、考核时间

30min。

三、设备及设施准备

序号	名　称	单位	数量	备　注
1	三轴式手动变速器	台	1	台架
2	常用工具、量具	套	1	—
3	秒表	块	1	用于计时

四、配分与评分标准

序号	作业项目	考核内容及要求	配分	评分标准	考核记录	扣分	得分
1	正确选用工具、量具	选用工具、量具齐全并准确	5	缺一件扣1分，选错一件扣1分，扣完为止			
2	准备	拆装前的准备	5	准备不充分，每次扣2.5分，扣完为止			
				准备失误扣5分			

（续）

序号	作业项目	考核内容及要求	配分	评分标准	考核记录	扣分	得分
3	拆卸	拆卸变速器	30	每出现一处操作错误扣2分			
4	安装	安装变速器	30	每出现一处操作错误扣2分			
5	正确使用工具、量具	工具、量具使用正确	10	一种工具、量具使用不正确扣2分，扣完为止			
				损坏或丢失一件工具、量具不得分			
6	操作规程	操作规程执行情况	15	违反操作规程不得分			
7	清理现场	清理、擦洗并回收工具和量具	5	少收一件工具或量具扣1分，扣完为止			
8	分数总计		100				
否定项说明：出现重大安全事故按0分计							

五、基本操作步骤

操作步骤描述：拆卸→安装。

1. 变速器的拆卸

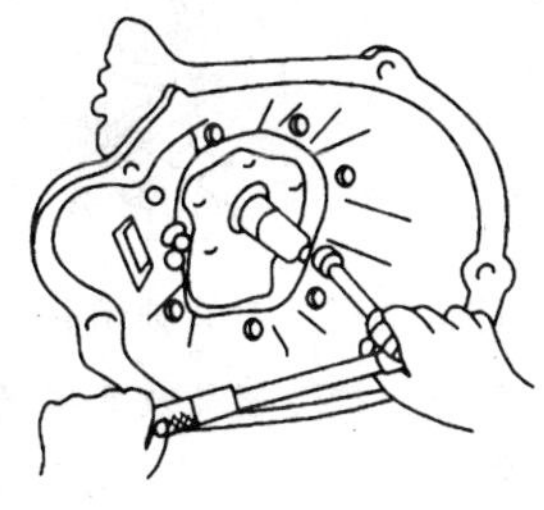

1 从变速器壳前端卸下离合器外壳

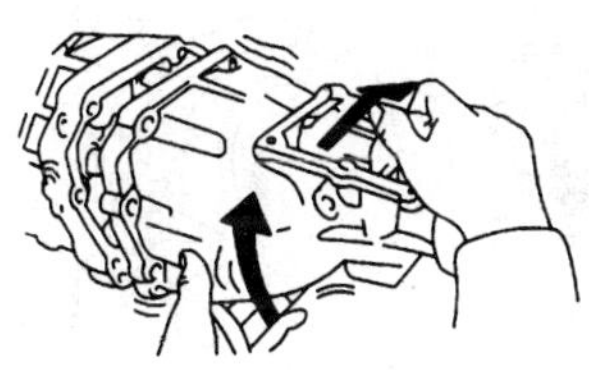

2 拆下延伸外壳。先拆中间板与延伸外壳的9个连接螺栓，再用塑料锤或木锤轻敲延伸外壳，最后将延伸外壳朝顺时针方向转动，轻轻向上拉，即可拉开延伸外壳

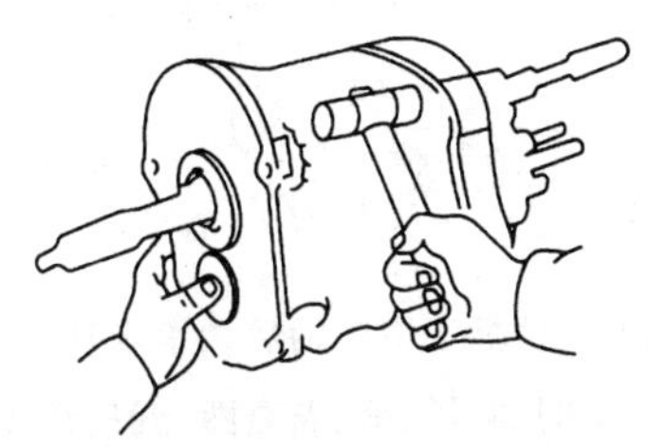

3 将中间板与变速器壳体分开

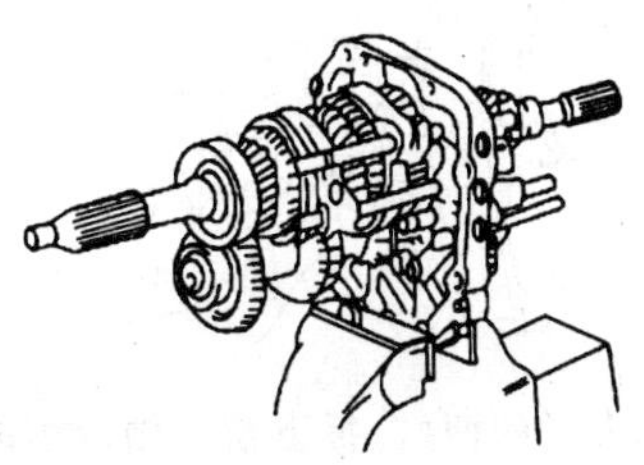

4 将中间板用台虎钳夹紧

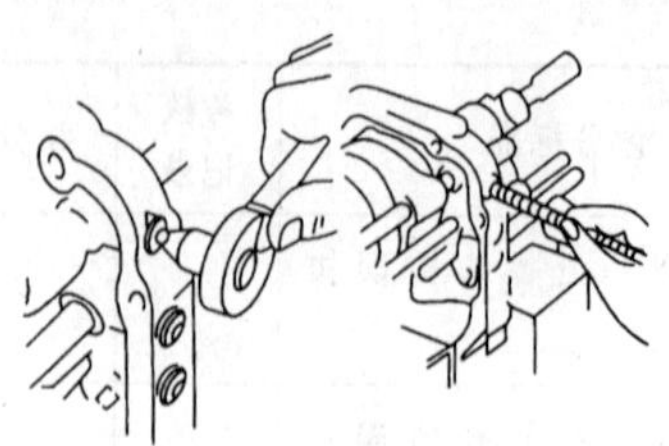

5 用专用工具拆下自锁装置的螺塞，再用磁棒吸出自锁装置中的3个钢球与弹簧

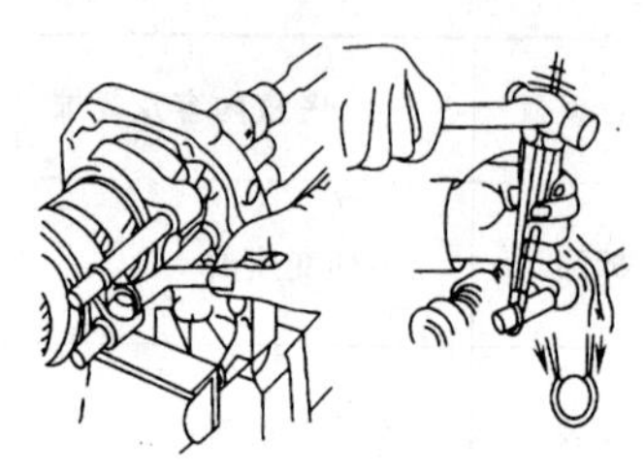

6 拆下变速杆拨叉、拨叉轴及各挡齿轮

7 撬开一、二挡拨叉的锁止垫圈，再拆下两个定位螺栓，用锤子和螺钉旋具敲掉一、二挡和三、四挡拨叉轴上的两个卡环

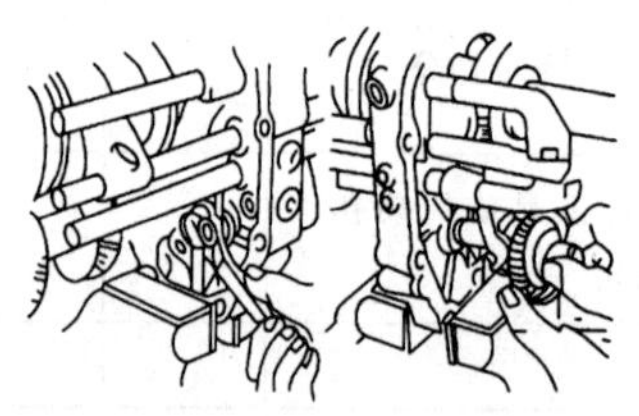

8 拆下倒挡齿轮轴止动块、倒挡齿轮及倒挡齿轮轴

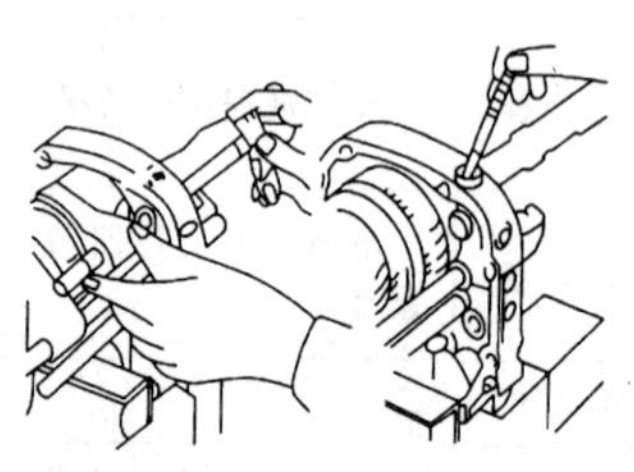

9 拆下一、二挡拨叉及拨叉轴，用磁棒取出一、二号互锁销

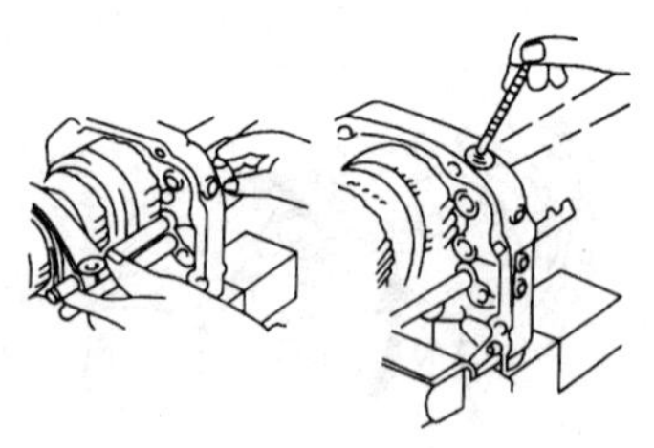

10 拆下三、四挡拨叉及拨叉轴，用磁棒取出三号互锁销

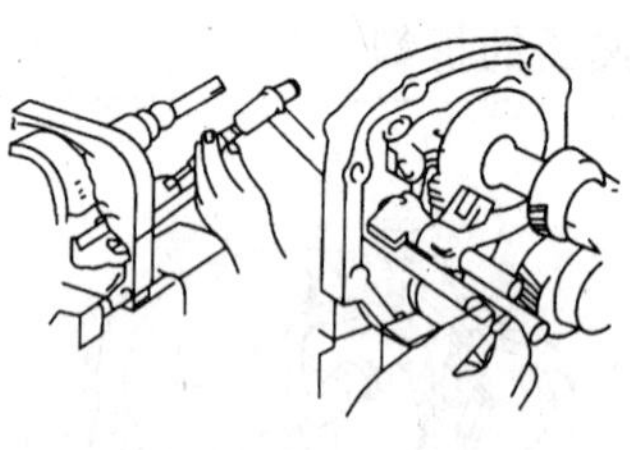

11 用锤子和冲头将三挡拨叉轴销敲出，拉出四挡变速叉轴，然后拆下三挡变速叉及变速叉轴，拆下倒挡变速臂和轴销

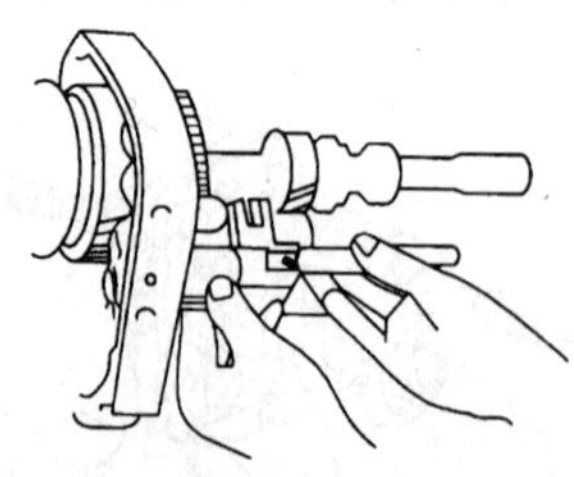

12 撬开夹子的两端，拆下输出轴后端的车速表传动齿轮

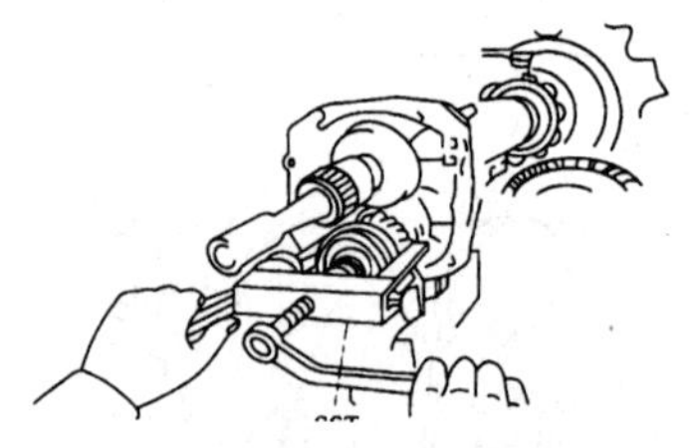

13 利用卡环钳拆下中间轴后轴承卡环，然后用专用工具拆下中间轴后轴承、隔离圈、五挡齿轮和滚针轴承。注意：不能将中间轴五挡齿轮和输出轴后轴承卡住

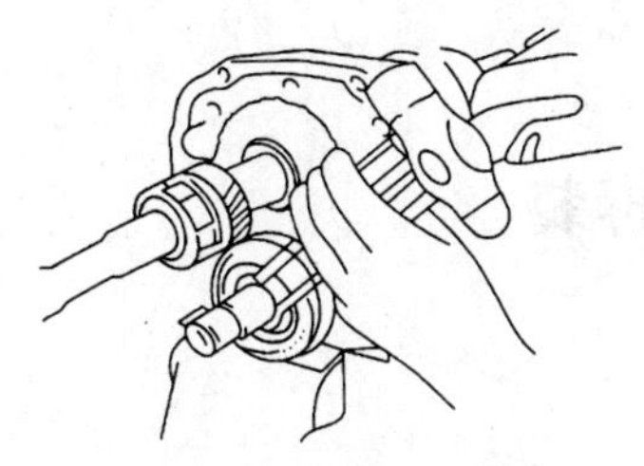

14 用锤子或螺钉旋具敲出卡环

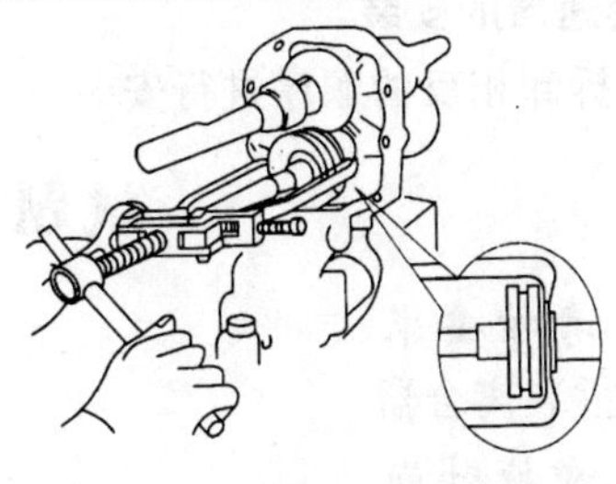

15 用专用工具拉出三挡同步器花键毂

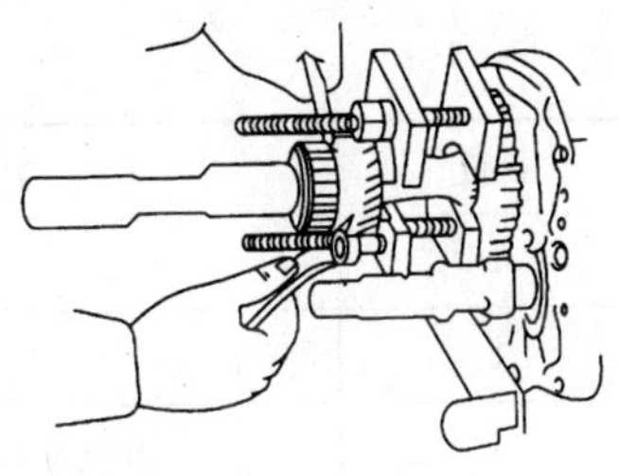

16 用专用工具拆下输出轴后轴承和五挡齿轮

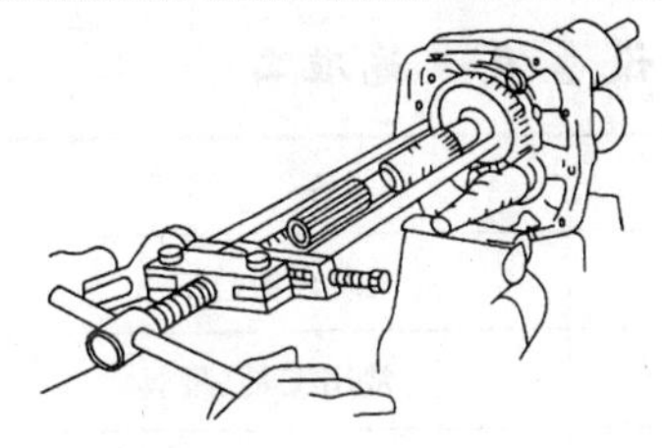

17 用卡环钳拆下卡环，再用专用工具拉出输出轴倒挡齿轮

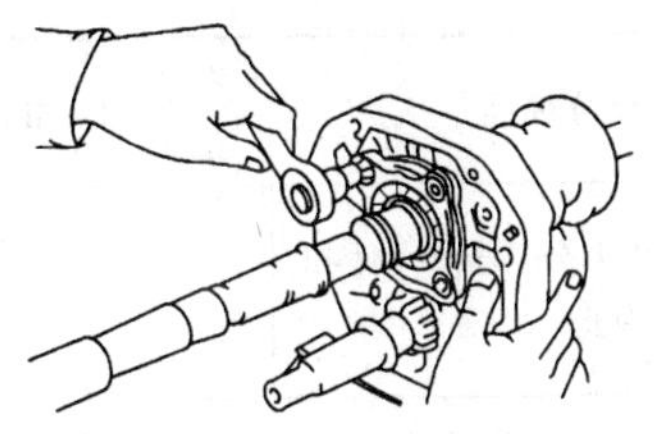

18 用十字形套筒扳手旋松十字槽螺钉，拆下中央轴承固定盖，再用卡环钳拆下卡环

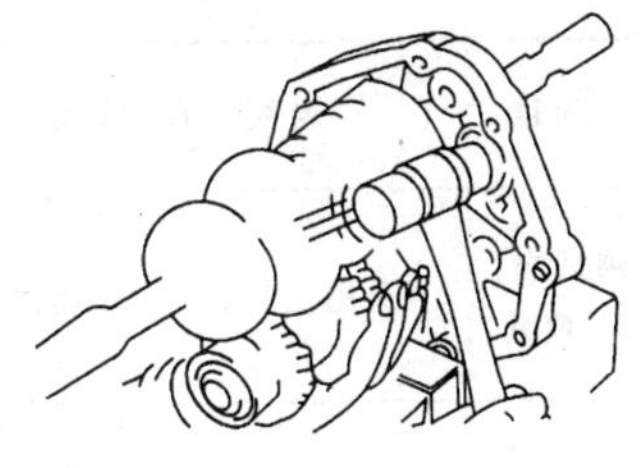

19 从中间板上拆下输出轴及中间齿轮，再拆下输入轴

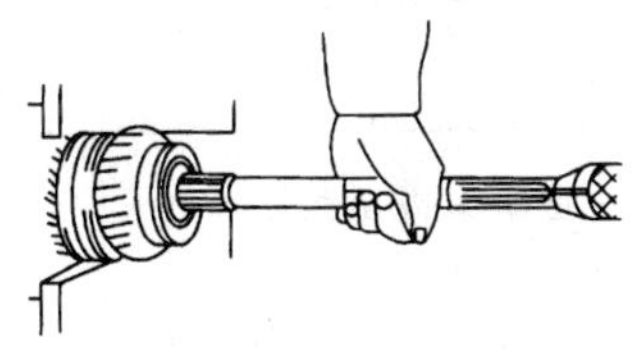

20 用压力机拆下输出轴中央轴承、一挡齿轮、滚针轴承、内座圈及同步器锁环

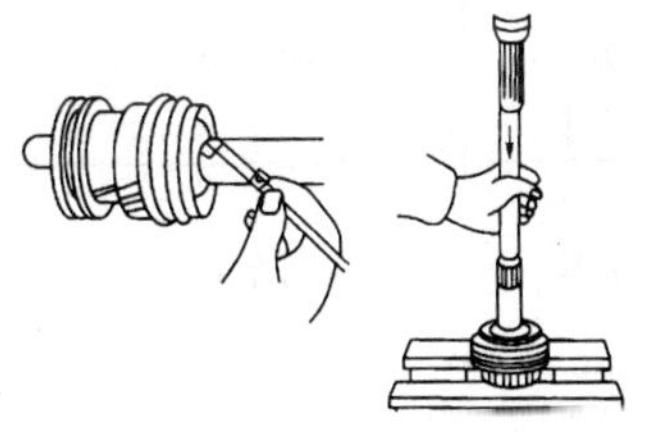

21 用磁棒吸出钢球，用压力机拆下输出轴上的一、二挡同步器花键毂，输出轴二挡齿轮及滚针轴承

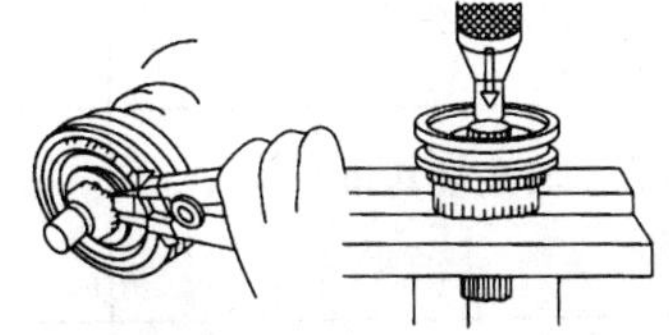

22 拆下输出轴前端的卡环，压出三、四挡同步器花键毂，锁环及三挡齿轮

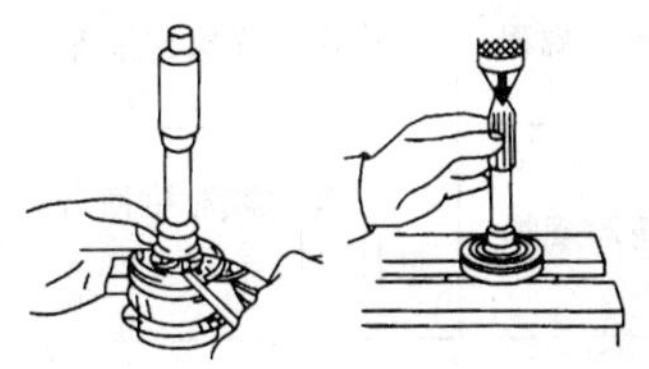

23 用卡环钳拆下卡环，再用压力机压下输入轴轴承

2. 变速器的安装

按与拆卸相反的顺序进行安装。

试题4　离合器的拆装

一、考核要求

正确拆装离合器。

二、考核时间

30min。

三、设备及设施准备

序号	名　称	单位	数量	备　注
1	离合器总成	台	1	—
2	常用工具、量具	套	1	—
3	秒表	块	1	用于计时

四、配分与评分标准

序号	作业项目	考核内容及要求	配分	评分标准	考核记录	扣分	得分
1	正确选用工具、量具	选用工具、量具齐全并准确	5	缺一件扣1分，选错一件扣1分，扣完为止			
2	准备	拆卸前的准备	5	准备不充分，每次扣2.5分，扣完为止			
				准备失误扣5分			
3	拆卸	拆卸离合器	30	每出现一处操作错误扣2分			
4	安装	安装离合器	30	每出现一处操作错误扣2分			
5	正确使用工具、量具	工具、量具使用正确	10	一种工具、量具使用不正确扣2分，扣完为止；损坏或丢失一件工具、量具不得分			
6	操作规程	操作规程执行情况	15	违反操作规程不得分			
7	清理现场	清理、擦洗并回收工具和量具	5	少收一件工具或量具扣1分，扣完为止			
8	分数总计		100				

否定项说明：出现重大安全事故按0分计

五、基本操作步骤

操作步骤描述：拆卸→安装。

1. 离合器的拆卸

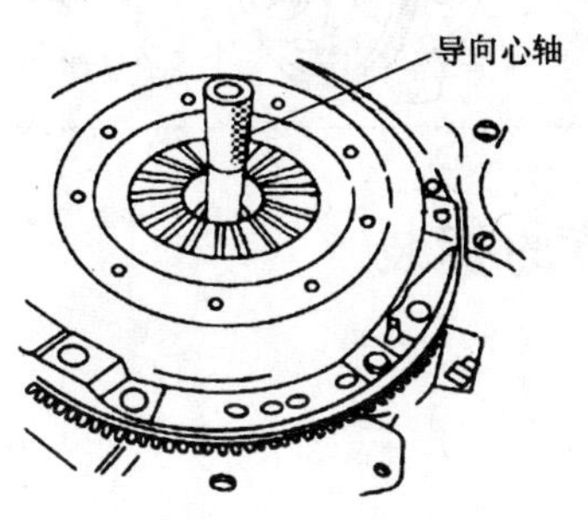

1 将一个导向心轴插入离合器中心孔中

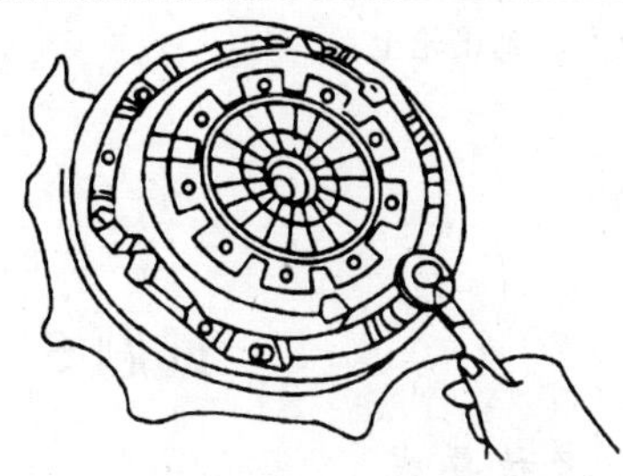

2 拆卸离合器与飞轮的连接螺栓。拆卸时，先将每个螺栓拧松一圈，直到弹簧所受压力完全消失为止，以避免外壳变形。当拆卸最后一个螺栓时，应用手扶住离合器，慢慢旋出螺栓，取下离合器盖及从动盘

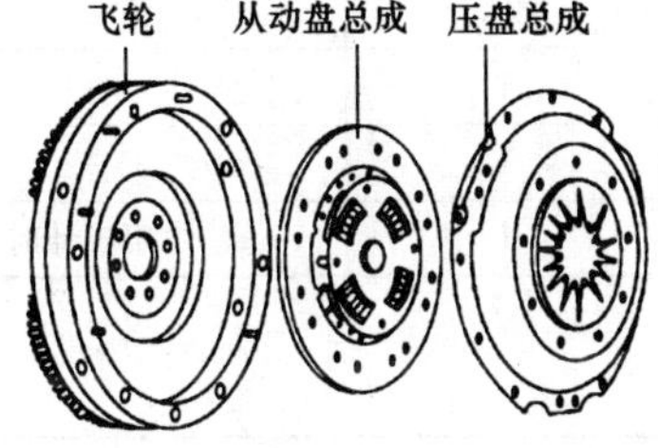

3 从飞轮上取下压盘总成和从动盘总成

4 用专用夹具分解离合器盖及压盘总成

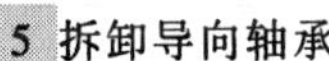

5 拆卸导向轴承

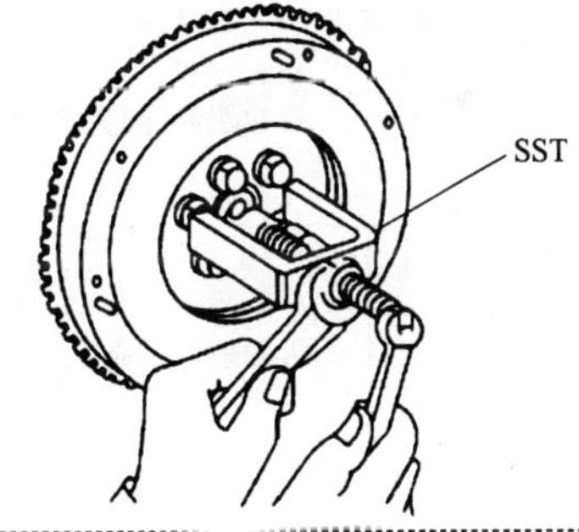

2. 离合器的安装

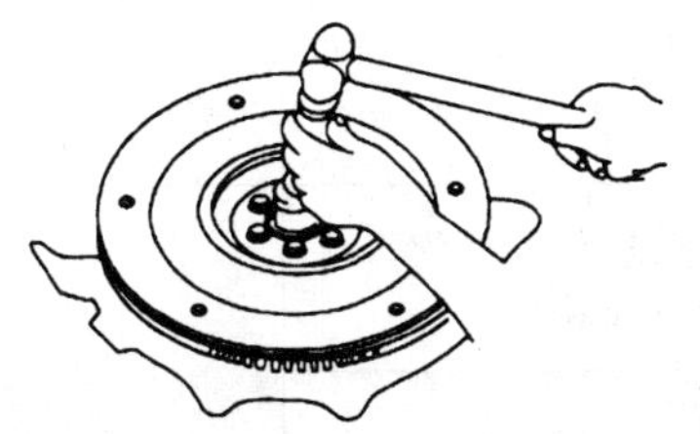

1 将导向轴承（变速器一轴前轴承）加注润滑脂后装入飞轮的中心轴承孔中

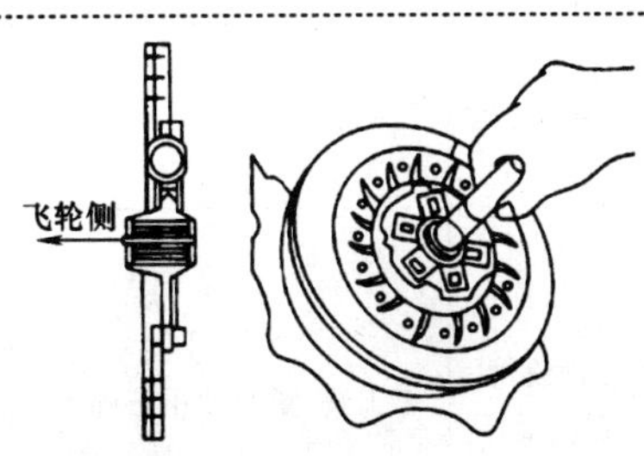

2 安装从动盘：将导向轴插入飞轮中心轴承孔内，套装从动盘（注意从动盘的方向）

3 安装离合器总成：按拆卸时所做的标记，将离合器总成安装到飞轮上

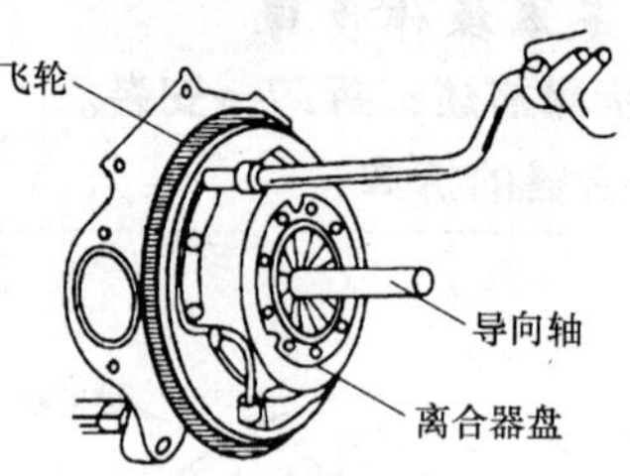

试题5 等速万向节的拆装

一、考核要求

正确拆装等速万向节。

二、考核时间

30min。

三、设备及设施准备

序号	名　称	单位	数量	备　注
1	等速万向节传动轴	根	1	—
2	常用工具、量具	套	1	—
3	秒表	块	1	用于计时

四、配分与评分标准

序号	作业项目	考核内容及要求	配分	评分标准	考核记录	扣分	得分
1	正确选用工具、量具	选用工具、量具齐全并准确	5	缺一件扣1分，选错一件扣1分，扣完为止			
2	准备	拆卸前的准备	5	准备不充分，每次扣2.5分，扣完为止			
				准备失误扣5分			
3	拆卸	拆卸万向节	30	每出现一处操作错误扣2分			
4	安装	安装万向节	30	每出现一处操作错误扣2分			
5	正确使用工具、量具	工具、量具使用正确	10	一种工具、量具使用不正确扣2分，扣完为止			
				损坏或丢失一件工具、量具不得分			

（续）

序号	作业项目	考核内容及要求	配分	评分标准	考核记录	扣分	得分
6	操作规程	操作规程执行情况	15	违反操作规程不得分			
7	清理现场	清理、擦洗并回收工具和量具	5	少收一件工具、量具扣1分，扣完为止			
8	分数总计		100				
否定项说明：出现重大安全事故按0分计							

五、基本操作步骤

操作步骤描述：拆卸→安装。

1. 等速万向节的拆卸

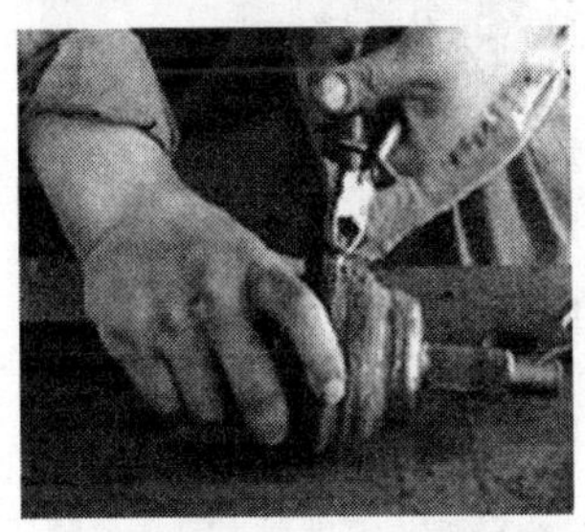
1 用钳子将外万向节金属环打开

2 拆下防尘套

3 用木锤从传动轴上敲下万向节外圈

4 卸下内万向节防尘套

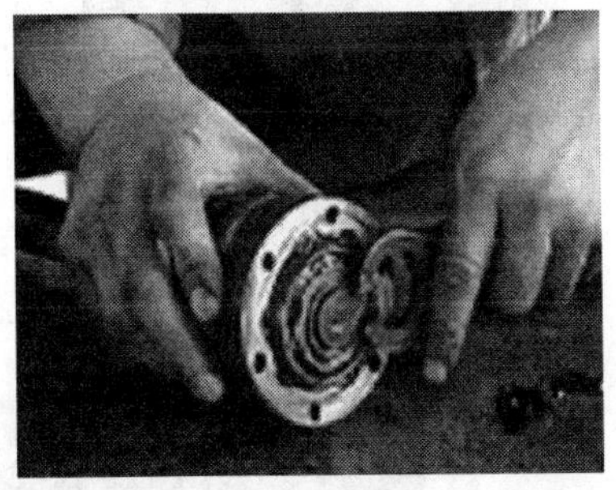
5 卸下弹簧锁环

6 拆下内万向节

2. 等速万向节的安装

1 安装外万向节时,应先安装防尘罩

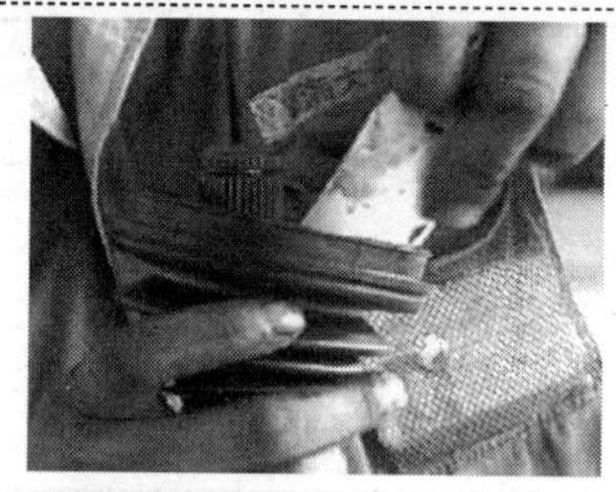

2 将润滑脂注入万向节内

3 安装碟形座圈

4 用木锤敲击,将外万向节安装到位

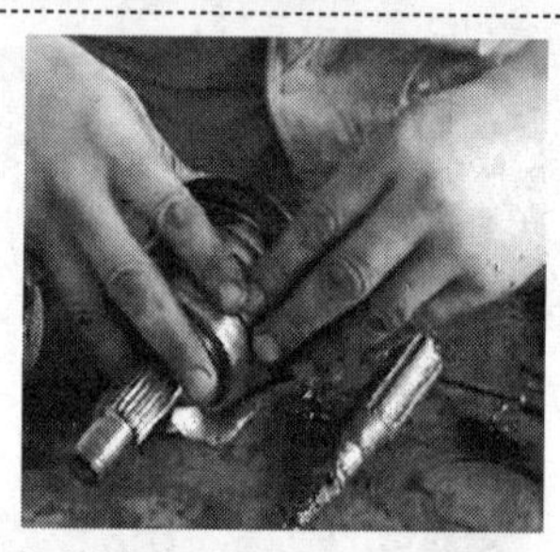

5 安装防尘罩时,应防止防尘罩产生内吸折痕

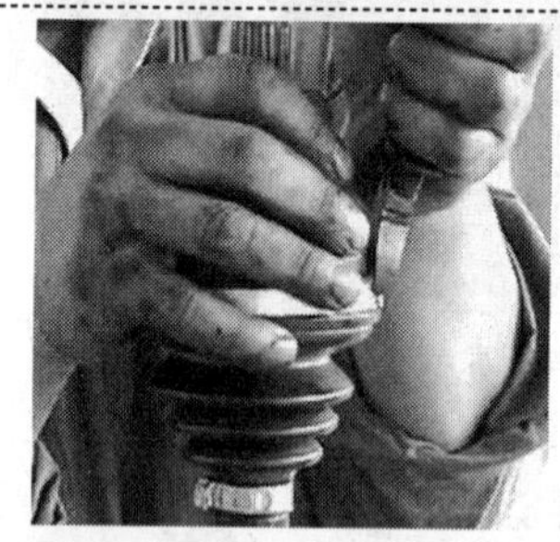

6 用夹箍夹住防尘罩

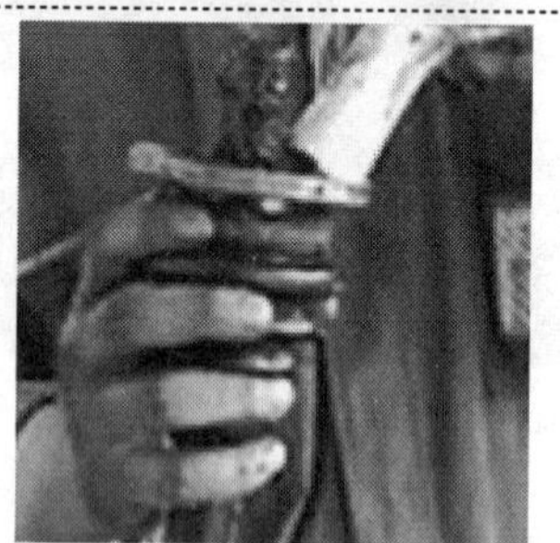

7 安装内万向节时,将万向节的花键涂上防护剂

8 装上内万向节

9 将球销接头安装到原位置,拧紧螺母。在安装球销接头时,不能损坏波纹管护套

试题 6　减振器的拆装

一、考核要求

正确拆装减振器。

二、考核时间

30min。

三、设备及设施准备

序号	名　称	单位	数量	备　注
1	汽车	辆	1	各型号均可
2	常用工具、量具	套	1	—
3	秒表	块	1	用于计时

四、配分与评分标准

序号	作业项目	考核内容及要求	配分	评分标准	考核记录	扣分	得分
1	正确选用工具、量具	选用工量、量具齐全并准确	5	缺一件扣1分，选错一件扣1分，扣完为止			
2	准备	拆装前的准备	5	准备不充分，每次扣2.5分，扣完为止			
				准备失误扣5分			
3	拆卸	拆卸减振器	30	每出现一处操作错误扣2分			
4	安装	安装减振器	30	每出现一处操作错误扣2分			
5	正确使用工具、量具	工具、量具使用正确	10	一种工具、量具使用不正确扣2分，扣完为止			
				损坏或丢失一件工具、量具不得分			
6	操作规程	操作规程执行情况	15	违反操作规程不得分			
7	清理现场	清理、擦洗并回收工具和量具	5	少收一件工具或量具扣1分，扣完为止			
8	分数总计		100				
否定项说明：出现重大安全事故按0分计							

五、基本操作步骤

操作步骤描述：拆卸→安装。

1. 减振器的拆卸

1 旋松轮胎的紧固螺母

2 卸下车轮

3 卸下前轮制动器

4 卸下横拉杆与转向臂的连接螺栓

5 从车轮轴承壳内拉出传动轴

6 卸下前减振器

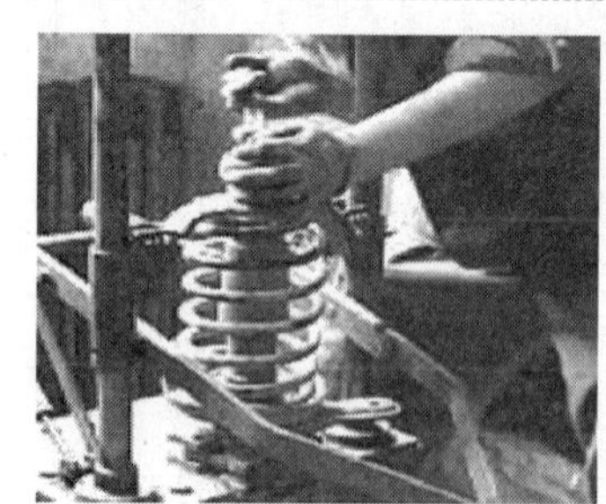

7 用压具压住弹簧座圈，松开开槽螺母，拆下减振弹簧

2. 减振器的安装

按与拆卸相反的顺序进行安装。

试题7　转向系统的拆装

一、考核要求

正确拆装转向系统。

二、考核时间

40min。

三、设备及设施准备

序号	名　　称	单位	数量	备　　注
1	桑塔纳 LX 轿车	辆	1	—
2	常用工具、量具	套	1	—
3	秒表	块	1	用于计时

四、配分与评分标准

序号	作业项目	考核内容及要求	配分	评分标准	考核记录	扣分	得分
1	正确选用工具、量具	选用工具、量具齐全并准确	5	缺一件扣 1 分，选错一件扣 1 分，扣完为止			
2	准备	拆装前的准备	5	准备不充分，每次扣 2.5 分，扣完为止			
				准备失误扣 5 分			
3	拆卸	拆卸转向器	30	每出现一处操作错误扣 2 分			
4	安装	安装转向器	30	每出现一处操作错误扣 2 分			
5	正确使用工具、量具	工具、量具使用正确	10	一种工具、量具使用不正确扣 2 分，扣完为止			
				损坏或丢失一件工具、量具不得分			
6	操作规程	操作规程执行情况	15	违反操作规程不得分			
7	清理现场	清理、擦洗并回收工具和量具	5	少收一件工具或量具扣 1 分，扣完为止			
8	分数总计		100				
否定项说明：出现重大安全事故按 0 分计							

五、基本操作步骤

操作步骤描述：拆卸→安装。

1. 转向系统的拆卸

1 使车轮处于直线行驶的位置，转向盘处于中间位置

2 卸下转向盘的盖板

3 拔下电喇叭导线

4 松开转向盘紧固螺母，将转向盘取下

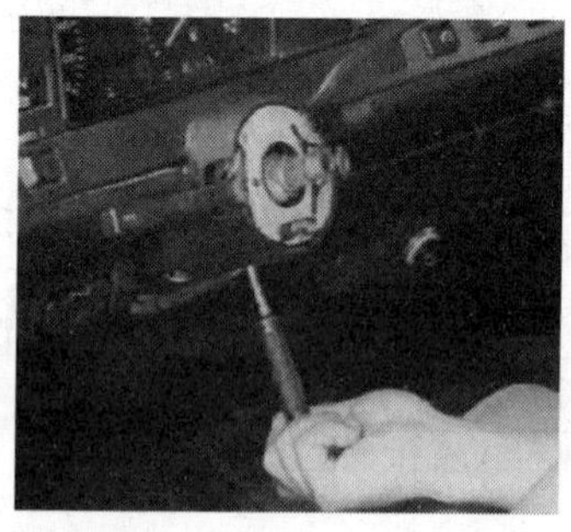

5 拆卸转向柱组合开关

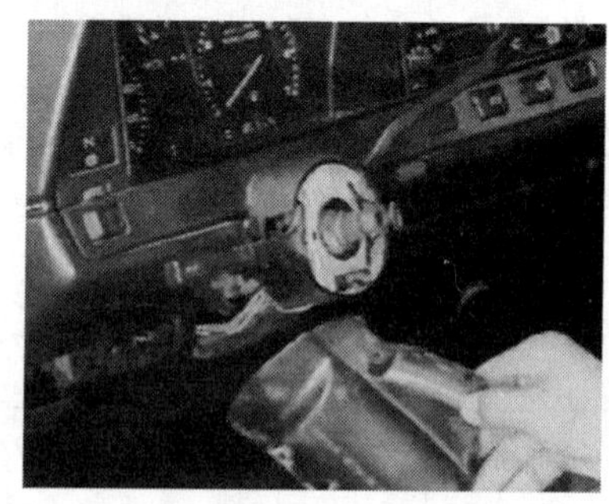

6 卸下转向盘下护罩

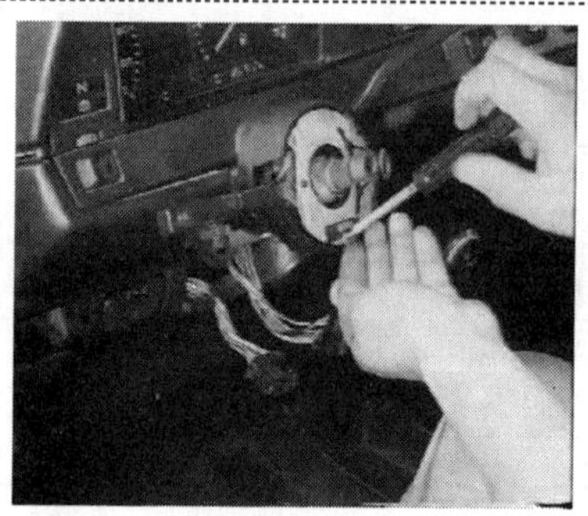

7 拔下组合开关上的插接器，拆下三个紧固螺钉，取下组合开关

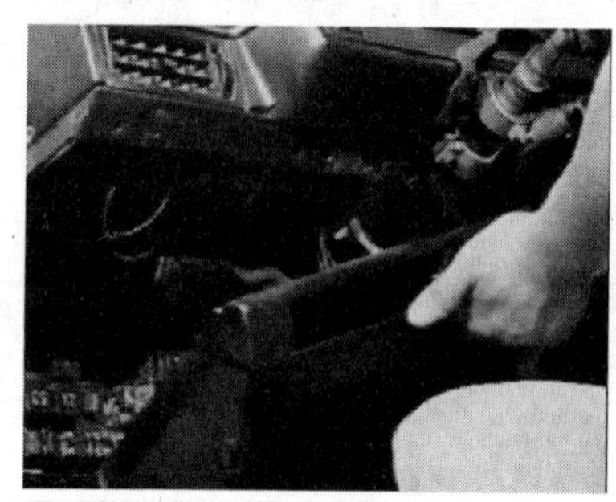

8 卸下仪表盘下饰板

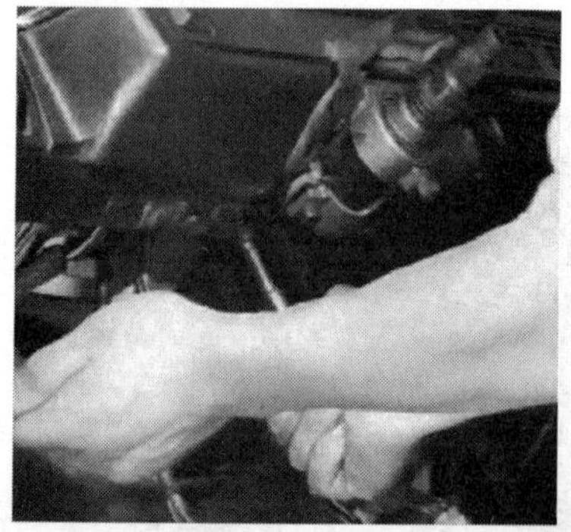

9 拧下转向柱套管的紧固螺栓

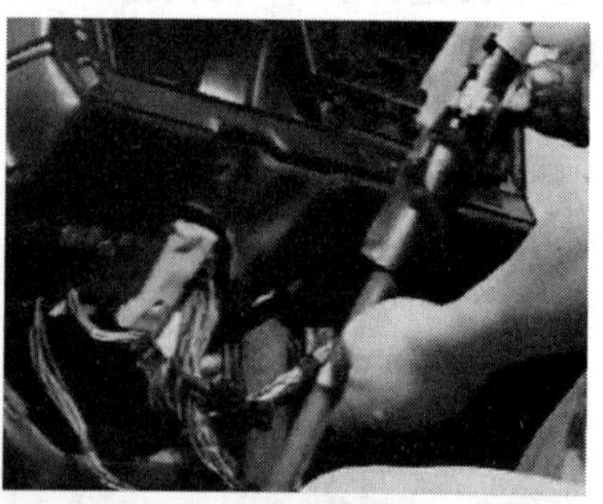

10 将转向柱上端、转向盘锁圈及转向柱套管等一同取下

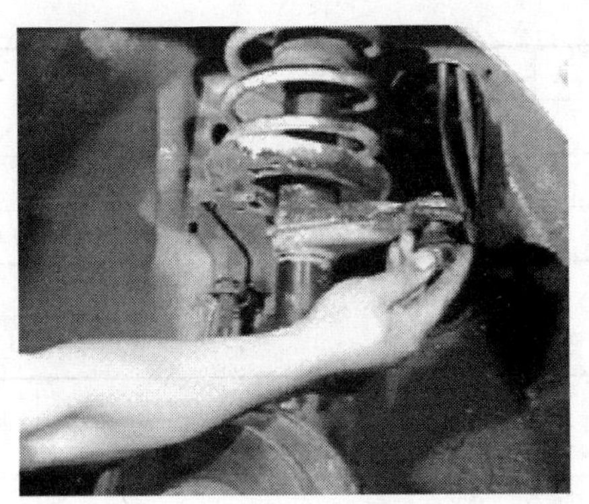

11 拆下左、右转向横拉杆外端球头销的紧固螺母,取出左、右横拉杆

12 拆除转向器中部及左端凸缘与车身的连接螺栓,取下转向器总成

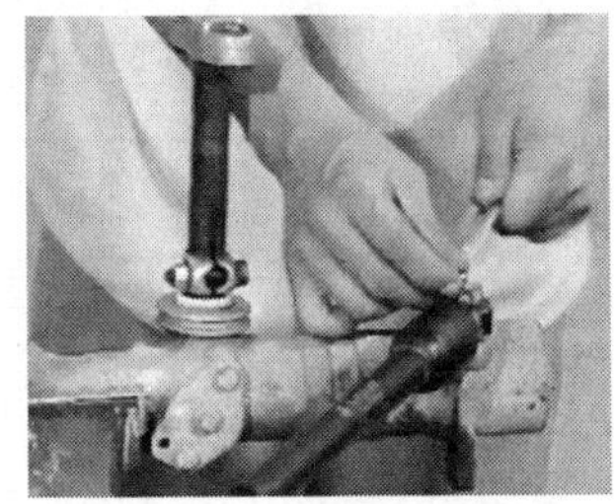

13 拆下转向器壳体与转向减振器间的连接螺栓,取下转向减振器

14 拆下调整螺栓,取出补偿弹簧

15 拧下横拉杆内端与连接板的螺母,分解横拉杆和连接板

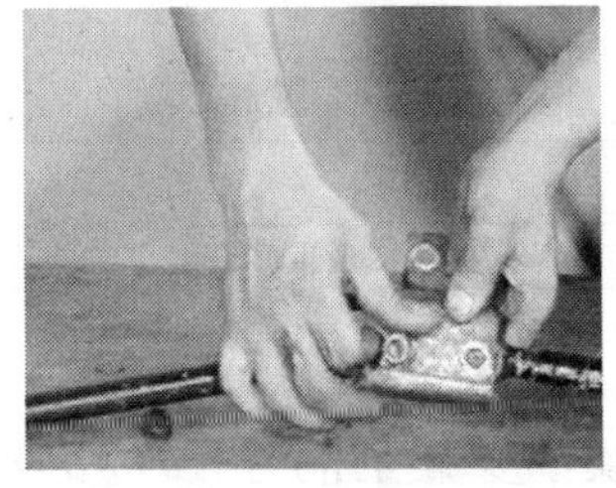

2. 转向系统的安装

安装时按与拆卸相反的顺序进行

试题 8　制动器的拆装

一、考核要求

正确拆装制动器。

二、考核时间

40min。

三、设备及设施准备

序号	名　称	单位	数量	备　注
1	桑塔纳 LX 型轿车	辆	1	—
2	常用工具、量具	套	1	—
3	秒表	块	1	用于计时

四、配分与评分标准

序号	作业项目	考核内容及要求	配分	评分标准	考核记录	扣分	得分
1	正确选用工具、量具	选用工具、量具齐全并准确	5	缺一件扣 1 分，选错一件扣 1 分，扣完为止			
2	准备	拆装前的准备	5	准备不充分，每次扣 2.5 分，扣完为止 准备失误扣 5 分			
3	拆卸	拆卸制动器	30	每出现一处操作错误扣 2 分			
4	安装	安装制动器	30	每出现一处操作错误扣 2 分			
5	正确使用工具、量具	工具、量具使用正确	10	一种工具、量具使用不正确扣 2 分，扣完为止 损坏或丢失一件工具、量具不得分			
6	操作规程	操作规程执行情况	15	违反操作规程不得分			
7	清理现场	清理、擦洗并回收工具、量具	5	少收一件工具、量具扣 1 分，扣完为止			
8	分数总计		100				

否定项说明：出现重大安全事故按 0 分计

五、基本操作步骤

操作步骤描述：拆卸→安装。

1. 盘式制动器的拆装

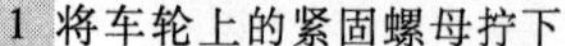

1 将车轮上的紧固螺母拧下

2 卸下车轮

3 拆下制动摩擦片的防震弹簧

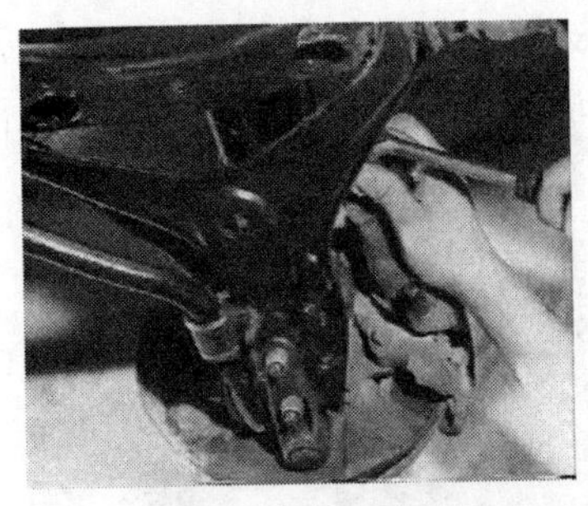
4 用内六角扳手拆下制动分泵的上下定位螺栓

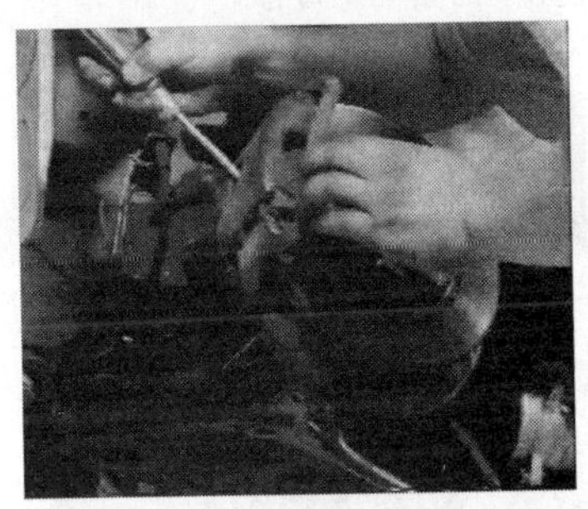
5 将活塞压回，取下制动钳体，用钢丝吊于车身上

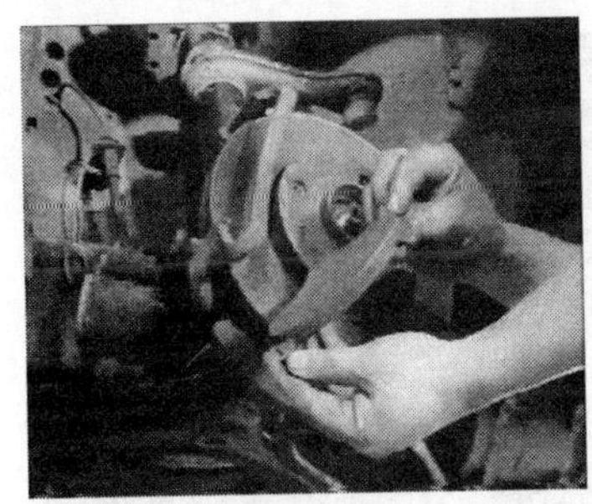
6 从支架上取下制动摩擦片

7 拆下与制动分泵连接的制动软管

8 取下制动钳支架

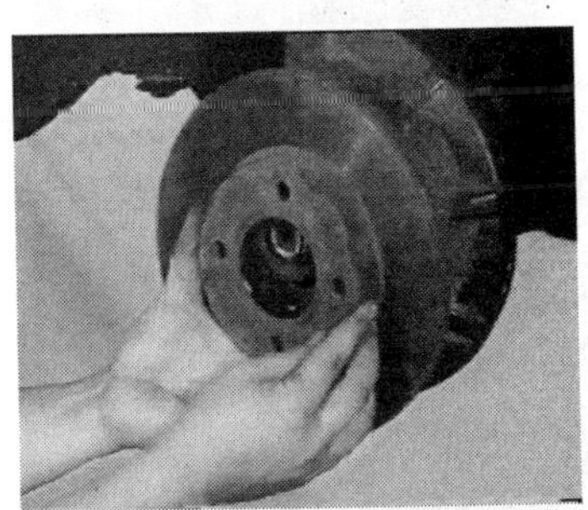
9 拆下摩擦盘

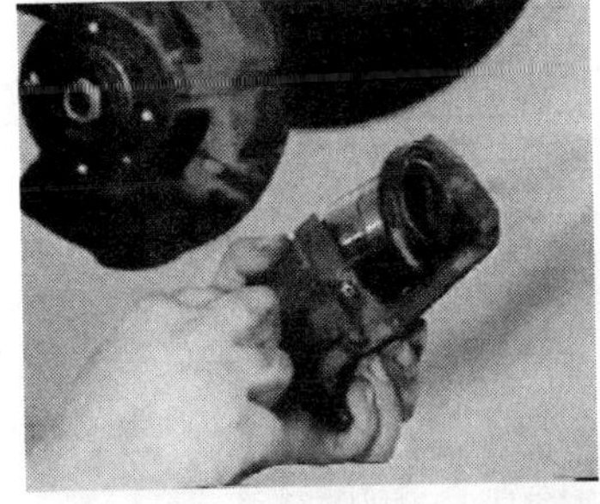
10 向放气螺钉孔中吹入压缩空气，将活塞从气缸筒中挤出

11 安装时按与拆卸相反的顺序进行

—

2. 鼓式制动器的拆装

1 卸下盖板

2 将车轮上的紧固螺母拧下

3 卸下车轮

4 取下螺母

5 拆下保险销

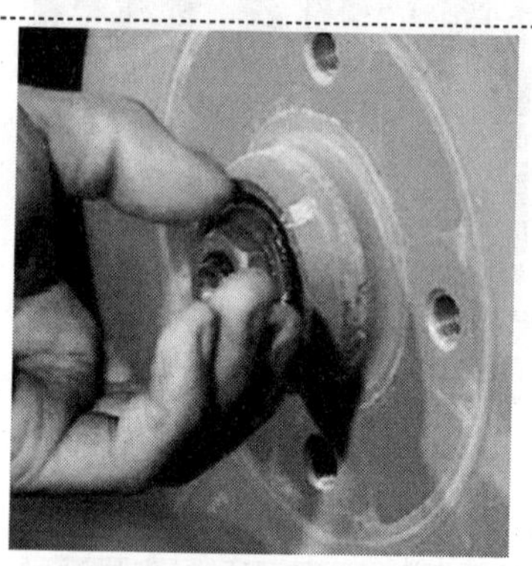
6 将紧固螺母卸下

7 取出滚针轴承

8 拆下轮毂

9 用鲤鱼钳拆下压簧座圈

10 取下回位弹簧，卸下制动蹄

11 取下制动拉杆上的制动拉锁

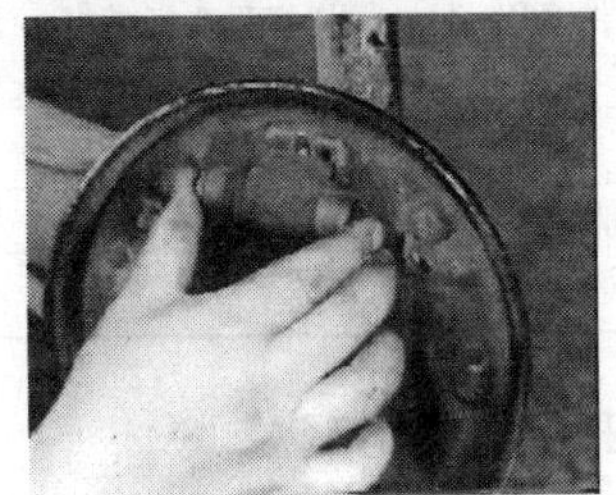

12 卸下制动分泵

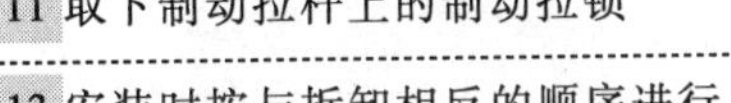

13 安装时按与拆卸相反的顺序进行

—

试题 9　底盘传动系统的拆装

一、考核要求

正确拆装底盘传动系统。

二、考核时间

40min。

三、设备及设施准备

序号	名　　称	单位	数量	备　　注
1	桑塔纳 LX 汽车	辆	1	—
2	常用工具、量具	套	1	—
3	秒表	块	1	用于计时

四、配分与评分标准

序号	作业项目	考核内容及要求	配分	评分标准	考核记录	扣分	得分
1	正确选用工具、量具	选用工具、量具齐全并准确	5	缺一件扣 1 分，选错一件扣 1 分，扣完为止			
2	准备	拆装前的准备	5	准备不充分，每次扣 2.5 分，扣完为止			
				准备失误扣 5 分			
3	拆卸	拆卸底盘传动系统	30	每出现一处操作错误扣 2 分			

（续）

序号	作业项目	考核内容及要求	配分	评分标准	考核记录	扣分	得分
4	安装	安装底盘传动系统	30	每出现一处操作错误扣2分			
5	正确使用工具、量具	工具、量具使用正确	10	一种工具、量具使用不正确扣2分，扣完为止 损坏或丢失一件工具、量具不得分			
6	操作规程	操作规程执行情况	15	违反操作规程不得分			
7	清理现场	清理、擦洗并回收工具和量具	5	少收一件工具或量具扣1分，扣完为止			
8	分数总计		100				
否定项说明：出现重大安全事故按0分计							

五、基本操作步骤

操作步骤描述：拆卸→安装。

1. 拆卸底盘传动系统

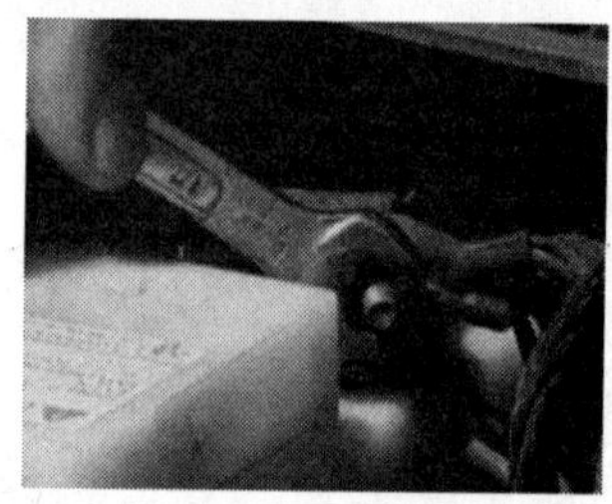

1 拆下蓄电池“－”极

2 拔下里程表软轴

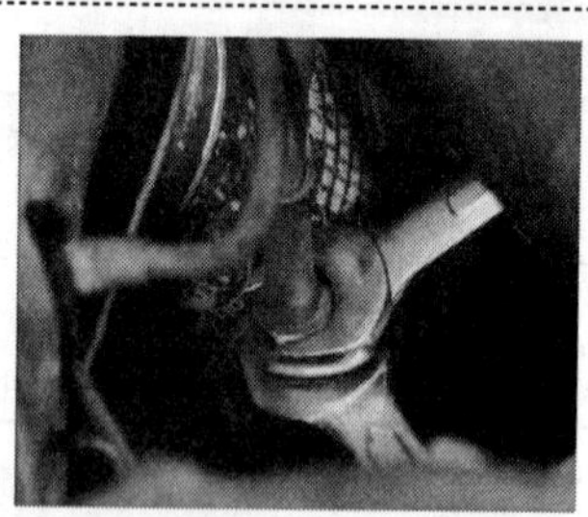

3 松开离合器钢锁

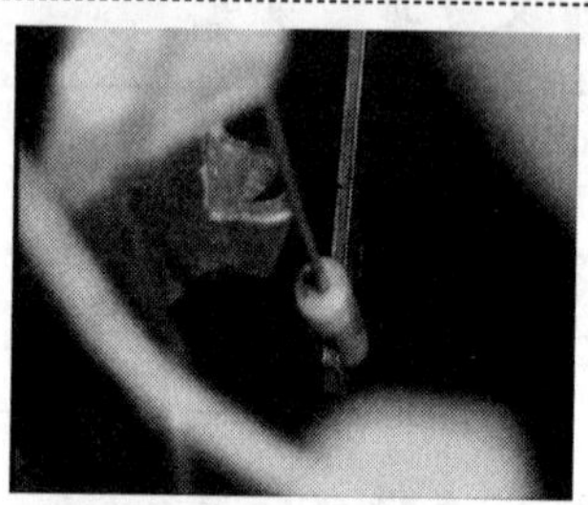

4 拆下离合器钢锁接头

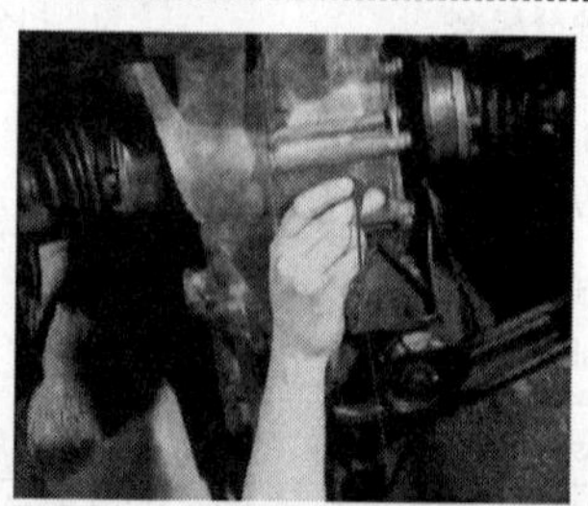

5 放净变速器壳体中的润滑油

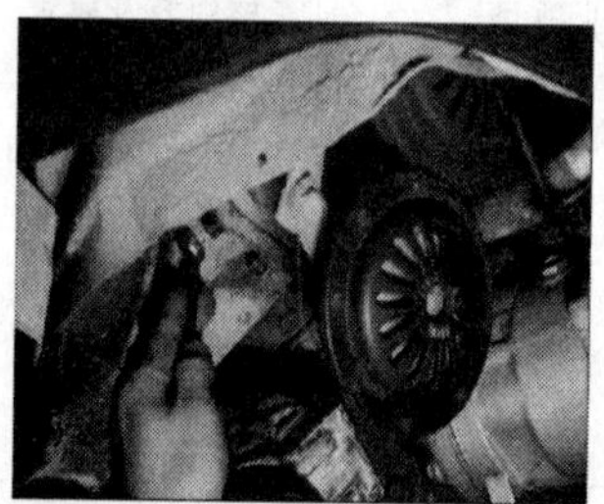

6 拆下排气管与排气歧管的连接螺栓

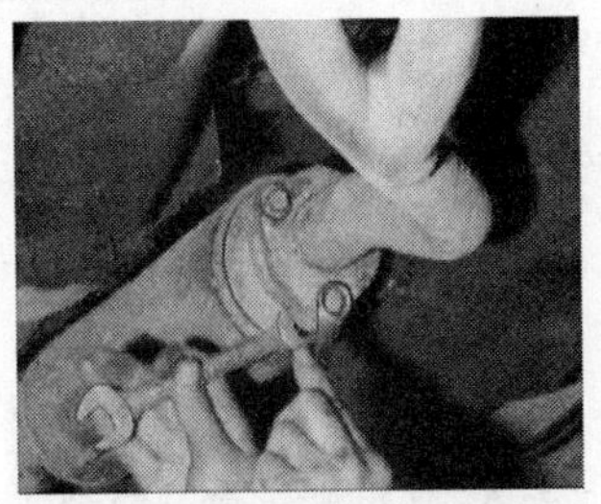

7 拆下排气管与消声器的连接螺栓，取下排气管

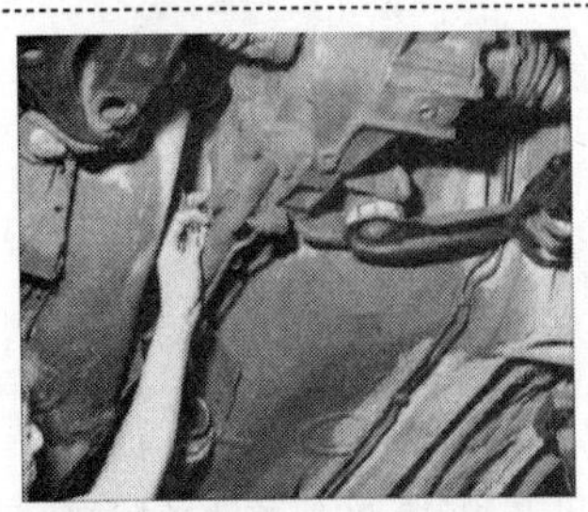

8 拆下倒车灯线束插头

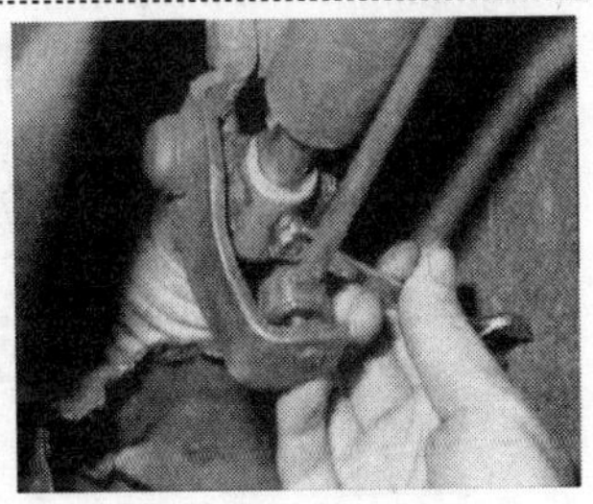

9 拆下变速杆接合器与内变速杆的连接螺钉和变速杆接合器与支承杆的连接螺钉，取下变速杆接合器

10 拆卸传动轴，将车轮转向一侧，扳动传动轴，使万向节与凸缘脱开

11 拆卸起动机总成

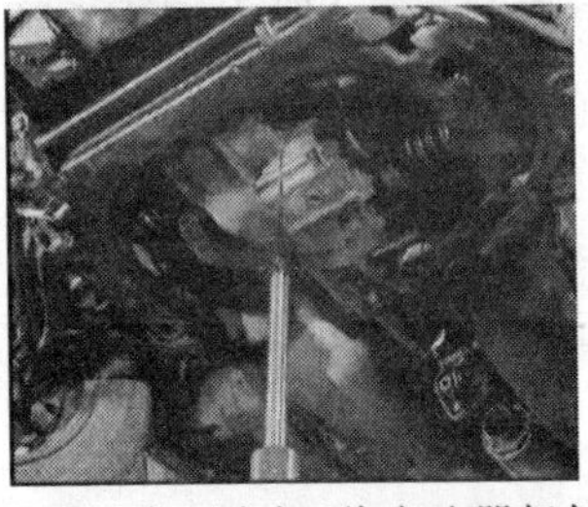

12 安装变速器专用支架，将变速器轻轻托起

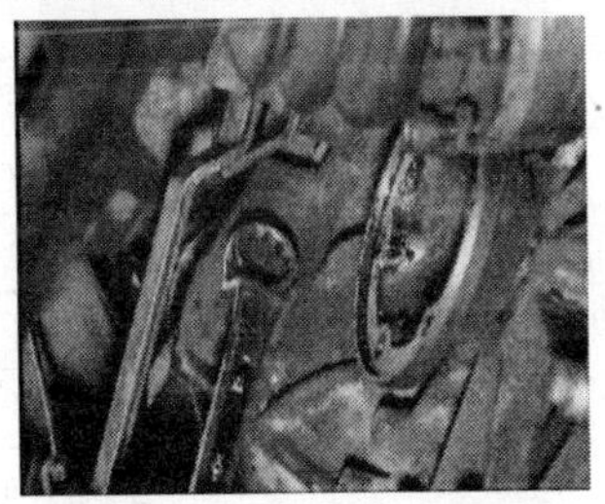

13 拆卸变速器与发动机的连接螺栓

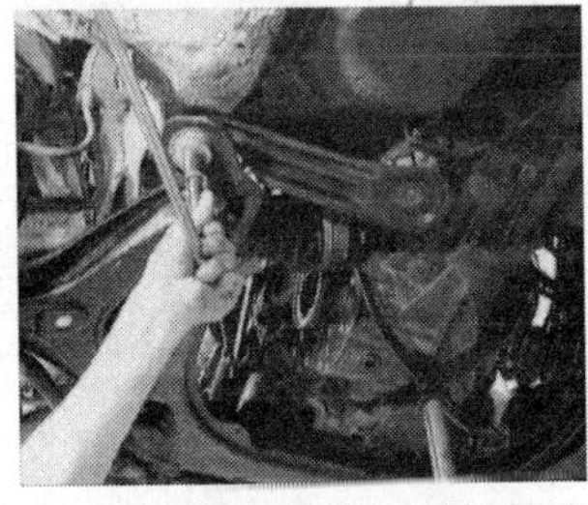

14 拧松变速器支架与发动机悬架的连接螺栓

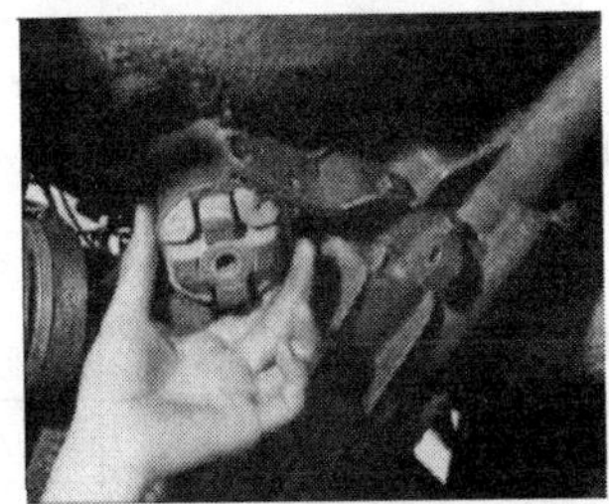

15 拆下支架与变速器壳的连接螺栓，取下橡胶金属支垫

16 用撬棒将发动机与变速器撬开，向后移动支架，小心地取出变速器

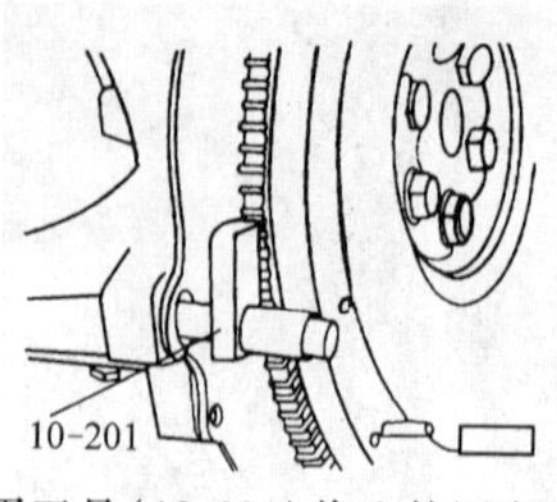

17 用专用工具(10-201)将飞轮固定

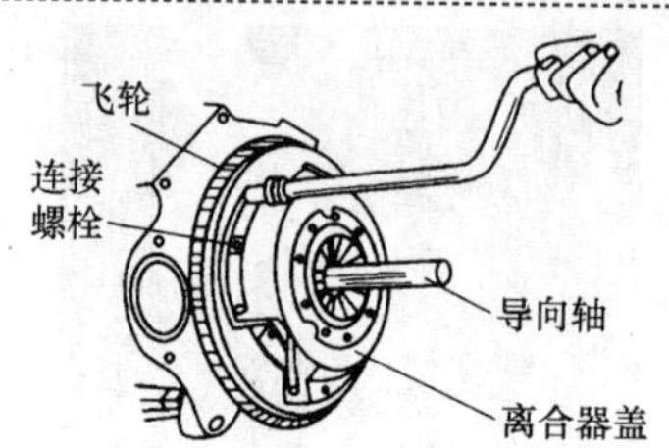

18 分 2 ~ 3 次，对角旋松离合器与飞轮的连接螺栓

19 取下离合器从动盘及压盘总成

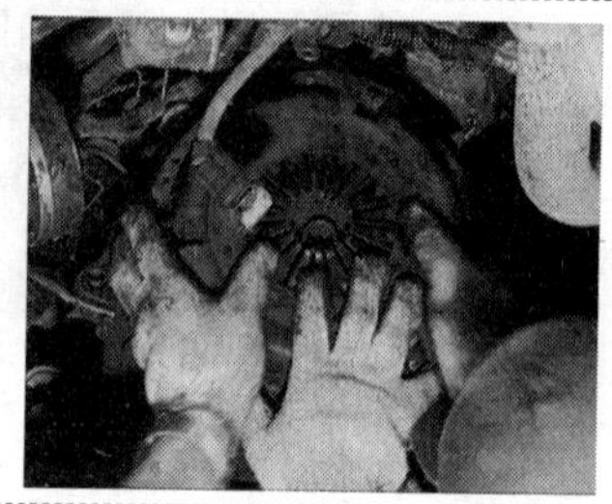

2. 安装底盘传动系统

安装时按与拆卸相反的顺序进行。

试题 10　自动变速器油压试验

一、考核要求

检查自动变速器的油压。

二、考核时间

30min。

三、设备及设施准备

序号	名　称	单位	数量	备　注
1	电控汽车	辆	1	装备自动变速器
2	自动变速器油压表	块	1	—
3	棉纱	团	1	—
4	常用工具、量具	套	1	—
5	秒表	块	1	用于计时

四、配分与评分标准

序号	作业项目	考核内容及要求	配分	评分标准	考核记录	扣分	得分
1	正确选用工具、量具	选用工具、量具齐全并准确	5	缺一件扣 1 分，选错一件扣 1 分，扣完为止			
2	准备	试验前的准备	5	准备不充分，每次扣 2.5 分，扣完为止			
				准备失误扣 5 分			

（续）

序号	作业项目	考核内容及要求	配分	评分标准	考核记录	扣分	得分
3	检验	连接自动变速器油压表	20	连接方法不正确扣20分			
		检测主油压及不同挡位的油压	40	检测方法每错一次扣5分			
				检验结果每错一次扣5分			
4	正确使用工具、量具	工具、用具使用正确	10	一种工具、量具使用不正确扣2分,扣完为止			
				损坏或丢失一件工具、量具不得分			
5	操作规程	操作规程执行情况	15	违反操作规程不得分			
6	清理现场	清理、擦洗并回收工具和量具	5	少收一件工具或量具扣1分,扣完为止			
7	分数总计		100				
否定项说明:出现重大安全事故按0分计							

五、基本操作步骤

操作步骤描述：起动发动机→接上油压表→踩下制动踏板→怠速运转→加速运转→读数。

1 使油温处于正常状态

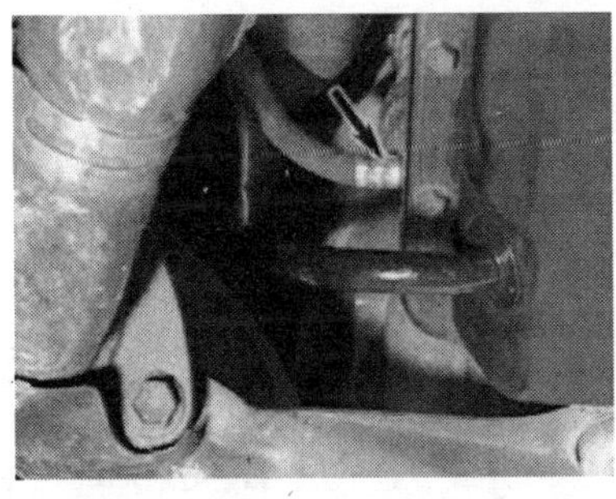

2 在变速器的测压孔上接上油压表

3 拉紧驻车制动器

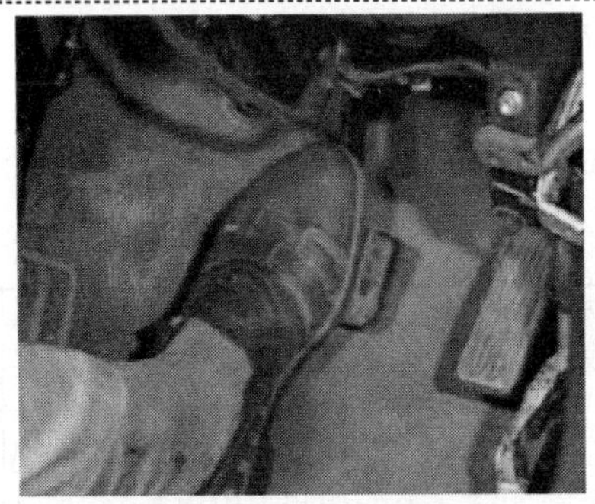

4 踩下制动踏板

5 起动发动机，使发动机怠速运转

6 将变速杆置于 D 位

7 读取发动机怠速时的油压值

8 踩下加速踏板，读取发动机失速时的油压值

9 将变速杆置于 R 位，做同样的试验

注意：不同变速器的测压孔位置和数目不同

试题 11　自动变速器失速试验

一、考核要求

掌握自动变速器失速试验的方法。

二、考核时间

30min。

三、设备及设施准备

序号	名　称	单位	数量	备　注
1	电控汽车	辆	1	装备自动变速器
2	棉纱	团	1	—
3	常用工具、量具	套	1	—
4	秒表	块	1	用于计时

四、配分与评分标准

序号	作业项目	考核内容及要求	配分	评分标准	考核记录	扣分	得分
1	正确选用工具、量具	选用工具、量具齐全并准确	5	缺一件扣1分，选错一件扣1分，扣完为止			
2	准备	试验前的准备	5	准备不充分，每次扣2.5分，扣完为止			
				准备失误扣5分			
3	试验	正确实施	60	根据操作方法酌情扣分			
4	正确使用工具、量具	工具、量具使用正确	10	一种工具、量具使用不正确扣2分，扣完为止			
				损坏或丢失一件工具、量具不得分			
5	操作规程	操作规程执行情况	15	违反操作规程不得分			
6	清理现场	清理、擦洗并回收工具和量具	5	少收一件工具或量具扣1分，扣完为止			
7	分数总计		100				

否定项说明：出现重大安全事故按0分计

五、基本操作步骤

操作步骤描述：踩住制动踏板→起动发动机→加速→读数。

1 将自动变速器油温上升到50～80℃

2 用三角木固定车轮

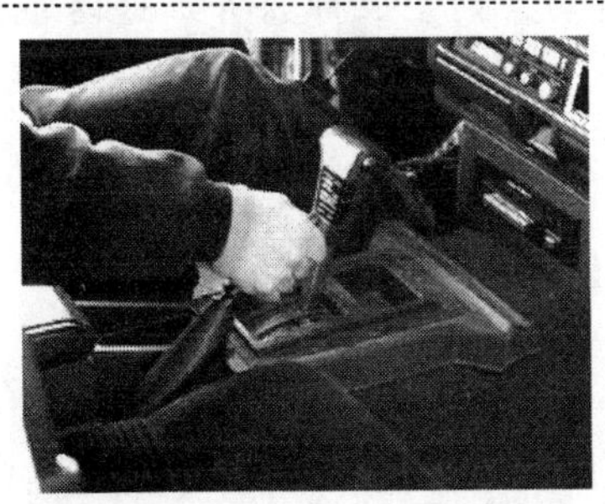

3 拉紧驻车制动器

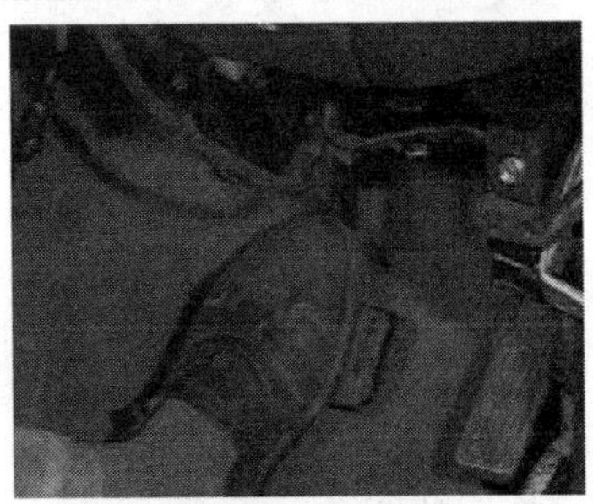

4 踩下制动踏板，使车轮抱死

5 将变速杆置于 D 位

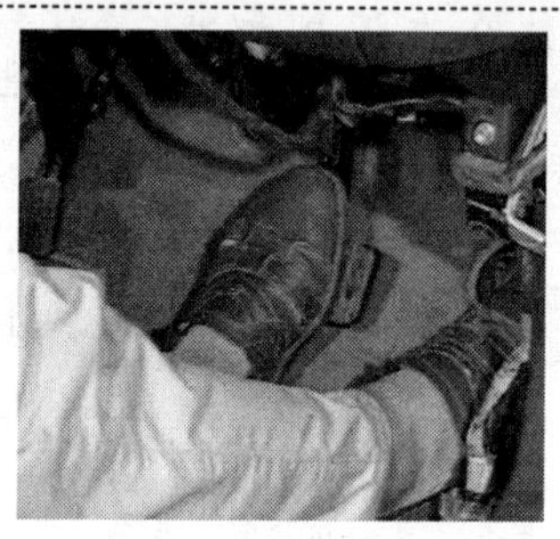

6 在发动机怠速运转时，用左脚踩制动踏板，用右脚将加速踏板踩到底

7 读取发动机的转速

8 将变速杆置于 R 位置做同样的试验

根据失速转速结果判断故障：

1）不同车型的自动变速器都有其失速转速标准，若失速转速与标准值相符，则说明自动变速器的油泵、主油路油压及各个换挡执行元件的工作基本正常。

2）若失速转速高于标准值，则说明主油路油压过低或换挡执行元件打滑。

3）若失速转速低于标准值，则可能是发动机动力不足或液力变矩器有故障。

注意事项

1）做失速试验时，时间不得超过 5s。

2）进行完一个挡位的试验后，不得立即进行下一个挡位的试验，只有在油温下降后才能进行。

3）试验结束后不要立即熄火，应将变速杆置于空挡或停车挡，让发动机怠速运转几分钟，以使自动变速器油温度正常。

4）如果在试验中发现驱动轮因制动力不足而转动，则应立即松开加速踏板，停止试验。

试题 12　自动变速器时滞试验

一、考核要求

掌握自动变速器时滞试验的方法。

二、考核时间

30min。

三、设备及设施准备

序号	名　称	单位	数量	备　注
1	电控汽车	辆	1	装备自动变速器
2	秒表	块	1	用于计时
3	常用工具、量具	套	1	—

四、配分与评分标准

序号	作业项目	考核内容及要求	配分	评分标准	考核记录	扣分	得分
1	正确选用工具、量具	选用工具、量具齐全并准确	5	缺一件扣1分，选错一件扣1分，扣完为止			
2	准备	试验前的准备	5	准备不充分，每次扣2.5分，扣完为止 准备失误扣5分			
3	试验	正确实施	60	根据操作方法酌情扣分			
4	正确使用工具、量具	工具、量具使用正确	10	一种工具、量具使用不正确扣2分，扣完为止 损坏或丢失一件工具、量具不得分			
5	操作规程	操作规程执行情况	15	违反操作规程不得分			
6	清理现场	清理、擦洗并回收工具和量具	5	少收一件工具或量具扣1分，扣完为止			
7	分数总计		100				
否定项说明：出现重大安全事故按0分计							

五、基本操作步骤

操作步骤描述：制动→测试→读数。

1 将自动变速器油温上升到50～80℃

2 将变速杆置于N位

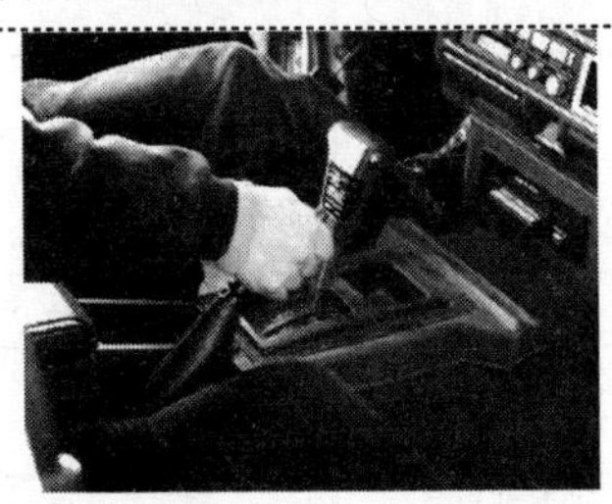
3 拉紧驻车制动器

4 将变速杆从N位换到D位

5 用秒表测量有振动时经历的时间，重复三次，每次间隔 1min，取其平均值

6 将变速杆从 N 位换到 R 位，做同样的试验

根据结果判断故障：

1）大部分自动变速器 N-D 位迟滞时间小于 1.2s，N-R 位迟滞时间小于 1.5s。

2）若 N-D 位迟滞时间过长，则说明主油路油压过低、前进离合器磨损严重或超速排单向离合器工作不良。

3）若 N-R 位迟滞时间过长，则说明倒挡油路油压过低、倒挡离合器或倒挡制动器磨损严重、超速排单向离合器工作不良。

注意事项

1）在进行时滞试验时，应使发动机和自动变速器达到正常工作温度。

2）进行完一个挡位的试验后，应使发动机怠速运转 1min 后再做其他挡位的试验。

3）共做 3 次试验，取平均值。

试题 13　变速器一、二轴的检修

一、考核要求

掌握变速器一、二轴的检修方法。

二、考核时间

30min

三、设备及设施准备

序号	名　称	单位	数量	备　注
1	变速器总成	台	1	三轴式
2	V 形架	对	1	—
3	平台	个	1	—
4	探伤设备	台	1	—
5	百分表	块	1	—
6	千分尺	把	1	—
7	测齿卡尺	把	1	—
8	塞尺	把	1	—
9	呆扳手	把	1	—
10	梅花扳手	把	1	—
11	一字槽螺钉旋具	把	1	—

（续）

序号	名 称	单位	数量	备 注
12	钢丝钳	把	1	—
13	卡簧钳	把	1	—
14	铜棒	根	1	—
15	轴承顶拔器	只	1	—
16	锤子	把	1	—
17	清洗剂	瓶	1	—
18	油盆	只	1	—
19	毛刷	把	1	—
20	棉纱	团	1	—
21	秒表	块	1	用于计时

四、配分与评分标准

序号	作业项目	考核内容及要求	配分	评分标准	考核记录	扣分	得分
1	正确选用工具、量具	选用工具、量具齐全并准确	5	缺一件扣1分，选错一件扣1分，扣完为止			
2	准备	检修前的准备	5	准备不充分，每次扣2.5分，扣完为止			
				准备失误扣5分			
3	变速器第一、二轴组件的检测	齿轮的检测	15	检测方法不正确扣8分			
				检测结果不正确扣7分			
		轴的检测	15	检测方法不正确扣8分			
				检测结果不正确扣7分			
		同步器的检测	15	检测方法不正确扣8分			
				检测结果不正确扣7分			
4	变速器的调整	间隙的调整	15	调整一次错误扣5分			
5	正确使用工具、量具	工具、量具使用正确	10	一种工具、量具使用不正确扣2分，扣完为止			
				损坏或丢失一件工具、量具不得分			
6	操作规程	操作规程执行情况	15	违反操作规程不得分			
7	清理现场	清理、擦洗并回收工具和量具	5	少收一件工具或量具扣1分，扣完为止			
8	分数总计		100				

否定项说明：出现重大安全事故按0分计

五、基本操作步骤

操作步骤描述：检测→调整。

1. 变速器传动机构的检查

1 将变速器中的润滑油放净，并用汽油将变速器清洗干净

2 检查各齿轮齿面，不得有烧蚀、斑点及剥落现象；接合齿与其相配合的滑动齿轮磨损量不得超过齿长的15%，否则应更换齿轮

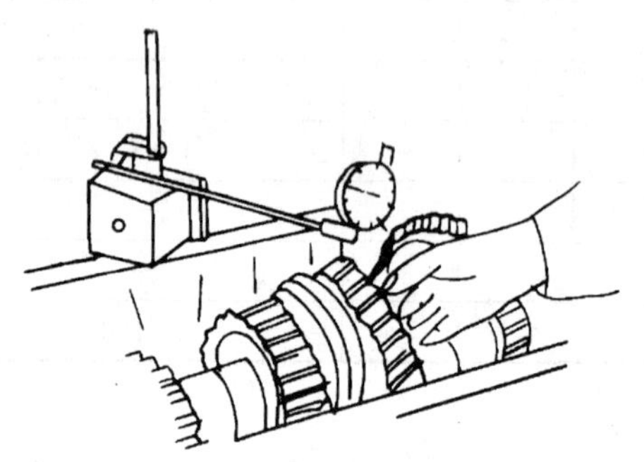

3 检查齿轮的啮合间隙：将百分表的触头垂直抵在齿轮齿面上，来回转动齿轮，即可测出

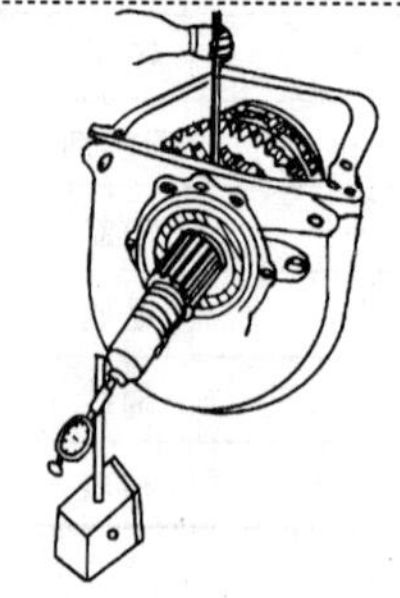

4 检查变速器第一、二轴及中间轴的轴向间隙：将百分表的触头垂直抵住各轴端，用撬棒来回撬动与轴固定的齿轮端面，使轴做轴向移动，观察百分表读数，均不得大于0.30mm

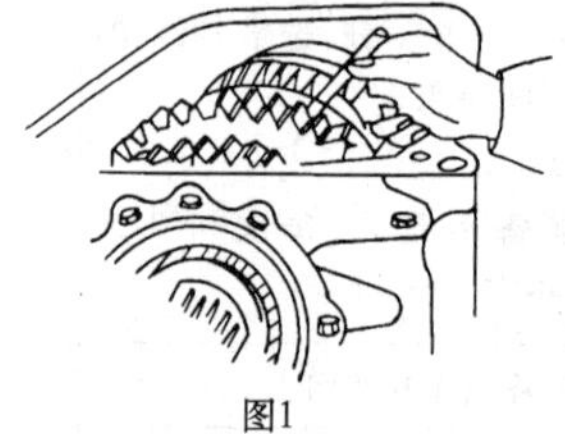

图1

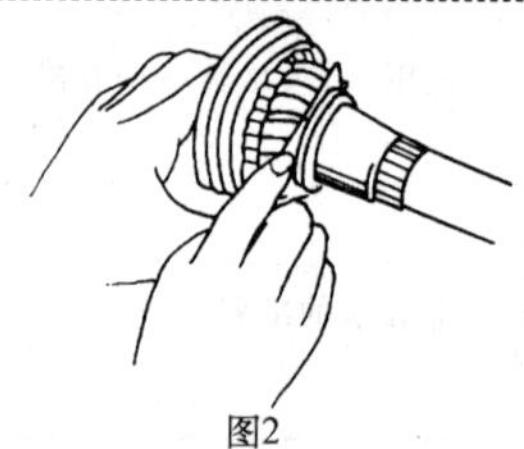

图2

5 将塞尺插入齿轮的端面，检查齿轮的端面间隙，如图1、图2所示。

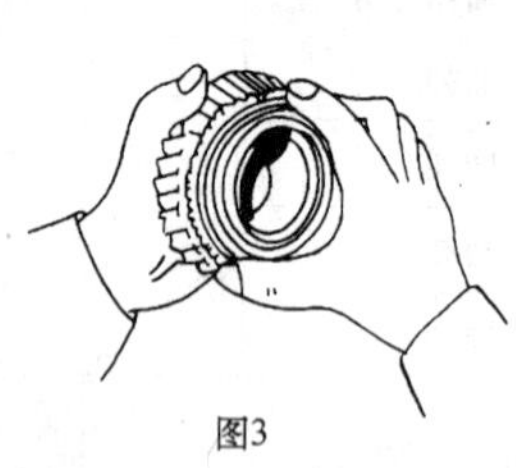

图3

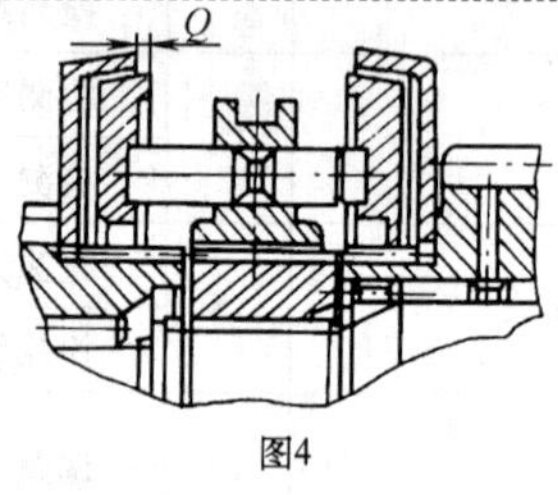

图4

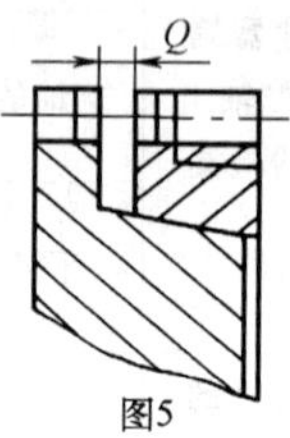

图5

6 同步器的检查

①将同步器拆下，用清洗液清洗干净

②检视同步器锥环与锥盘的磨损情况：锥环与锥盘应无刮伤或严重磨损；锥环内锥面螺纹槽深不得小于0.1mm，否则，应更换同步器

③检查同步器锥环的制动作用：将锥环内锥面涂少量齿轮油，然后使其与外锥面接触并压紧，相对转动（见图3），松手后内锥面不应自动从锥面滑出，取出检查内、外锥面的接触面积，应大于80%，否则应更换同步器

④检查同步器的后备行程

- 锁销式惯性同步器的后备行程是锥盘的大端和锥环端面的高度差（见图4中Q）
- 锁环式惯性同步器后备行程的测量是将同步锥与同步环压靠在一起，用塞尺测量同步环大端面与同步锥结合齿前端面之间的距离（见图5中Q）
- 后备行程应不大于1mm。当后备行程大于极限值时，应更换同步器

⑤检查同步器锁销、齿套和定位销，不应有严重磨损，否则应更换

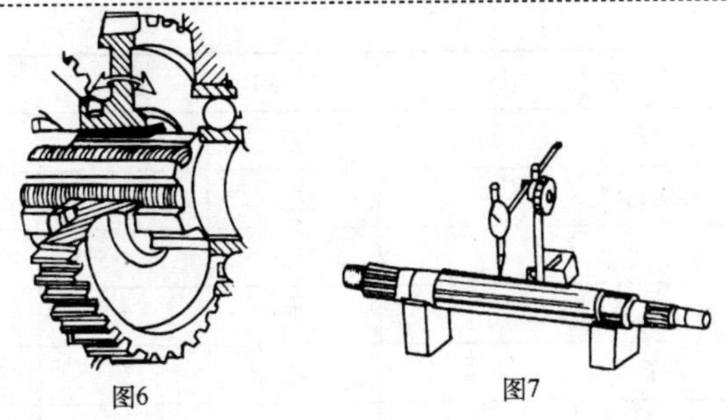
图6　　图7

7 变速器轴、轴承的检查

①将变速器轴的花键插入与之配合的齿轮或同步器内(见图6),用手检查,不应有松旷的感觉;也可用百分表检查,配合间隙应不大于0.8mm。用游标卡尺测量花键厚度,磨损应不大于0.4mm

②将变速器轴放在垫有平板的V形架上(见图7),用百分表测量轴的直线度误差,应不大于0.07mm,若超过标准,则应校正或更换变速器轴

③在将轴承清洗干净后,检查轴承内、外圈滚道,滚子上不得有点蚀或剥落现象,否则应更换轴承

2. 变速器传动机构的调整

1 齿轮端面间隙的调整:选择可使轴向间隙最小的卡环或止推环,将其装在轴上,调整齿轮的端面间隙	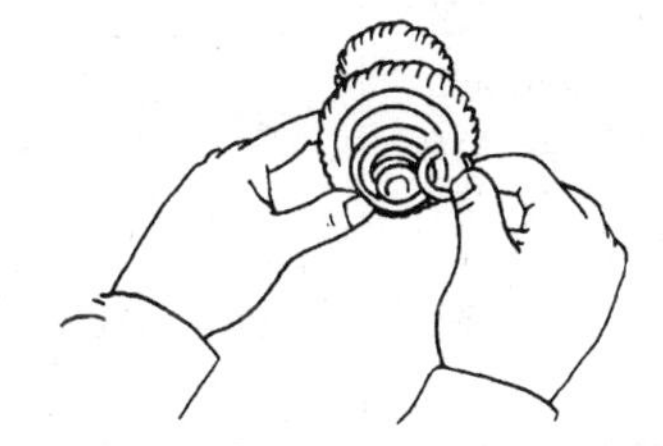
2 第一、二轴及中间轴轴向间隙的调整:通过增减各轴轴承盖垫片的厚度来调整轴向间隙。若间隙过大,则减少垫片;若间隙过小,则增加垫片,直到符合规定为止	—

试题14　万向传动装置的检修

一、考核要求

1) 拆检、装配万向传动装置。

2) 口述零件的修理方法和技术要求。

二、考核时间

30min。

三、设备及设施准备

序号	名　　称	单位	数量	备注
1	万向传动装置	套	1	—
2	V形架	对	1	—
3	平台	个	1	—
4	探伤设备	台	1	—
5	百分表	块	1	—

（续）

序号	名　　称	单位	数量	备注
6	千分尺	把	1	—
7	台虎钳	把	1	—
8	呆扳手	把	1	—
9	梅花扳手	把	1	—
10	锤子	把	1	—
11	清洗剂	瓶	1	—
12	油盆	只	1	—
13	毛刷	把	1	—
14	棉纱	团	1	—
15	秒表	块	1	用于计时

四、配分与评分标准

序号	作业项目	考核内容及要求	配分	评分标准	考核记录	扣分	得分
1	正确选用工具、量具	选用工具、量具齐全并准确	5	缺一件扣1分，选错一件扣1分，扣完为止			
2	准备	检修前的准备	5	准备不充分，每次扣2.5分，扣完为止			
				准备失误扣5分			
3	分解	—	10	每出现一处错误扣1分			
4	主要机件的检修	传动轴的检修	20	检修方法不正确扣10分			
				检修结果不正确扣10分			
		万向节的检修	20	检修方法不正确扣10分			
				检修结果不正确扣10分			
5	组装	组装工艺和质量	10	安装方向不正确扣2分			
				未按装配记号装配扣5分			
				出现其他错误扣3分			
6	正确使用工具、量具	工具、量具使用正确	10	一种工具、量具使用不正确扣2分，扣完为止			
				损坏或丢失一件工具、量具不得分			
7	操作规程	操作规程执行情况	15	违反操作规程不得分			
8	清理现场	清理、擦洗并回收工具和量具	5	少收一件工具或量具扣1分，扣完为止			
9	分数总计		100				

否定项说明：出现重大安全事故按0分计

五、基本操作步骤

操作步骤描述：分解→检修→组装。

1. 传动轴的分解

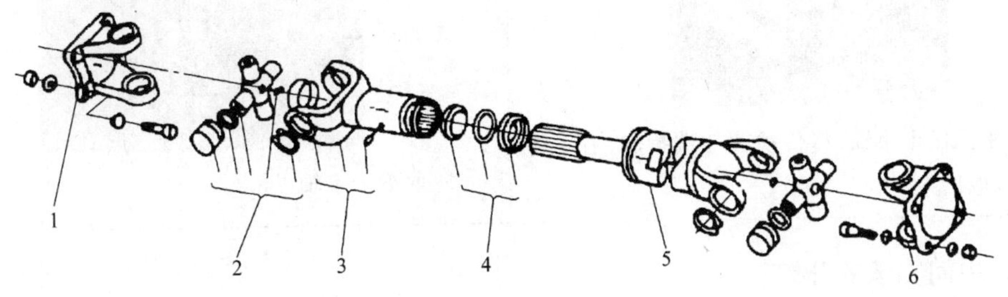

▲分解后的传动轴及滑动叉总成

1—传动轴凸缘叉　2—十字轴总成　3—传动轴滑动叉总成
4—滑动叉油封总成　5—传动轴总成　6—传动轴凸缘叉

（1）滑动花键副的分解

拧开滑动叉油封盖，把花键轴从滑动叉中拔出来，取下油封、油封垫片和油封盖

（2）万向节分解（以最后一个万向节为例）

1 用卡簧钳把每个耳孔内的卡簧取出来

2 用左手将传动轴的一端抬起，右手用锤子轻轻敲击耳根部，将一个滚针轴承震出来

3 将传动轴转过180°，用同样的方法将凸缘叉上的另一个滚针轴承震出来，并把凸缘叉取下来

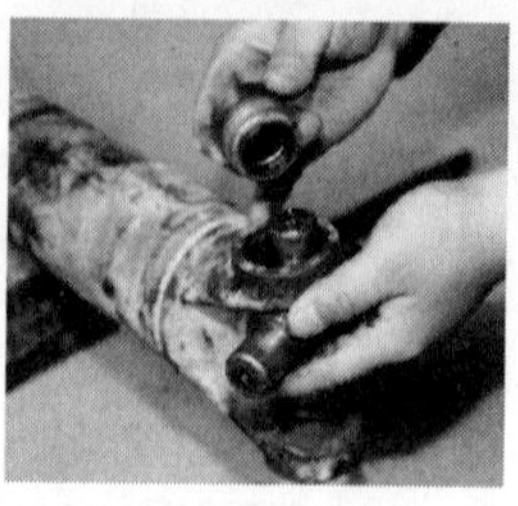

4 左手抓住十字轴，将传动轴一端抬起，右手将滚针轴承取出来

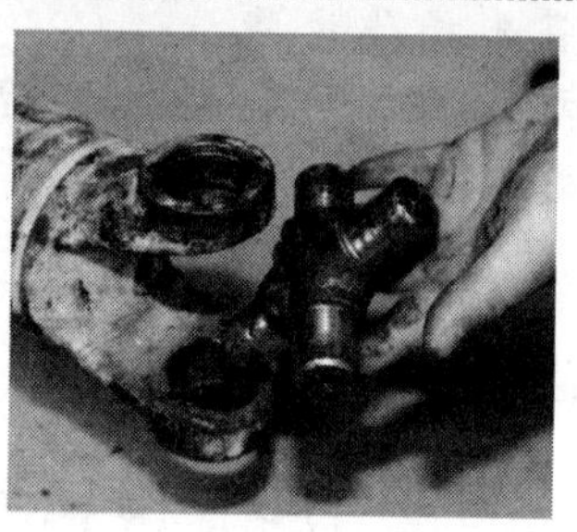

5 取下十字轴

(3) 中间支承的分解

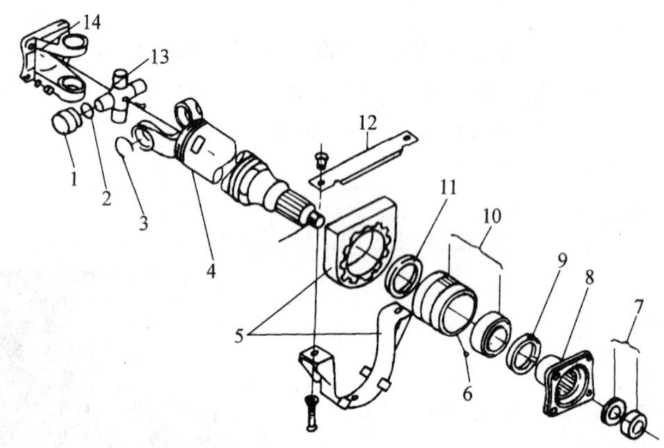

▲分解后的中间传动轴及支承总成

1—十字轴滚针轴承总成 2—防尘圈 3—卡簧 4—中间传动轴总成 5—中间支架总成 6—直通滑脂嘴 7—垫圈及螺母 8—中间传动轴凸缘 9—中间支承油封 10—中间支承轴承及轴泵座 11—中间支承油封总成 12—中间支承上盖板 13—十字轴 14—传动轴凸缘叉

1 拔出开口销，拧下槽形螺母，取出垫圈

2 用锤子轻轻敲击凸缘背面的边缘，松动后将凸缘从中间花键轴上拔出来

3 在轴承座的前端放置一块垫板，用手轻轻敲击垫板，将整个中间支承从中间花键轴上打出来，然后把橡胶垫环从轴承座上压出来

4 将轴承座夹在台虎钳上，用铜棒、锤子把两边的油封打出来，然后取出轴承

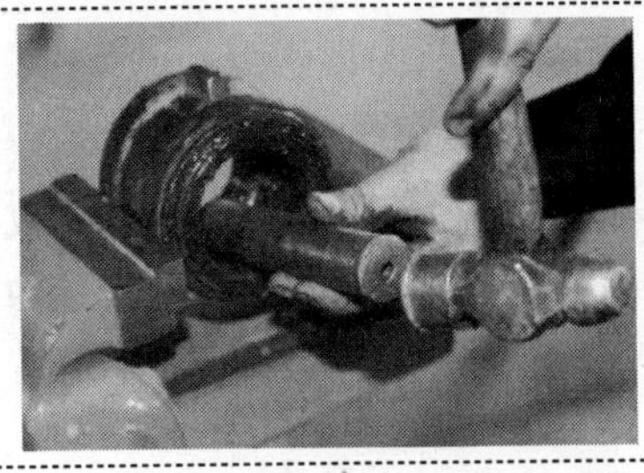

2. 主要零件的检修

(1) 万向节的检修

1 检查十字轴轴颈表面：若有严重损伤，并超过规定标准，则应更换新件；若轴颈表面有轻微剥落，则可用磨石将剥落表面打光后继续使用

2 若滚针轴承油封失效，滚针断裂、缺针，则应更换轴承

3 检查万向节十字轴承的配合间隙。检查时，将十字轴夹在台虎钳上，将滚针轴承壳套在十字轴颈上，用百分表抵住轴承壳外表面最高点，用手上下推动滚针轴承壳，百分表上指针变化值即为该轴承与十字轴的配合间隙，当超过规定值时应更换配合件

(2) 传动轴及滑动叉的检修

1 在检验中间传动轴、传动轴弯曲度时，可利用万向节叉和花键轴上的中心孔，两端用顶尖顶起来（也可用一对 V 型架支起来），用百分表测量轴管外圆的径向圆跳动。当弯曲度超过规定值时，可在压床上冷压校直

2 传动轴花键轴、花键套的检修。花键齿磨损情况主要表现在配合副配合侧隙上，检查方法是把滑动叉夹持在台虎钳上，将花键轴按装配标记插入滑动叉，并使部分花键露在外面，转动花键轴，用百分表测出花键侧面读数的变化值，若超过规定值，则根据实际情况，可换用新件或采用局部更换法修复

3 传动轴中间支承轴承轴颈磨损的修复：当传动轴中间支承轴承轴颈处磨损量超过规定值时，根据情况可采用堆焊等方法进行修复或更换

（3）传动轴中间支承轴承及支架的检修

1 轴承的检查。若发现轴承滚子、滚道上有烧蚀、金属剥落等现象，则应更换轴承

2 检查轴承的径向间隙。将轴承放在面板上，使百分表的触头抵住轴承外座圈，然后用一只手把轴承内圈压紧，用另一只手推动轴承外圈，百分表指针所指最大值与最小值的差即为轴承的径向间隙

3 检查轴承的轴向间隙：将轴承外圈搁在两垫块上并使轴承内圈悬空，再在轴承内圈上放一块平铁板，然后将百分表触头抵住平铁板中央，上下推动轴承内圈，百分表指针所指最大值与最小值之差即为轴承的轴向间隙。当轴承的轴向间隙和径向间隙超过规定值时，应及时更换轴承

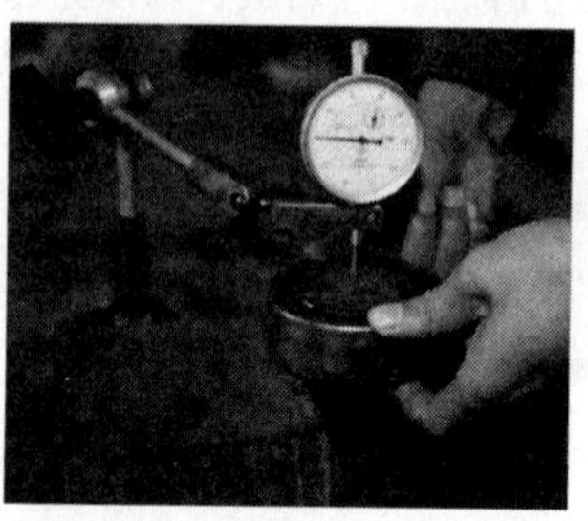

4 检查中间支承轴承座内表面的磨损情况，若超过规定值，则应更换轴承座

5 检查前后油封盖有无磨损现象，支架有无裂损现象，橡胶环有无腐蚀老化现象，视需要及时更换或修复

—

3. 装配

按与拆卸相反的顺序进行装配。

试题 15　主减速器及差速器的拆检

一、考核要求

1）按正确的操作规程拆卸主减速器和差速器。

2）正确检查主减速器和差速器。

二、考核时间

30min。

三、设备及设施准备

序号	名　称	单位	数量	备注
1	汽车减速器总成	只	1	桑塔纳减速器
2	呆扳手	把	1	—
3	梅花扳手	把	1	—
4	套筒扳手	把	1	—
5	棉纱	团	1	—
6	秒表	块	1	用于计时

四、配分与评分标准

序号	作业项目	考核内容及要求	配分	评分标准	考核记录	扣分	得分
1	正确选用工具、量具	选用工具、量具齐全并准确	5	缺一件扣 1 分，选错一件扣 1 分，扣完为止			
2	准备	检测前的准备	5	准备不充分，每次扣 2.5 分，扣完为止 准备失误扣 5 分			
3	拆卸	拆卸主减速器和差速器	20	根据操作方法酌情扣分			
4	检查	检查主、从动齿轮	30	根据情况酌情扣分			
5	安装	安装主减速器	10	根椐情况酌情扣分			
6	正确使用工具、量具	工具、量具使用正确	10	一种工具、量具使用不正确扣 2 分，扣完为止 损坏或丢失一件工具、量具不得分			
7	操作规程	操作规程执行情况	15	违反操作规程不得分			
8	清理现场	清理、擦洗并回收工具和量具	5	少收一件工具或量具扣 1 分，扣完为止			
9	分数总计		100				

否定项说明：出现重大安全事故按 0 分计

五、基本操作步骤

操作步骤描述：拆卸→检查→安装。

1 在检查减速器和差速器时，应先拆下主减速器的固定螺栓，然后拆下差速器

2 检查主动锥齿轮，轮齿不应有裂纹，轮齿的工作表面不应有明显的斑点、剥落和破损现象

3 检查从动锥齿轮，轮齿不应有裂纹，轮齿的工作表面不应有明显的斑点、剥落和破损现象

4 检查主、从动齿轮啮合印痕长度，应为全齿长的1/2以上

5 行星齿轮的啮合间隙应不大于0.18mm，行星齿轮轴不应有损坏和严重磨损现象

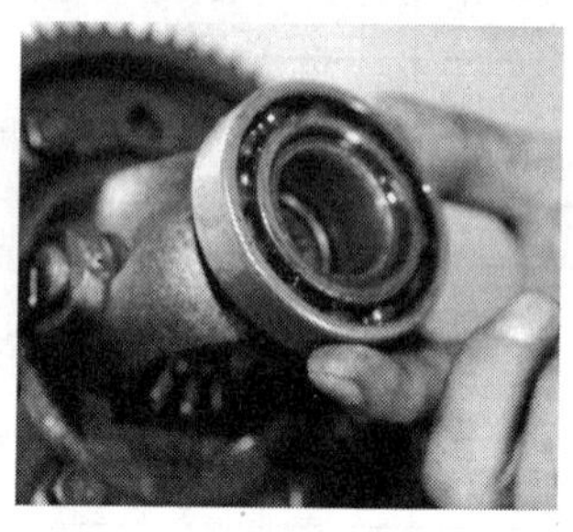

6 差速器轴承不应损坏，应运转灵活，轴承与轴配合间隙不应过大

7 安装时按与拆卸相反的顺序进行

—

第六章　电器的检修

试题1　起动机的检修

一、考核要求

1）拆检、装配起动机。

2）口述主要零件的修理方法和技术要求。

二、考核时间

30min。

三、设备及设施准备

序号	名　称	单位	数量	备　注
1	起动机	台	1	CA1092型汽车起动机
2	电器万能试验台	台	1	—
3	平台	对	1	—
4	弹簧秤	只	1	—
5	百分表	块	1	—
6	游标卡尺	把	1	—
7	梅花扳手	把	1	—
8	呆扳手	把	1	—
9	套筒扳手	把	1	—
10	指示式扭力扳手	把	1	—
11	万用表	块	1	—
12	锯条	根	1	—
13	V形架	对	1	—
14	秒表	块	1	用于计时
15	轴承顶拔器	件	1	—
16	棉纱	团	1	—

四、配分与评分标准

序号	作业项目	考核内容及要求	配分	评分标准	考核记录	扣分	得分
1	正确选用工具、量具	选用工具、量具齐全并准确	5	缺一件扣1分，选错一件扣1分，扣完为止			
2	准备	检修前的准备	5	准备不充分，每次扣2.5分，扣完为止			
				准备失误扣5分			

（续）

序号	作业项目	考核内容及要求	配分	评分标准	考核记录	扣分	得分
3	解体	—	10	每出现一处操作错误扣2分			
4	主要零件的检修（修理方法可口述）	转子总成的检修	8	检验方法不正确扣4分			
				检验结果不正确扣2分			
				修理方法不正确扣2分			
		定子绕组的检修	8	检验方法不正确扣4分			
				检验结果不正确扣2分			
				修理方法不正确扣2分			
		电刷总成的检修	8	检验方法不正确扣4分			
				检验结果不正确扣2分			
				修理方法不正确扣2分			
		单向离合器的检修	8	检验方法不正确扣4分			
				检验结果不正确扣2分			
				修理方法不正确扣2分			
		电磁开关的检修	8	检验方法不正确扣4分			
				检验结果不正确扣2分			
				修理方法不正确扣2分			
5	组装	组装工艺和方法	10	每出现一处错误扣2分			
6	正确使用工具、量具	工具、量具使用正确	10	一种工具、量具使用不正确扣2分，扣完为止			
				损坏或丢失一件工具、量具不得分			
7	操作规程	操作规程执行情况	15	违反操作规程不得分			
8	清理现场	清理、擦洗并回收工具和量具	5	少收一件工具或量具扣1分，扣完为止			
9	分数总计		100				

否定项说明：出现重大安全事故按0分计

五、基本操作步骤

操作步骤描述：拆卸→检测→安装。

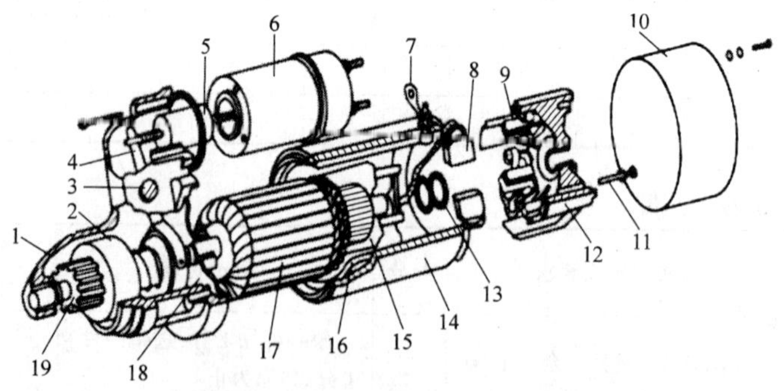

▲CA1092型汽车起动机的结构

1—前端盖 2—滚柱式离合器 3—拨叉销轴 4—拨叉 5—活动铁心 6—电磁开关 7—导电片 8—电刷 9—电刷架 10—防尘器 11—穿心螺钉 12—后端盖 13—止推垫圈 14—外壳 15—磁极铁心 16—励磁绕组 17—电枢总线 18—中间支承板 19—驱动齿轮

1. 起动机的拆卸

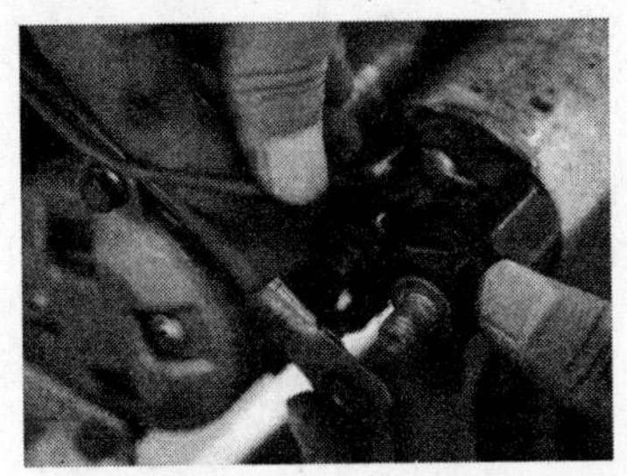

1 拆下连接电磁开关接线柱与电动机接线柱的导电片，旋出固定电磁开关的螺钉，取下电磁开关

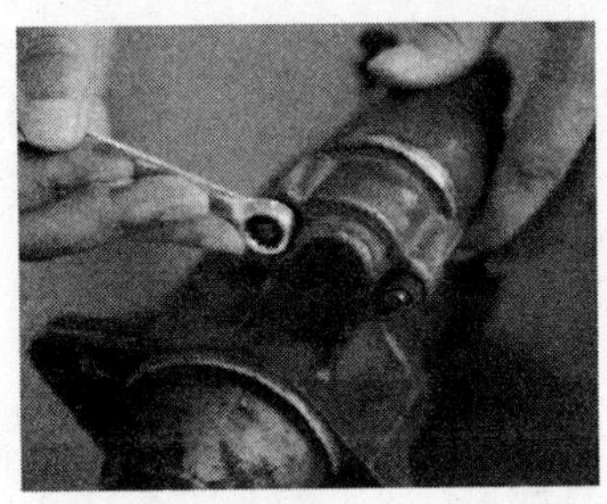

2 旋出防尘盖固定螺钉，取下防尘盖，用专用钢丝钩取出电刷

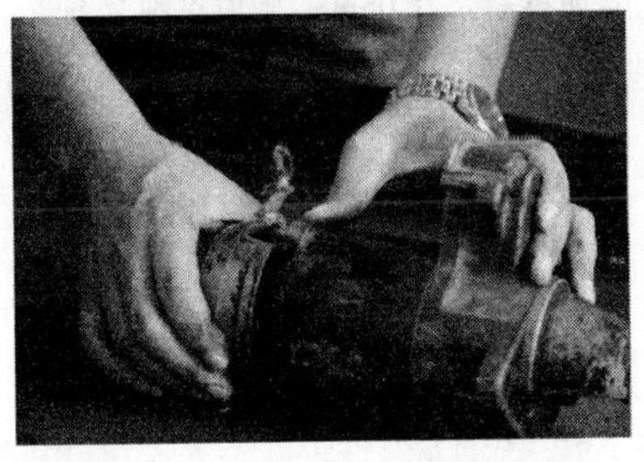

3 旋出两个穿心螺钉，取下后端盖及外壳

4 拆下中间支承板，将电枢连同传动机构与前端盖分离

5 拆下电枢轴上的卡簧，将传动机构与电枢分离

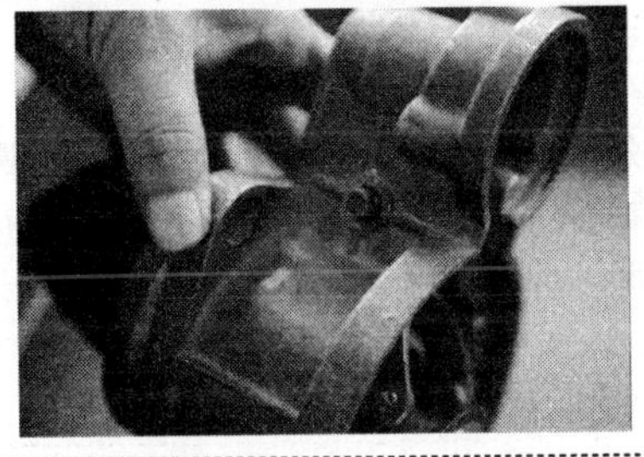

2. 起动机的检修

（1）检修电枢绕组

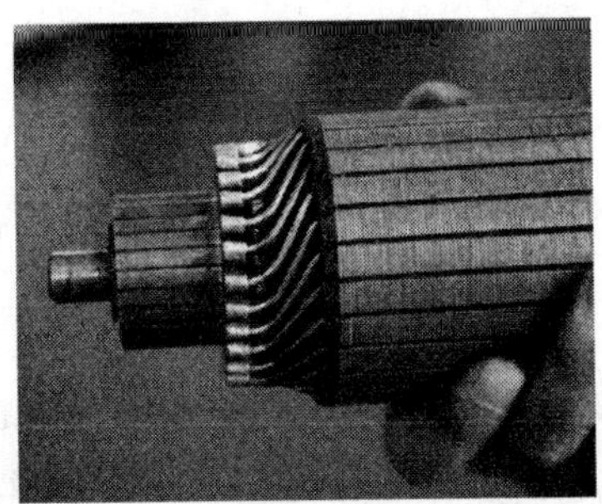

1 若电枢绕组断路，则一般可目测观察到，断路处可用焊接法修复

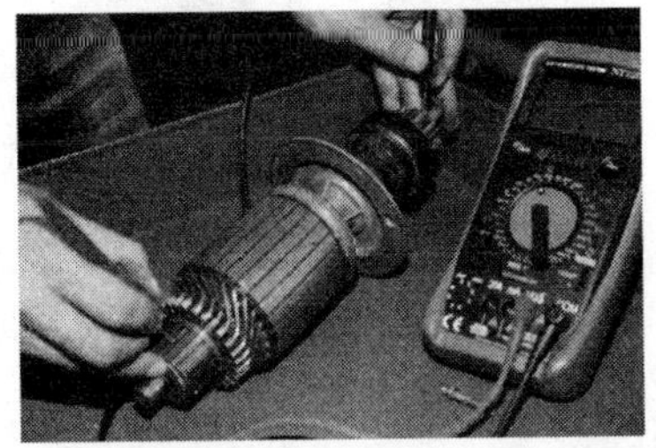

2 检验电枢绕组是否搭铁：用万用表 $R\times10\mathrm{k}\Omega$ 挡检查各换向片与电枢轴（或铁心）的绝缘情况，如果万用表指示值为零，则表明电枢绕组（或换向器）已搭铁，一般应更换电枢总成

（2）检修换向器

1 检查换向器表面，若表面脏污，则可用干净的棉纱蘸少量汽油擦拭干净；若表面不平或轻微烧蚀，则可用“00”号砂纸打磨

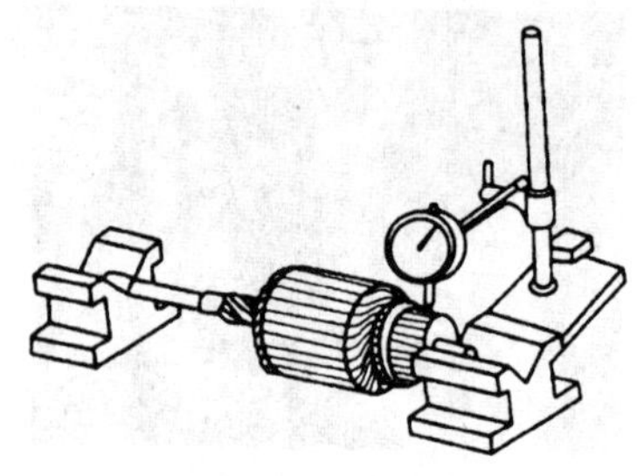

2 换向器圆柱面对电枢轴的径向圆跳动偏差一般为0.05mm。转动电枢，百分表显示的最大值与最小值之差如果超过0.05mm，则应车削复圆

3 换向器铜片间绝缘层的割低：对于要求割低绝缘层的换向器，应检查其深度是否为0.5～0.8mm，若不是，则可用薄钢锯条锯削

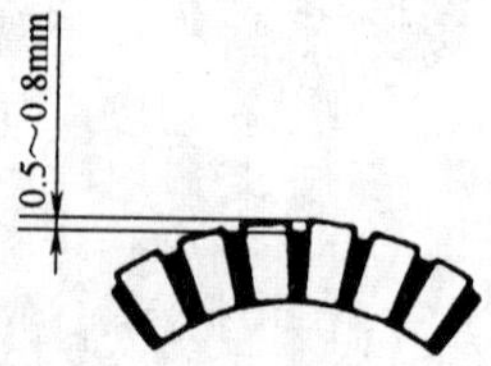

（3）检修电枢轴

用百分表检验电枢轴中间轴颈处的径向圆跳动误差，结果应不大于0.05mm，铁心表面最大径向圆跳动误差应小于0.15mm，否则应进行校正

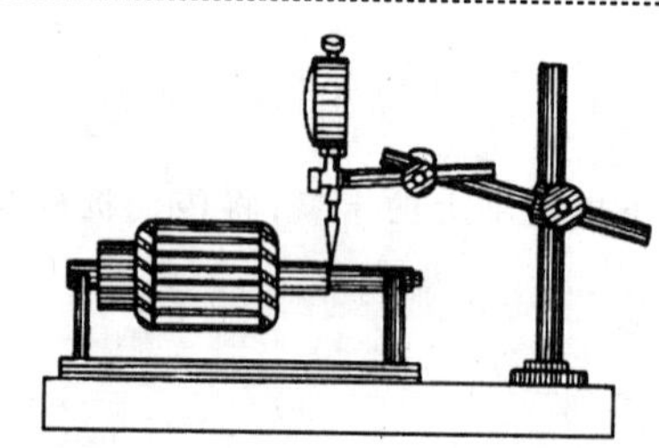

（4）检修励磁绕组

1 检验励磁绕组是否断路：用万用表欧姆挡，按上图所示的方法进行检查，若阻值为无穷大，则说明励磁绕组出现了断路，这一般是由于脱焊或虚焊造成的，重新焊牢即可

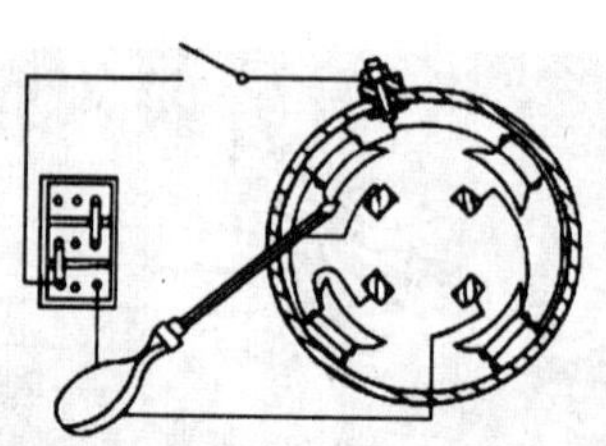

2 检验励磁绕组是否短路：对励磁绕组通以2V的直流电，用钢片触试各磁极，若某磁极的吸力明显小于其他磁极，则该磁极上的绕组有短路故障

3 检验励磁绕组搭铁情况:用右图所示的方法检验,若电阻值不为无穷大,则说明励磁绕组搭铁

(5) 检修电刷、电刷架及端盖

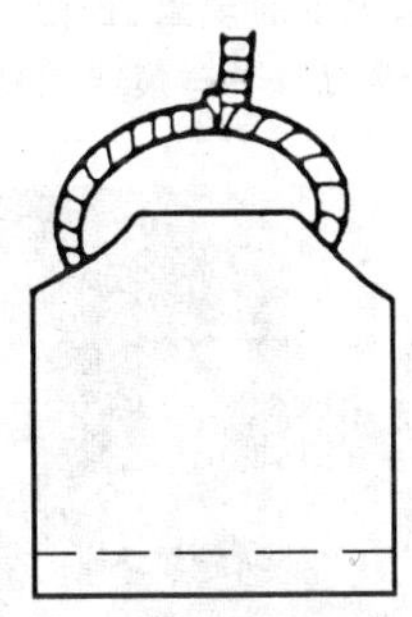

1 检修电刷。当电刷的高度低于原高度的 2/3 时,应予更换(新电刷的高度为 14mm)

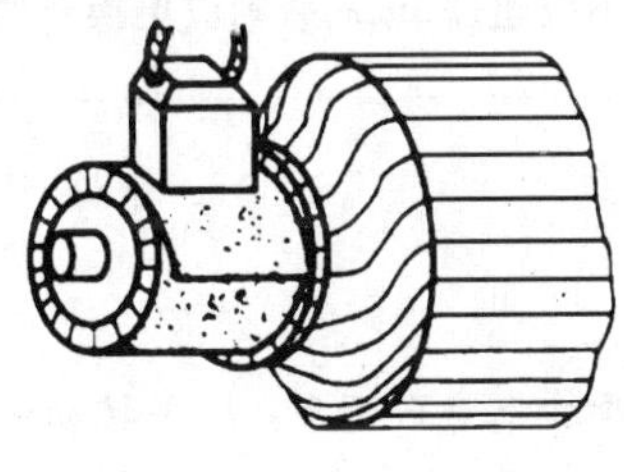

2 对于更换的电刷,应研磨其接触面,研磨方法如上图所示。研磨后的接触面积应大于整个表面积的 75%

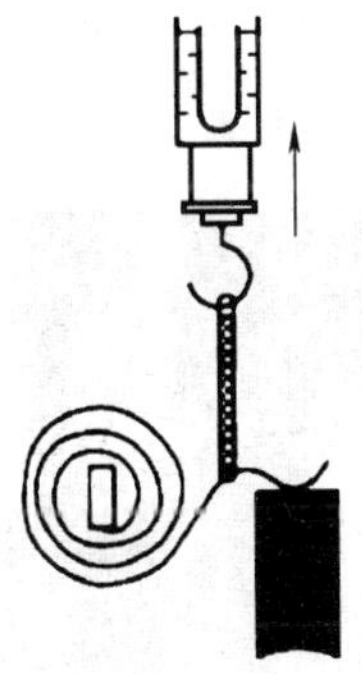

3 检查电刷弹簧压力。用弹簧秤测量电刷弹簧压力的方法如上图所示。若压力低于 14.7N,则应更换电刷弹簧

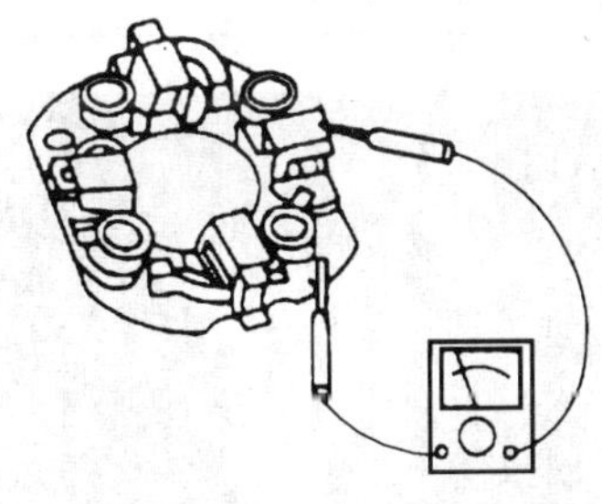

4 电刷架的检查:用万用表测量绝缘电刷架和后盖间的电阻,应为无穷大;用万用表测量搭铁电刷架和后盖间的电阻,应为零

5 检查滑动轴承各轴承与轴的配合间隙,前后端盖均应为 0.03 ~ 0.09mm,中间支承板轴承应为 0.23 ~ 0.45mm,若有超差(用手感觉旷动量较大),则应更换轴承与端盖。更换的轴承与端盖的过盈量应为 0.08 ~ 0.18mm,轴承压入后,再用铰刀铰削至满足要求

（6）检修传动机构

1 检查驱动齿轮。驱动齿轮端面应无崩角或碎裂，磨损量不应超过3mm，否则应更换新件

2 检查离合器与电枢轴的配合情况。离合器在轴上应移动自如，无卡滞现象，否则应对配合部位进行清洁、修整，用锉刀修平碰痕或毛刺

3 检查离合器是否正常。用手转动驱动齿轮，应在一个方向上锁止，在另一个方向上转动自如，否则更换离合器

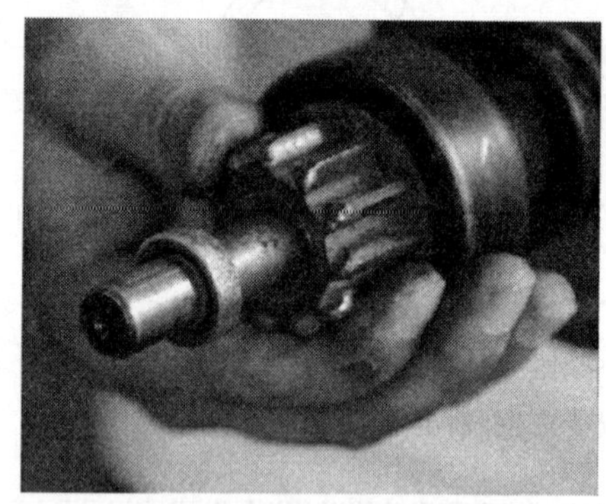

（7）检验电磁开关

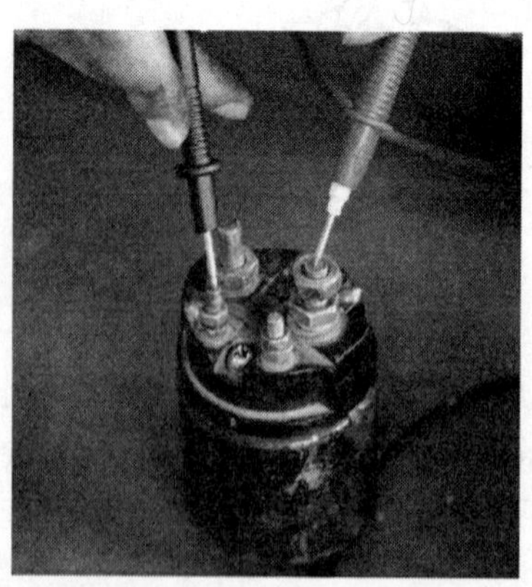

1 检查吸引线圈。将万用表表笔分别接S接线柱和电动机的主接线柱，测量电阻值，并由此判定其技术状况（常见12V起动机吸引线圈阻值为0.6Ω左右）

2 检查保持线圈。将万用表的表笔分别接S接线柱和壳体，根据测量结果，判定其技术状况（常见12V起动机保持线圈阻值为1Ω左右）

3. 起动机的组装

1 将中间支承板、离合器和挡圈套到电枢轴上，然后安装电枢轴前端的卡环

2 将传动拨叉先套到离合器的拨叉套中，再将拨叉部分装入前端盖中，固定拨叉销轴螺栓

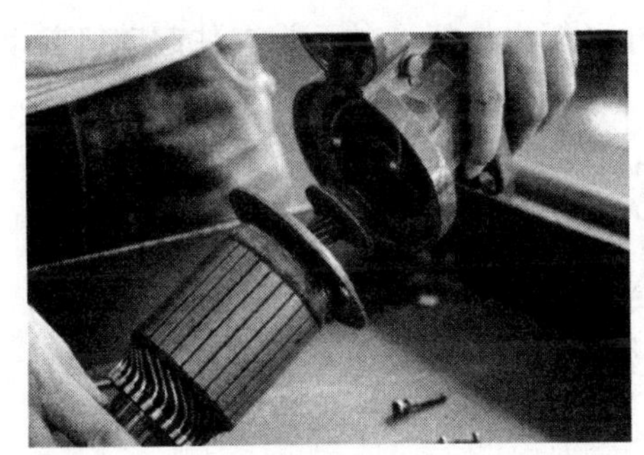

3 固定中间轴承板，以此为基础进行后续装配

4 先将定子部分对准记号套到电枢上，再将止推垫圈装到换向器端的轴上，然后装上后端盖，旋紧两固定螺钉；用专用钢丝钩钩起电刷弹簧，装入电刷；安装防护罩

5 将电磁开关活动铁心上的拉杆套入传动拨叉上端，套上电磁开关的另一部分，将电磁开关固定在端盖上

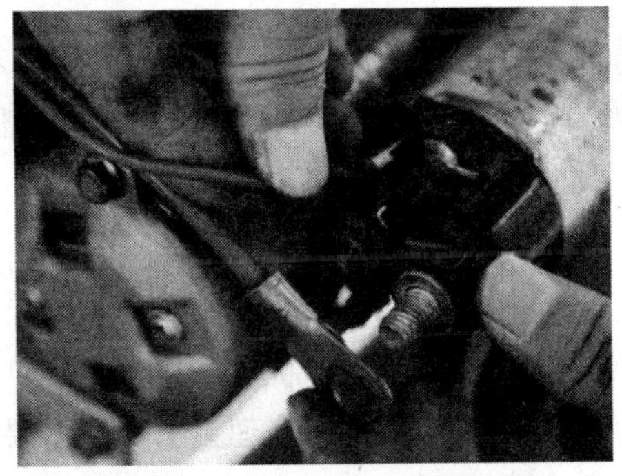

6 将连接片装回电磁开关与电动机接线柱上

4. 起动机的试验

(1) 空载试验

1) 将起动机固定在夹具上，接好试验电路。

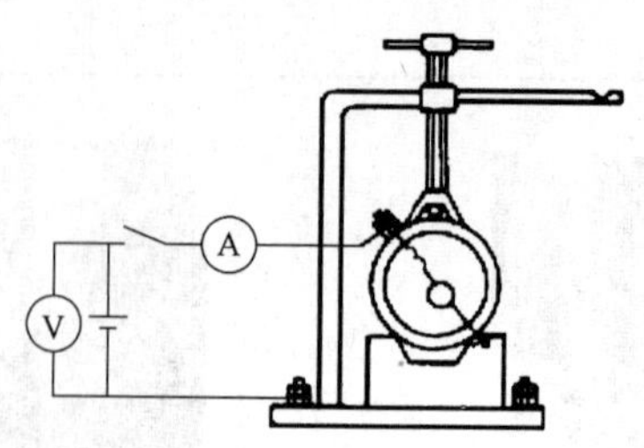

▲连接试验电路

2）接通起动机电路，起动机应运转平稳，无碰擦声，且电刷无强烈火花产生。

说明：此时电压表、电流表和转速表的读数应符合规定。若电流高而转速低，则说明起动机装配过紧或电枢磁场绕组有短路或搭铁故障；若电流和转速都小，则说明电路中接触电阻过大，有接触不良之处。

（2）全制动试验（力矩试验）

1）将起动机固定在试验台上，使制动力矩杠杆（扭力杠杆）的一端夹住起动机起动齿轮，另一端挂在弹簧秤上。

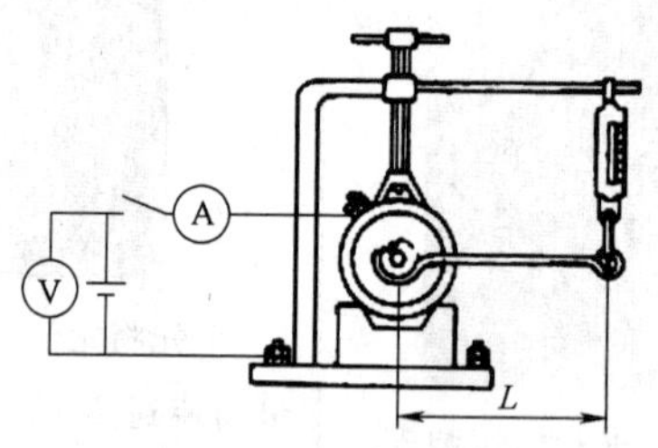

▲安装力矩杠杆

2）接通起动机电路（接通时间不大于5s），观察单向滑轮是否打滑，并迅速记下电流表、电压表和弹簧秤读数，然后与原技术标准对照。

说明：若力矩小而电流大，则说明电枢和磁场绕组中有搭铁短路故障；若力矩和电流都小，则说明电路中有接触不良之处；若驱动齿轮不转而电枢轴缓慢转动，则说明单向滑轮打滑。

试题2　发电机的检修

一、考核要求

1）拆检、装配发电机。

2）口述主要零件的修理方法和技术要求。

二、考核时间

30min。

三、设备及设施准备

序号	名　　称	单位	数量	备　注
1	发电机	台	1	—
2	电器万能试验台	台	1	—

（续）

序号	名　　称	单位	数量	备　　注
3	平台	对	1	—
4	弹簧秤	只	1	—
5	百分表	块	1	—
6	游标卡尺	把	1	—
7	梅花扳手	把	1	—
8	呆扳手	把	1	—
9	套筒扳手	把	1	—
10	指示式扭力扳手	把	1	—
11	万用表	块	1	—
12	锯条	根	1	—
13	V形架	对	1	—
14	秒表	块	1	用于计时
15	轴承顶拔器	件	1	—
16	棉纱	团	1	—

四、配分与评分标准

<table>
<tr><th>序号</th><th>作业项目</th><th>考核内容及要求</th><th>配分</th><th>评分标准</th><th>考核记录</th><th>扣分</th><th>得分</th></tr>
<tr><td>1</td><td>正确选用工具、量具</td><td>选用工具、量具齐全并准确</td><td>5</td><td>缺一件扣1分，选错一件扣1分，扣完为止</td><td></td><td></td><td></td></tr>
<tr><td rowspan="2">2</td><td rowspan="2">准备</td><td rowspan="2">检修前的准备</td><td rowspan="2">5</td><td>准备不充分，每次扣2.5分，扣完为止</td><td rowspan="2"></td><td rowspan="2"></td><td rowspan="2"></td></tr>
<tr><td>准备失误扣5分</td></tr>
<tr><td>3</td><td>解体</td><td>—</td><td>10</td><td>每出现一处操作错误扣2分</td><td></td><td></td><td></td></tr>
<tr><td rowspan="12">4</td><td rowspan="12">主要零件的检修（修理方法可口述）</td><td rowspan="3">转子总成的检修</td><td rowspan="3">8</td><td>检验方法不正确扣4分</td><td rowspan="6"></td><td rowspan="12"></td><td rowspan="12"></td></tr>
<tr><td>检验结果不正确扣2分</td></tr>
<tr><td>修理方法不正确扣2分</td></tr>
<tr><td rowspan="3">定子绕组的检修</td><td rowspan="3">6</td><td>检验方法不正确扣2分</td></tr>
<tr><td>检验结果不正确扣2分</td></tr>
<tr><td>修理方法不正确扣4分</td></tr>
<tr><td rowspan="3">电刷总成的检修</td><td rowspan="3">6</td><td>检验方法不正确扣2分</td><td rowspan="6"></td></tr>
<tr><td>检验结果不正确扣2分</td></tr>
<tr><td>修理方法不正确扣2分</td></tr>
<tr><td rowspan="3">整流板的检修</td><td rowspan="3">10</td><td>检验方法不正确扣4分</td></tr>
<tr><td>检验结果不正确扣4分</td></tr>
<tr><td>修理方法不正确扣2分</td></tr>
</table>

（续）

序号	作业项目	考核内容及要求	配分	评分标准	考核记录	扣分	得分
5	组装	组装工艺和方法	10	每出现一处错误扣2分			
6	检验起动机的工作性能	用万能试验台检验起动机的工作性能	10	检验方法不正确扣5分			
				检验结果不正确扣5分			
7	正确使用工具、量具	工具、量具使用正确	10	一种工具、量具使用不正确扣2分，扣完为止			
				损坏或丢失一件工具、量具不得分			
8	操作规程	操作规程执行情况	15	违反操作规程不得分			
9	清理现场	清理、擦洗并回收工具和量具	5	少收一件工具或量具扣1分，扣完为止			
10	分数总计		100				

否定项说明：出现重大安全事故按0分计

五、基本操作步骤

操作步骤描述：拆卸→检修转子→检修定子→检查整流器→检查电刷组件→检查其他零件→安装→试验。

1. 发电机的拆卸

1 拆卸发电机带轮：先用专用扳手固定带轮，然后拧下紧固螺母（其拧紧力矩为35N·m），取下带轮

2 拆下轴承座架与外壳的连接螺栓，使轴承座架、转子与外壳分离，用专用拉具将转子从轴承座上取下

3 旋下二极管底板与外壳的连接螺钉，将二极管底板与定子一起从外壳内取出

4 用电烙铁熔开二极管底板与定子线圈的焊接点（75A发电机为3点，90A发电机为4点），使二者分离。熔开时，为避免电子元件过热，应用尖嘴钳夹住线头帮助散热

2. 发电机的检修

（1）定子的检修

1 定子表面不得有刮痕，导线表面不得有碰伤、绝缘漆剥落现象，绕组不得有搭铁、短路或断路现象

2 搭铁情况的检查：用万用表分别测量定子铁心与绕组各端头（75A 为 3 个，90A 为 4 个）之间的电阻值，其数值应为无穷大，否则表明有搭铁故障

3 断路情况的检查：用万用表分别测量每两个绕组端头之间的电阻，每次测得的电阻值均不得超过 0.1Ω，否则说明有断路故障

（2）转子的检修

1 转子表面不得有刮痕，否则说明轴承松旷，应更换前后轴承；集电环表面应光洁平整，两集电环之间的槽内不得有油污或异物；转子绕组不允许有搭铁、短路或断路故障

2 搭铁情况检查：用万用表检查集电环与转子之间的电阻，其数值应为无穷大，否则说明有搭铁故障

3 断路及短路检查：用万用表检查两集电环之间的电阻，其数值应为 3～4Ω，若大于此值（如为无穷大），则表明有断路故障，当阻值小于 3Ω 时，说明有短路故障

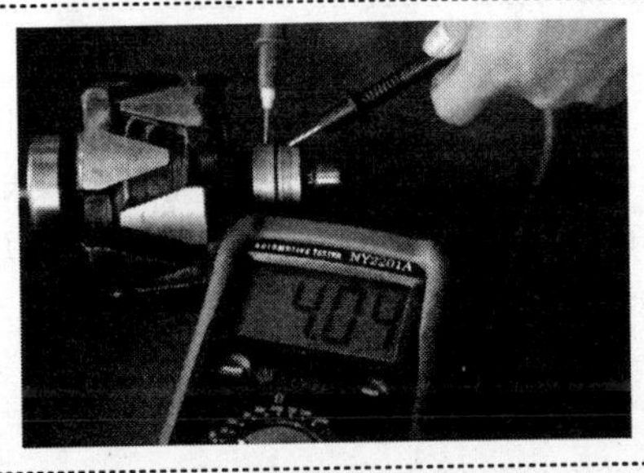

(3) 二极管底板的检修

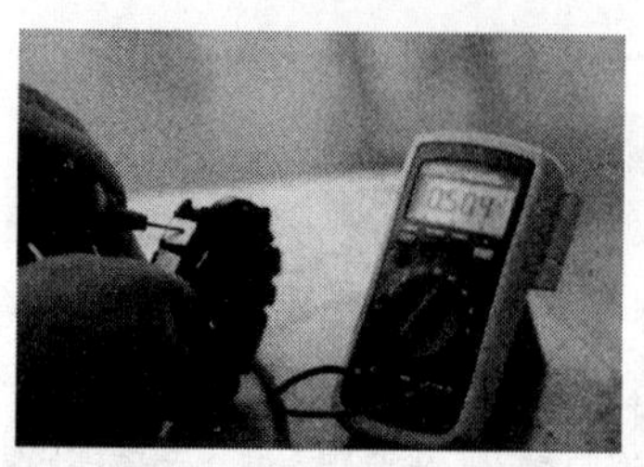

1 检查二极管正向电阻：将万用表的负极表笔接二极管底板上的粗螺栓（B+），正极表笔依次接与定子绕组相接的各接点（75A 为 3 点，90A 为 4 点），每次测量的电阻值均应为 50～80Ω

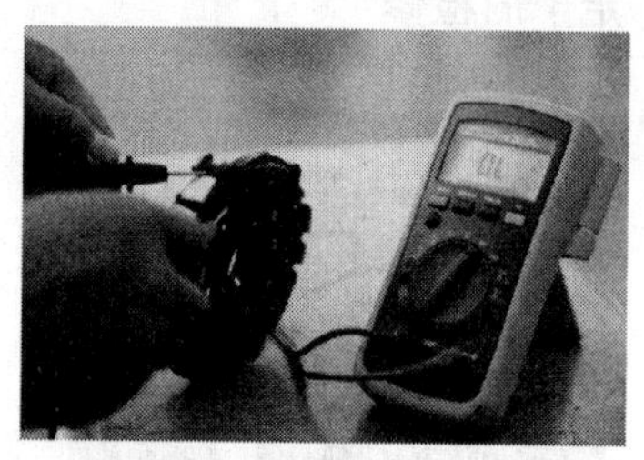

2 检查二极管反向电阻：将万用表正极表笔接散热架（负极），负极表笔依次与各接点（75A 为 3 点，90A 为 4 点）相接，每次测量的电阻值均须在 1000kΩ 以上

(4) 检查励磁二极管

将万用表负极表笔接二极管底板上的细螺栓（D+），正极表笔依次接各接点（75A 为 3，90A 为 4 点），每次测量的电阻值均须为50～80Ω

以上各项测量值若有误差，必须更换二极管底板（二极管底板只能整体更换）

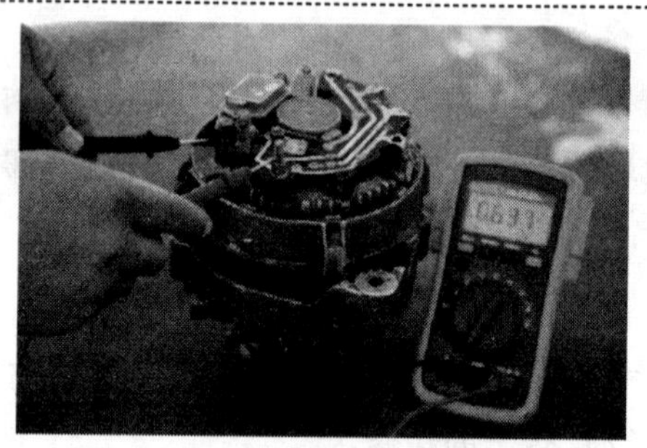

(5) 电刷及电刷架的检修

新电刷的长度为 13mm，允许磨损极限为 5mm，超过此极限时应更换电刷。电刷表面若有油污，则应用干布擦拭干净。电刷在电刷架内应滑动自如。电刷架不能有裂纹，若弹簧折断或有锈蚀现象，则应更换弹簧

(6) 集电环的检修

集电环表面若烧蚀严重或失圆，则可用车床进行修整，其最大偏摆量应不超过 0.05mm，最后用细砂布抛光并吹净粉屑

（7）其他部件的检修

1 发电机壳体不得有裂纹，若轴承内缺油，则应更换轴承，不宜加油后继续使用

2 传动带槽内不能有毛刺，以免损伤传动带。带轮轴孔与轴的配合过盈量为0.01～0.04mm，若松旷，则应加工修复。转子轴承的轴向间隙和径向间隙不应大于0.20mm，否则应更换转子轴承

3. 发电机的装配

发电机的装配可按拆卸的相反顺序进行。在装配过程中应注意以下问题：

1）不得漏装各绝缘衬套及绝缘垫圈。

2）对于发电机前、后端盖及定子铁心应按装配标记对正装合。

3）应按规定的力矩拧紧各螺栓。

4）装合后，转子在定子内应转动灵活，无碰擦现象，否则应拧松前、后端盖紧固螺栓，边转动转子，边用木质器具轻轻敲击发电机端盖边缘，直至转子转动灵活，然后将紧固螺栓均匀拧紧。

5）硅整流发电机的所有接线必须连接正确，并谨防各接头接地，蓄电池必须负极搭铁。各线路在连接好之前，最好不要转动发电机，以防烧坏二极管、熔丝及线路。

6）发电机装车后，应检查其传动带的张力。检查方法是：用拇指以39.2～49N的力按压传动带中间部位时，其挠度应为8～12mm，否则应将木棒放在发电机前盖处撬动调整，直至符合要求（不得在后盖处撬动，以防后盖变形而损坏元件），调好后将紧固螺栓锁紧。

4. 发电机的性能检验（在试验台上检验）

发电机组装完毕后，应进行技术性能检验。

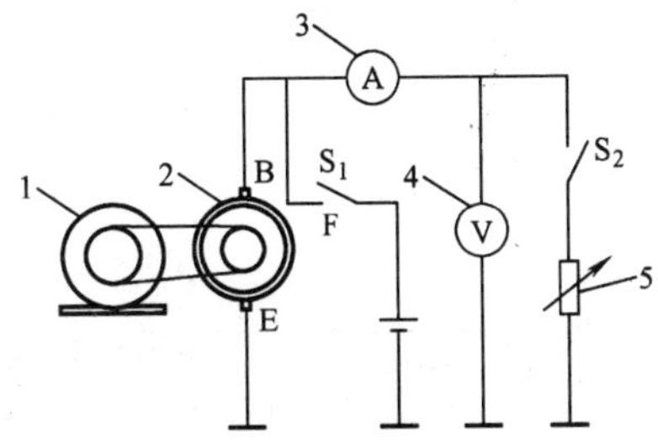

▲发电机试验电路

1—可调速电动机　2—发电机　3—电流表　4—电压表　5—可调电阻

（1）空载检验　先将开关 S_1 闭合，由蓄电池对发电机进行励磁，并起动可调速电动机，然后断开开关 S_1，逐渐提高发电机的转速，当电压表指示的电压值达到 12.5～14.5V 时，发电机的转速应不大于 1050r/min，否则应查明故障原因并进行排除。

（2）满载试验　发电机空载检验符合要求后，再进行满载试验，即接通开关 S_2，逐渐提高发电机的转速并减小负载电阻值，当电压达到 12.5～14.5V，输出电流达到 104A 时，发电机的转速应不超过 6000r/min，否则应查明故障原因并进行排除。

第三部分　汽车故障诊断与排除

第七章　诊断与排除发动机故障

试题1　诊断与排除发动机起动困难故障

一、考核要求

1）按程序进行汽车故障的诊断与排除。

2）能正确地分析判断结果。

二、考核时间

50min。

三、设备及设施准备

序号	名　称	单位	数量	备注
1	汽车	辆	1	存在发动机起动困难故障
2	试灯	台	1	—
3	万用表	块	1	—
4	常用工具、量具	套	1	—
5	秒表	块	1	用于计时

四、配分与评分标准

序号	作业项目	考核内容及要求	配分	评分标准	考核记录	扣分	得分
1	正确选用工具、量具	选用工具、量具齐全并准确	5	缺一件扣1分，选错一件扣1分，扣完为止			
2	根据故障现象分析故障原因	运用正确的方法确认故障，分析产生故障的原因，说出至少3种主要原因	25	故障确认不准确扣5～10分，分析原因不相关扣4～15分，每少说1项扣5分，扣完为止			
3	诊断故障	用正确的方法诊断故障	30	诊断方法错误扣5～10分，诊断步骤每错一步扣5～10分，诊断结果错误不得分			
4	排除故障	运用正确方法排除故障	20	不能排除故障扣10分，自制一处故障扣5分			
5	验证故障排除效果	按照要求验证故障排除效果	5	验证方法不当扣1～5分，不进行验证扣5分			

（续）

序号	作业项目	考核内容及要求	配分	评分标准	考核记录	扣分	得分
6	正确使用工具、量具	工具、量具使用正确	5	一种工具、量具使用不正确扣1分，扣完为止			
				损坏或丢失一件工具、量具不得分			
7	操作规程	操作规程执行情况	5	违反操作规程不得分			
8	清理现场	清理、擦洗并回收工具和量具	5	少收一件工具或量具扣1分，扣完为止			
				未回收不得分			
9	分数总计		100				
否定项说明：无							

五、试题分析

1. 故障现象

发动机冷车、热车均起动困难；起动时毫无着火征兆，或者有着火征兆而着火后又逐渐熄火。

2. 故障原因

1）供油不足，燃油泵故障，燃油有杂质或水。

2）混合气过稀或过浓。

3）火花塞 、分电器或点火线圈有故障。

4）蓄电池电力不足、接头腐蚀或松动。

5）个别气缸断火不工作。

6）点火过迟或过早。

7）机械原因，例如起动机故障。

六、故障排除

1. 检查油路

1）冷车起动困难，主要是由混合气过稀造成的。此时应检查阻风门关闭是否严密，检查油路是否阻塞或漏气。

2）热车起动困难，主要是由混合气过浓所致。

2. 检查电路

1）进行高压线试火试验，若火花弱，则按次序检查低压电路接触是否松动，点火线圈是否损坏。

2）进行高压线试火试验，若火花不均，个别气缸有断火现象，则按次序检查火花塞间隙是否一致，瓷芯是否因裂损而漏电，高压线是否受潮、漏电或松脱，分电器盖是否因存在裂缝而窜电，高压分火触点是否烧损或磨损，分火头是否漏电。

3）若通过以上检查仍不能使之正常起动，则应检查点火是否正时，按点火过早或过迟故障进行处理。

试题 2　诊断与排除发动机怠速不稳故障

一、考核要求

1）按顺序进行汽车故障的诊断与排除。

2）能正确地分析判断结果。

二、考核时间

50min。

三、设备及设施准备

序号	名　　称	单位	数量	备注
1	汽车	辆	1	存在发动机怠速不稳故障
2	试灯	台	1	—
3	万用表	块	1	—
4	常用工具、量具	套	1	—
5	秒表	块	1	用于计时

四、配分与评分标准

同试题 1。

五、试题分析

1. 故障现象

发动机怠速运转时，转速不均匀且有抖动现象。

2. 故障原因

1）怠速调整螺钉调整不当。

2）节气门固定螺钉松动或节气门松旷。

3）节气门边缘与怠速喷嘴的位置不合适。

4）进、排气歧管与气缸接触处衬垫损坏漏气。

5）曲轴箱的单向阀密封不严导致漏气。

6）个别气缸不工作或点火时间过早。

六、故障排除方法

1）检查并调整怠速调整螺钉。

2）检查节气门在轴上的固定螺钉是否松动，节气门轴是否松旷漏气。

3）检查节气门边缘与怠速喷嘴的位置。

4）检查进、排气歧管与气缸体衬垫是否漏气。

5）检查节气门间隙是否正常。

6）用单缸断火法检查各气缸的工作情况：若某气缸断火后怠速无变化，则说明该气缸不工作；若断火后怠速更不稳或熄火，则说明发动机各气缸均工作。

试题 3　检查与排除发动机功率不足故障

一、考核要求

1）按顺序进行汽车故障的诊断与排除。

2）能正确地分析判断结果。

二、考核时间

50min。

三、设备及设施准备

序号	名　称	单位	数量	备注
1	汽车	辆	1	存在发动机功率不足故障
2	试灯	台	1	—
3	万用表	块	1	—
4	常用工具、量具	套	1	—
5	秒表	块	1	用于计时

四、配分与评分标准

同试题1。

五、试题分析

1. 故障现象

发动机运转无力。

2. 故障原因

（1）点火系统方面的原因

1）火花塞间隙不符合标准。

2）分电器分火头损坏。

3）各气缸点火次序错乱。

4）点火正时不正确。

5）高压火弱。

6）电子点火器及脉冲信号发生器内部有故障。

（2）配气机构的主要原因

1）气门配气相位失准。

2）气门密封不严。

3）气门弹簧变弱或变短。

（3）燃油供给系统的原因

1）燃油管道有尘土阻塞或燃油中有水分。

2）汽油泵有故障。

3）空气滤清器堵塞。

4）排放控制系统有缺陷或调整不当。

5）排气系统阻塞。

（4）其他原因　引起发动机功率下降的原因还有气缸盖密封不严、机油品质变差等。

六、故障排除方法

1）首先检查点火系统各气缸火花塞间隙是否在0.7～0.9mm之间，分电器分火头是否损坏，点火正时是否正确，高压线有无漏电现象，点火线圈是否短路等，若发现故障，则应进行针对性的修理，然后检查电子点火器、信号发生器工作是否正常。必要时对各损坏部件或不符合要求的零件进行修复、调整或更换，以保证点火系统正常工作。

2）检查气门是否泄漏，若泄漏，则应修研或更换；检查气门弹簧弹力是否变小，自由长度是否变短。

3）检查燃油供给系统，如燃油管道中是否有堵塞或气阻现象，汽油泵工作是否正常，空气滤清器是否堵塞，排气系统是否堵塞等。

4）检查发动机机油的品质是否符合要求，若不符合要求，则应更换；检查气缸盖垫、进排气歧管垫是否破损，必要时予以更换。

试题4　诊断与排除连杆轴承异响故障

一、考核要求

1）按顺序进行汽车故障的诊断与排除。

2）能正确地分析判断结果。

二、考核时间

50min。

三、设备及设施准备

序号	名　　称	单位	数量	备注
1	汽车	辆	1	存在连杆轴承异响故障
2	试灯	台	1	—
3	万用表	块	1	—
4	常用工具、量具	套	1	—
5	秒表	块	1	用于计时

四、配分与评分标准

同试题1。

五、试题分析

1. 故障现象

1）发出比曲轴轴承敲击轻缓而短促的“铛铛”声响，怠速时声响较小，中速时较为明显，突然加速时，敲击声随之增大。

2）当发动机负荷增加时，声响也会随之增大。

3）当发动机温度发生变化时，声响并不变化。

4）断火后声响会明显减弱甚至消失。

2. 故障原因

1）连杆轴承与轴颈磨损过量，导致径向间隙过大。

2）连杆轴承盖的紧固螺栓松动或折断。

3）轴承合金烧毁或脱落。

4）连杆轴颈失圆，使轴颈与轴承之间接触不良。

5）曲轴主油道堵塞或润滑系统有故障，造成轴承润滑不良。

六、故障排除方法

1. 变换转速试验

使发动机怠速运转，然后由怠速向低速，由低速向中速，再由中速向高速加大节气门开度进行试验，同时结合逐缸断火法和在加机油口处听诊等方法反复进行试验，响声随着转速的升高而增大，抖动节气门时在加油的瞬间异响突出。响声严重时在任何转速下均可听到，甚至在怠速时也可听到清晰明显的敲击声。

2. 断火试验

在怠速、中速和高速情况下，逐缸反复进行断火试验，若某气缸断火后响声明显减弱或消失，在复火的瞬间又能立即出现，则可断定为该气缸连杆轴承发出异响。

3. 听诊

用听诊器或简易听诊杆触在机体上听诊，往往不易听清楚，但在加机油口处直接倾听，可清楚地听到连杆轴承敲击声。

4. 检查机油压力

诊断中要注意检查机油压力。响声严重，又伴随有机油压力降低，往往是区别连杆轴承响与活塞销响及活塞敲缸响的重要依据。

试题5　诊断与排除正时齿轮（或齿带、链条）异响故障

一、考核要求

1）按顺序进行汽车故障的诊断与排除。

2）能正确地分析判断结果。

二、考核时间

50min。

三、设备及设施准备

序号	名　　称	单位	数量	备注
1	汽车	辆	1	存在正时齿轮（或齿带、链条）异响故障
2	试灯	台	1	—
3	万用表	块	1	—
4	常用工具、量具	套	1	—
5	秒表	块	1	用于计时

四、配分与评分标准

同试题1。

五、试题分析

1. 故障现象

1）声响比较复杂，有时有节奏，有时无节奏，有时间断响，有时又是连续响。

2）当发动机怠速运转或转速有变化时，在正时齿轮室盖处发出杂乱而轻微的噪声，转速提高后噪声消失，急减速时此噪声尾随出现。

3）有的声响不受温度和单缸断火试验的影响；有的声响受温度影响，温度低时无噪声，温度正常后才出现噪声。

4）有的声响伴随正时齿轮室盖振动，有的声响不伴随振动。

2. 故障原因

1）正时齿轮啮合间隙过大或过小。

2）曲轴和凸轮轴中心线不平行，造成齿轮啮合失常。

3）更换曲轴和凸轮轴轴承后，改变了齿轮啮合位置。

4）凸轮轴正时齿轮松动。

5）凸轮轴正时齿轮轮齿折损或齿轮径向破裂。

六、故障排除方法

1）当发动机怠速运转时，若发出有节奏的轻微的“嘎啦、嘎啦”声，中速时突出，高速时杂乱，用螺钉旋具触及正时齿轮盖部位，听诊时响声更明显，则说明正时齿轮啮合间隙过大。

2）若声响的大小随着发动机转速变化而变化，且声响类似于“呼啸”声，则说明齿轮啮合不良。

3）当发动机怠速运转时，发出有节奏的“哽哽”声响，发动机转速提高，声响也随之加大，则说明齿轮啮合不均匀。

4）将发动机转速逐渐提高到某一较高的转速，若突然发出强烈而杂乱的声响，而急减速时同样会发出一声“嘎”的声响（正时齿轮盖有振动感），然后消失，则说明凸轮轴正时齿轮松动。

5）若新车大修或更换正时齿轮后出现连续不断的“呜呜”声，发动机转速越高响声越大，则大多是由齿轮啮合间隙过小所致。

试题6　诊断与排除气门异响故障

一、考核要求

1）按程序进行汽车故障的诊断与排除。

2）能正确地分析判断结果。

二、考核时间

50min。

三、设备及设施准备

序号	名　　称	单位	数量	备注
1	汽车	辆	1	存在气门异响故障
2	试灯	台	1	—
3	万用表	块	1	—
4	常用工具、量具	套	1	—
5	秒表	块	1	用于计时

四、配分与评分标准

同试题1。

五、试题分析

1. 故障现象

1）发动机怠速运转时，发出有节奏的“嗒嗒”声响。

2）发动机转速增高，声响也随之增高，中速以上运转时，声响变得模糊嘈杂。

3）当发动机温度变化或进行断火试验时，声响都不变化。

2. 故障原因

1）气门杆端和调整螺钉（或摇臂）磨损或调整不当，使气门间隙过大，导致顶置式气门的摇臂头部与气门端部碰撞。

2）凸轮磨损过量，在运转过程中气门挺柱跳动。

3）气门弹簧座脱落。

4）气门挺柱固定螺母松动或调整螺栓端面不平。

5）气门导管因积炭过多而咬住气门。

六、故障排除方法

1）在气门室侧或气门罩听察，若声响随着发动机转速不同而发生改变，且高、中、低速时均有异响，同时发动机温度变化或断火试验时声响并不随之变化，则为气门响。

2）拆下气门室盖或罩，使发动机怠速运转，并将塞尺插入气门端部与气门挺柱间隙中，逐个试验。在将塞尺插入后，如果声响减轻，但未消失，可用螺钉旋具撬住气门杆，若声响消失，则说明气门间隙过大，原因是气门杆导管磨损。

试题7　诊断与排除发动机温度过高故障

一、考核要求

1）按顺序进行汽车故障的诊断与排除。

2）能正确地分析判断结果。

二、考核时间

50min。

三、设备及设施准备

序号	名　称	单位	数量	备注
1	汽车	辆	1	存在发动机温度过高故障
2	试灯	台	1	—
3	万用表	块	1	—
4	常用工具、量具	套	1	—
5	秒表	块	1	用于计时

四、配分与评分标准

同试题1。

五、试题分析

1. 故障现象

1）在交通不畅或发动机长时间怠速运转时，冷却液温度表显示温度过高，电风扇在高速挡工作时间过长，发动机噪声增大，开空调时故障最为明显。

2）在开空调时，发动机怠速运转不稳，在转速上下浮动过大，发动机急加速无力，有异响。

3）热车熄火十几分钟后，再起动时困难，热车行驶时有时会自动熄火。

4）冷车时空调制冷温度很低，热车时空调制冷效果不好，而且空调系统内有较大的共振嗡鸣声。

5）在热车怠速时，空调压缩机离合器吸断频繁，甚至断开，造成热车空调不制冷。

2. 故障原因

1）散热器风扇传动带断裂。

2）气缸垫烧坏。

六、故障排除方法

1）若运行中发动机突然过热，则应首先注意电流表动态。若加大节气门时电流表不指示充电，指针只是由放电 3～5A 间歇摆回“0”位，则说明风扇传动带断裂。若电流表指示充电，则应使发动机熄火，用手触摸散热器和发动机。若发动机温度过高而散热器温度低，则说明水泵轴与叶轮松脱，使冷却液循环中断；若发动机与散热器温度差别不大，则应查找冷却系统有无严重泄漏处。

2）若冷却液在发动机起动后不久即升高至沸腾，则原因多为节温器主阀门脱落并横在散热器进水管内，阻碍了冷却液的大循环。因为这种故障能使冷却系统内压力迅速升高，当内压力达到一定程度时会突然冲开阻滞的主阀门，使其改变方位，迅猛地导通大循环水路。在行驶过程中发现冷却液沸腾时，应立即停车，使发动机低速运转至冷却液温度正常后再熄火检查，绝对不许掺冷水降温，以防温差变化太大造成有关零件内应力增大而产生裂纹。

3）气缸垫烧坏，有时也能使散热器口向外溢水或排出气泡，呈现出冷却液沸腾的状态。这主要是因为气缸垫烧坏或气缸盖、气缸套出现裂纹，使燃烧室内高压气体窜入水套而冒出水泡。若气缸垫或气缸盖的裂纹与润滑油路相通，则散热器中还会出现油迹。

4）检查水泵的泵水效能。如果不在冬季或者散热器下部通水管未冻结，可检查水泵的泵水效能。检查时用手握住发动机顶部至散热器的通水软管，然后使发动机由怠速加速至某一高速，若感到通水软管内水的流速随着发动机转速的增加而加快，则说明水泵工作正常；反之，则说明水泵泵水效能丧失或欠佳。

5）若水泵工作正常，则检查节温器的工作效能。用手触试发动机气缸体、气缸盖和小循环通水管，感到温差不大，且很烫；触试气缸盖至散热器的通水软管和散热器上部，感到不烫；触试散热器下部及下部通水软管，感到温度很低。这说明节温器大循环阀门打不开，造成冷却系统大循环中断。

6）若节温器工作正常，则发动机过热的原因可能是冷却系统内部的锈污和水垢沉积太厚，或分水管锈烂，丧失了分水能力等。

试题 8　诊断与排除发动机缺火（个别气缸不点火）故障

一、考核要求

1）按程序进行汽车故障的诊断与排除。

2）能正确地分析判断结果。

二、考核时间

50min。

三、设备及设施准备

序号	名　　称	单位	数量	备注
1	汽车	辆	1	存在发动机缺火（个别气缸不点火）故障
2	试灯	台	1	—
3	万用表	块	1	—
4	常用工具、量具	套	1	—
5	秒表	块	1	用于计时

四、配分与评分标准

同试题1。

五、试题分析

1. 故障现象

1）发动机在各种转速运转时，消声器发出有节奏的“突突”声。

2）发动机运转不稳定，排气管冒黑烟，甚至“放炮”。

2. 故障原因

1）少数高压分线脱落或漏电。

2）分电器盖个别旁插孔漏电或窜电。

3）分电器凸轮磨损不均匀，分电器轴松旷偏摆。

4）个别火花塞工作不良，如积炭、电极间隙过大或过小、潮湿或油污、裙部破裂等。

5）相邻两高压分线插错。

六、故障排除方法

1）检查高压分线是否脱落。

2）诊断缺火缸：依次取下各气缸高压分线，在某气缸断火后，若发动机运转更加不稳定，则说明该气缸工作正常；若发动机运转无变化，则说明该气缸不工作。

3）诊断缺火缸缺火的原因

① 取下缺火缸的高压线，使线端距离气缸盖4～5mm。在发动机运转时，该高压线端若有强烈的周期性高压火花，则说明该气缸火花塞存在故障；若无高压火花，则说明该高压线、分电器盖漏电或分电器断电触点间隙不均匀。

② 进一步检查：将高压线与火花塞接好，从分电器上取下另一端，并距离分电器盖插孔3～5mm。当发动机运转时，该间隙处若周期性地有高压火花产生，则说明高压线漏电；若无高压火花，则说明分电器盖或断电触点间隙有故障。

第八章　诊断与排除汽车底盘故障

试题1　诊断与排除离合器异响故障

一、考核要求

1）按顺序进行汽车故障的诊断与排除。

2）能正确地分析判断结果。

二、考核时间

50min。

三、设备及设施准备

序号	名　称	单位	数量	备　注
1	汽车	辆	1	存在离合器异响故障
2	常用工具、量具	套	1	—
3	秒表	块	1	用于计时

四、配分与评分标准

序号	作业项目	考核内容及要求	配分	评分标准	考核记录	扣分	得分
1	正确选用工具、量具	选用工具、量具齐全并准确	5	缺一件扣1分，选错一件扣1分，扣完为止			
2	根据故障现象，分析故障原因	运用正确的方法确认故障，分析产生故障的原因，说出至少3种主要原因	25	故障确认不准确扣5～10分，分析原因不相关扣4～15分，每少说1项扣5分，扣完为止			
3	诊断故障	用正确的方法诊断故障	30	诊断方法错误扣5～10分，诊断步骤每错一步扣5～10分，诊断结果错误不得分			
4	排除故障	运用正确的方法排除故障	20	不能排除扣10分 自制一处故障扣5分			
5	验证排除效果	按照要求验证排除效果	5	验证方法不当扣1～5分，不进行验证扣5分			
6	正确使用工具、量具	工具、量具使用正确	5	一种工具、量具使用不正确扣1分，扣完为止 损坏或丢失一件工具、量具不得分			
7	操作规程	操作规程执行情况	5	违反操作规程不得分			
8	清理现场	清理、擦洗并回收工具和量具	5	少收一件工具或量具扣1分，扣完为止 未回收不得分			
9	分数总计		100				

否定项说明：无

五、试题分析

1. 故障现象

在使用离合器时有不正常的响声产生。

2. 故障原因

1）分离轴承磨损严重或缺油，轴承复位弹簧过软、折断或脱落。

2）分离杠杆支撑销孔因磨损而松旷。

3）从动钢片铆钉松动，钢片碎裂或减振弹簧折断。

4）离合器踏板复位弹簧过软、脱落或折断。

5）传动销与孔磨损松旷。

6）从动盘毂与变速器第一轴花键磨损严重。

六、故障排除方法

1）少许踩下离合器踏板，使分离杠杆与分离轴承接触，若有“沙沙”的响声，则为分离轴承响。若加油后仍有响声，则为轴承磨损松旷或损坏。检查分离轴承，若损坏或磨损量过大，则应换用新的轴承。

2）踩下、放松离合器踏板时，若出现间断的碰击声，则为分离轴承前后滑动响声，应检查分离轴承复位弹簧，如失效，应更换。

3）若将离合器踏板踩到底时出现响声，放松离合器踏板后响声消失，则为离合器传动销与销孔磨损松旷。

4）连踩离合器踏板，若在离合器刚接触或分开时有响声，则应检查分离杠杆或支架销与孔是否磨损松旷，或铆钉松动和摩擦片铆钉外露，如有则更换。

5）若发动机一起动就有响声，将离合器踏板提起后响声消失，则为离合器踏板复位弹簧失效，应更换复位弹簧（注意：所有弹簧同时更换）。

试题2　诊断与排除变速器异响故障

一、考核要求

1）按顺序进行汽车故障的诊断与排除。

2）能正确地分析判断结果。

二、考核时间

50min。

三、设备及设施准备

序号	名　称	单位	数量	备　注
1	汽车	辆	1	存在变速器异响故障
2	常用工具、量具	套	1	—
3	秒表	块	1	用于计时

四、配分与评分标准

同试题1。

五、试题分析

变速器的异常声响主要是由于轴承磨损松旷或齿轮间不正常啮合而引起的噪声，大致表现在空挡发响和挂挡后发响。

1. 空挡发响故障

(1) 空挡发响故障现象　发动机怠速运转，变速器处于空挡位置时有异响，踏下离合器踏板后响声消失。

(2) 空挡发响故障原因

1) 变速器与发动机安装时曲轴与变速器第一轴中心线不同心或变速器壳变形。

2) 第二轴前轴承磨损，积存有污垢，轴承表面起毛刺。

3) 变速器常啮合齿轮磨损、齿侧间隙过大，或个别齿轮轮齿缺损。

4) 常啮齿轮未成对更换，啮合不良。

5) 轴承松旷、损坏或齿轮轴向间隙大。

6) 拨叉与接合套间隙过大。

2. 挂挡后发响故障

(1) 挂挡后发响故障现象

1) 变速器挂入挡位后发响。

2) 当汽车以40km/h以上的速度行驶时，发出不正常声响，且车速越高，声响越大；当滑行或低速时，响声减小或消失。

(2) 挂挡后发响故障原因

1) 变速器内齿轮轴弯曲变形，轴的花键与滑动齿轮毂配合松旷。

2) 齿轮啮合不当或轴承松旷。

3) 操纵机构各连接处松动，变速叉变形。

4) 主、从动锥齿轮配合间隙过大。

六、故障排除方法

1) 发动机怠速运转，变速器空挡有异响，踩下离合器踏板后声响消失，多为常啮齿轮啮合不良。

2) 变速器各挡均有声响，多为基础件、轴、齿轮或花键磨损，使形位误差超限。

3) 挂入某挡声响严重，说明该挡齿轮磨损严重。

4) 起动后尚未挂挡就出现响声，且在汽车运行中车速变化时声响严重，说明输出轴前后轴承响。

试题3　诊断与排除传动轴高速振动故障

一、考核要求

1) 按顺序进行汽车故障的诊断与排除。

2) 能正确地分析判断结果。

二、考核时间

50min。

三、设备及设施准备

序号	名　称	单位	数量	备　注
1	汽车	辆	1	存在传动轴高速振动故障
2	常用工具、量具	套	1	
3	秒表	块	1	用于计时

四、配分与评分标准

同试题1。

五、试题分析

1. 故障现象

汽车在行驶过程中传动轴产生振动并传递给车身，从而引起车身振动和噪声。其振动一般与车速成正比例关系。

2. 故障原因

1）万向节严重磨损。

2）传动轴产生弯曲或扭转变形。

3）传动轴不平衡或连接部件松动。

4）变速器输出轴花键齿磨损严重。

5）中间支承齿轮磨损或中间支承松动。

六、故障排除方法

1）首先检查万向节磨损情况，如果磨损严重，对于普通十字轴万向节，应更换十字轴轴承；对于等速万向节，应更换整个万向节。

2）传动轴弯曲和扭转变形也常常引起振动和噪声，在汽车高速行驶时还有可能造成花键脱落。检查传动轴直线度误差，如果超过极限，应更换传动轴或进行校正。

3）在排除上述故障后，若传动轴工作仍不正常，则应对传动轴进行平衡检验，重新对平衡进行调整。

4）如果是由于传动轴连接部件松动而引起的振动，只需拧紧安装螺母即可。

5）检查花键齿磨损情况，当超过规定极限时，应更换相关部件。

6）当中间支承轴承磨损或缓冲橡胶垫损坏时，应予以更换；如果安装松动，需按规定力矩将固定螺钉拧紧。

试题4　诊断与排除驱动桥异响故障

一、考核要求

1）按顺序进行汽车故障的诊断与排除。

2）能正确地分析判断结果。

二、考核时间

50min。

三、设备及设施准备

序号	名　称	单位	数量	备　注
1	汽车	辆	1	存在驱动桥异响故障
2	常用工具、量具	套	1	—
3	秒表	块	1	用于计时

四、配分与评分标准

同试题1。

五、试题分析

1. 故障现象

当汽车以40km/h以上的速度行驶时，驱动桥会发出一种不正常的响声，且车速越高响声越大，而当滑行或低速行驶时响声减小或消失。

2. 故障原因

1）齿轮或轴承严重磨损或损坏。

2）主、从动齿轮配合间隙过大。

3）从动齿轮铆钉或螺栓松动。

4）差速器齿轮、半轴内端或半轴齿轮花键磨损松旷。

六、故障排除方法

1）停车检查，当发现驱动桥有不正常的响声时，可将驱动桥架起，起动发动机并挂上挡，然后迅速改变车速，察听驱动桥响声来源，以判断故障所在部位。随即熄火并放入空挡，在传动轴停止转动后，用手转动传动轴凸缘，若有松旷感觉，则为啮合间隙过大；若感到一点活动量都没有，则说明啮合间隙过小，此时应调整啮合间隙。

2）汽车在行驶时，若车速越高响声越大，而滑行时响声减小或消失，则一般是由于传动轴轴承磨损松旷或齿轮啮合间隙失常造成的；若在急速改变车速或上坡时出现声响，则为齿轮啮合间隙过大，应予调整。

3）若汽车在转弯时出现声响，则多为差速器行星齿轮啮合间隙过大或半轴齿轮及键槽磨损造成的，严重时应拆下来修理。

4）若在行驶中听到驱动桥有突然响声，则多为齿轮损坏，应立即停车检查。若继续行驶，将会打坏齿轮，使汽车停驶。

试题5 诊断与排除转向沉重故障

一、考核要求

1）按顺序进行汽车故障的诊断与排除。

2）能正确地分析判断结果。

二、考核时间

50min。

三、设备及设施准备

序号	名　称	单位	数量	备　注
1	汽车	辆	1	存在转向沉重故障
2	常用工具、量具	套	1	—
3	秒表	块	1	用于计时

四、配分与评分标准

同试题1。

五、试题分析

1. 机械式转向系统转向沉重故障的原因

1）转向器缺润滑油。

2）前轮胎气压不足。

3）前轮定位角不正确。

4）转向器小齿轮与齿条啮合间隙太小。

5）转向器或转向柱的轴承损坏。

6）转向横拉杆球头销缺油或损坏。

2. 动力转向系统转向沉重故障的原因

1）液压泵的传动带松动。

2）液压油油位低。

3）转向器与转向柱不对正。

4）下连接凸缘松转。

5）轮胎充气不当。

6）流量控制阀卡住。

7）液压泵输出压力不够。

8）液压泵内油液泄漏量过大。

9）转向器内油液泄漏量过大。

六、故障排除方法

1. 机械式转向系统转向沉重故障的排除方法

1）转向器缺润滑油，造成转向沉重。该故障的排除方法是按规定向转向器加注转向润滑油。

2）前轮胎气压不足，造成转向沉重。该故障的排除方法是按规定气压向前轮轮胎充气。

3）前轮定位角不正确，造成转向沉重。该故障的排除方法是正确检查与调整前轮定位角。

4）转向器小齿轮与齿条啮合间隙太小，造成转向沉重。该故障的排除方法是调整小齿轮的预紧力。

5）转向器或转向柱的轴承损坏，造成转向沉重。该故障的排除方法是更换轴承。

6）转向横拉杆球头销缺润滑油或损坏，造成转向沉重。该故障的排除方法是加注润滑油或更换球头销。

2. 动力转向系统转向沉重故障的诊断与排除

1）按规定调整传动带张力。

2）加液压油到规定油位，若油位过低，则检查所有管路和接头，拧紧松动的接头。

3）对正转向器和转向管柱。

4）松开夹紧螺栓，正确地装配。

5）按规定压力充气。

试题6　诊断与排除传动轴异响故障

一、考核要求

1）按顺序进行汽车故障的诊断与排除。

2）能正确地分析判断结果。

二、考核时间

50min。

三、设备及设施准备

序号	名　称	单位	数量	备　注
1	汽车	辆	1	存在传动轴异响故障
2	常用工具、量具	套	1	—
3	秒表	块	1	用于计时

四、配分与评分标准

同试题1。

五、试题分析

1. 故障现象

汽车行驶中传动装置发出周期性的响声，并且车速越高响声越大，严重时伴随有车身震抖。

2. 故障原因

原因主要是传动轴变形或平衡块脱落等，造成传动轴动不平衡；其次是中间支承吊架固定螺栓松动或万向节凸缘盘连接螺栓松动，使传动轴偏斜，造成传动轴动不平衡。

六、故障排除方法

1）进行传动轴动平衡诊断。

2）检查中间支承吊架固定螺栓和万向节凸缘盘连接螺栓是否松动，若松动，则异响由此引起，拧紧相应螺栓即可。

试题7　诊断与排除制动跑偏故障

一、考核要求

1）按顺序进行汽车故障的诊断与排除。

2）能正确地分析判断结果。

二、考核时间

50min。

三、设备及设施准备

序号	名　称	单位	数量	备　注
1	汽车	辆	1	存在制动跑偏故障
2	常用工具、量具	套	1	—
3	秒表	块	1	用于计时

四、配分与评分标准

同试题1。

五、试题分析

1. 故障现象

两侧车轮不能同时制动，造成制动车辆跑偏或不能沿直线方向停车。

2. 故障原因

1）左、右制动鼓间隙不一致。

2）个别车轮摩擦片有油污、硬化或铆钉外露。

3）个别制动气室推杆弯曲变形、膜片破裂、气管或接头漏气。

4）个别制动凸轮轴被卡住。

5）车轮制动器回位弹簧拉力不一致。

6）个别制动鼓失圆。

六、诊断排除方法

1）踏住制动踏板，查看各部位有无漏气状况，若有，则进行修复。

2）查看制动气室推杆是否弯曲或卡住。

3）测量制动鼓和制动蹄的间隙。

4）清除制动蹄片上的油污。

5）检查回位弹簧、制动鼓失圆情况，并视具体情况进行修理或更换。

试题8　诊断与排除制动器引起的制动拖滞故障

一、考核要求

1）按顺序进行汽车故障的诊断与排除。

2）能正确地分析判断结果。

二、考核时间

50min。

三、设备及设施准备

序号	名　称	单位	数量	备　注
1	汽车	辆	1	存在由制动器引起的制动拖滞故障
2	常用工具、量具	套	1	—
3	秒表	块	1	用于计时

四、配分与评分标准

同试题1。

五、试题分析

1. 故障现象

1）踏下制动踏板时感到高而硬，踏不下去；汽车起步困难，行使无力；当松抬加速踏板踏下离合器时，仍有制动感觉。

2）在汽车行驶一定距离后，用手触摸制动鼓，感觉发热。

2. 故障原因

1）制动踏板自由行程过小或无自由行程。

2）制动主缸皮碗发胀，复位弹簧过软，致使制动主缸皮碗堵住旁通孔不能回油。

3）制动轮缸皮碗发胀、老化、变形，影响活塞运动。

4）制动蹄摩擦片与制动鼓间隙过小，制动蹄复位弹簧过软、折断。

5）制动蹄与制动蹄轴锈蚀，使制动蹄转动复位困难。

6）制动管凹瘪、老化或油管内有污物堵塞，使回油不畅。

六、故障排除方法

1）在汽车行驶一定距离后，用手触摸制动鼓，感觉发热，表明故障在制动主缸；若个别制动鼓发热，则故障在车轮制动器。

2）若故障在制动主缸，则应先检查制动踏板自由行程是否过小，若过小，则应予以调整。

3）若制动踏板自由行程符合规定，但放松制动踏板时不能迅速复位，则应检查制动踏板复位弹簧弹力、踏板轴及连杆机构的润滑情况，必要时进行修理或更换。

4）若制动踏板复位良好，则可将制动主缸储液缸盖打开，连续踏、松制动踏板，观察回油情况。若不回油，则表明制动主缸回油孔堵塞，应予以疏通；若回油缓慢，则应拆检制动主缸，检查皮碗和复位弹簧。

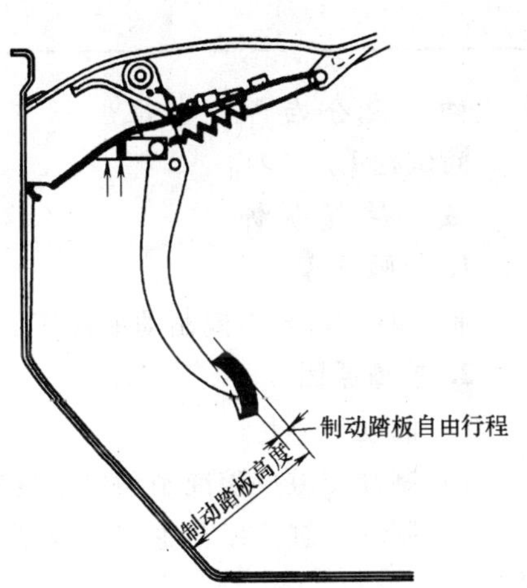

▲检查制动踏板自由行程

5）若故障在车轮制动器，则应先拧松放气螺钉，排出制动轮缸内的部分制动液，在拧松放气螺钉后，若制动解除，则为油管堵塞，应予以疏通；若仍不能解除制动，则应调整制动鼓与制动蹄片之间的间隙。

6）经上述检查后，若制动仍然拖滞，则进一步拆检车轮制动器。

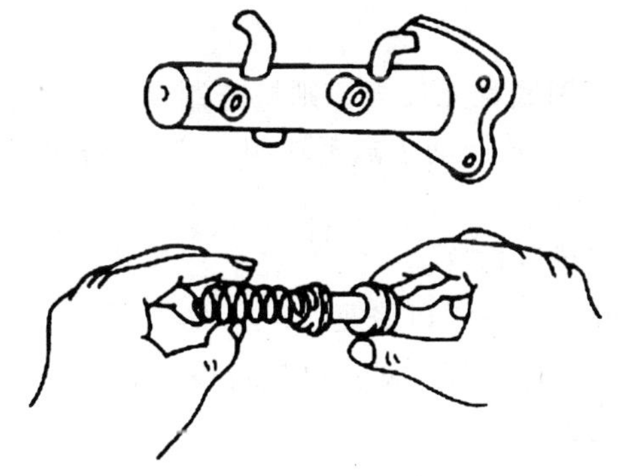
▲检查制动主缸活塞、皮碗和复位弹簧是否完好

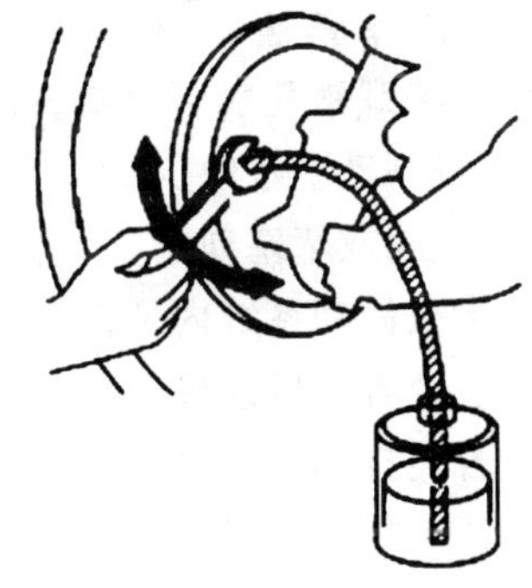
▲排出制动轮缸内的部分制动液

试题9　诊断与排除液压制动失效故障

一、考核要求

1）按顺序进行汽车故障的诊断与排除。

2）能正确地分析判断结果。

二、考核时间

50min。

三、设备及设施准备

序号	名　称	单位	数量	备　注
1	汽车	辆	1	存在液压制动失效故障
2	常用工具、量具	套	1	—
3	秒表	块	1	用于计时

四、配分与评分标准

同试题 1。

五、试题分析

1. 故障现象

制动时，汽车不能制动或停车。

2. 故障原因

1）制动液不足。

2）制动主缸皮碗或制动轮缸皮碗损坏或翻转。

3）制动主缸活塞与主缸壁或制动轮缸活塞与轮缸壁磨损过量，松旷漏油，活塞复位弹簧过软或折断。

4）制动管路内有气阻。

5）制动管路被堵塞或管路渗漏。

6）车轮制动器磨损严重，制动间隙过大或摩擦片有油污，铆钉外露。

7）制动踏板自由行程过大。

8）某机械连接部位脱开，踏下制动踏板时，制动主缸活塞不移动。

六、故障排除方法

1）连续踩踏几次制动踏板，若制动踏板始终到底且无反力，则检查制动主缸是否缺少制动液。若制动主缸缺少制动液，则应按规定添加；若制动主缸不缺制动液，则检查管路和接头有无破漏或堵塞现象，如有，应进行修理或更换。

2）检查制动系统内是否有空气，若有，则应予以排气。

3）检查各机械连接部位是否脱开，若已脱开，则应予以修复。

4）若连接部位无松脱，则应调整主缸推杆的自由行程或对主缸进行检修。

5）若上述检查情况良好，则应检修车轮制动器。

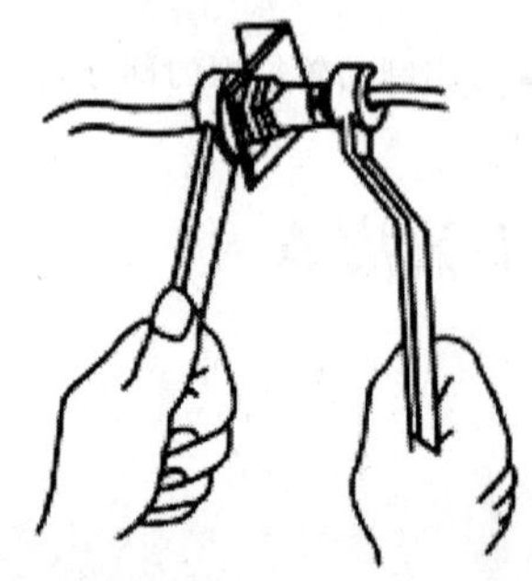

▲检查油管接头

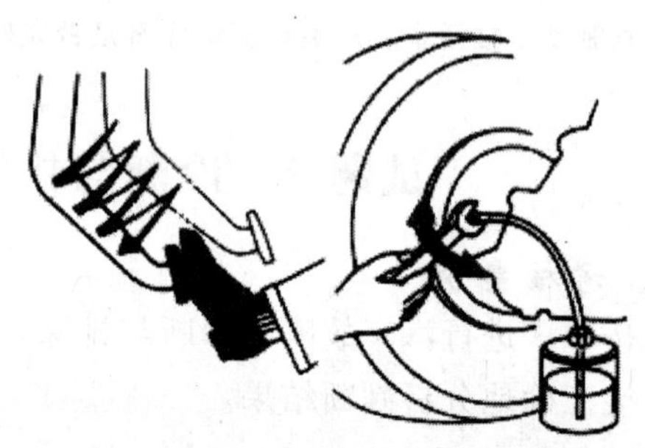

▲排除制动系统中的空气

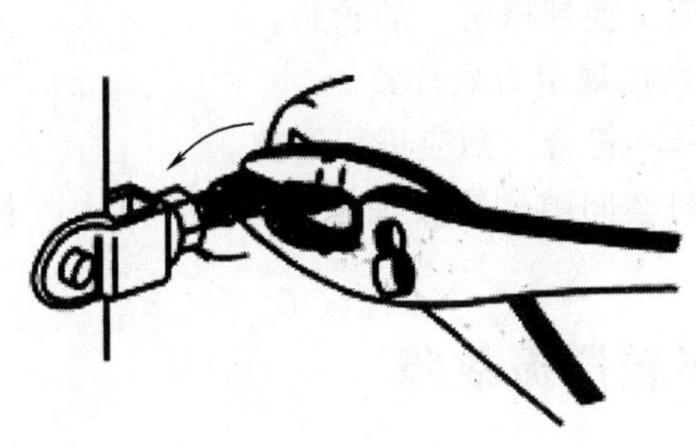

▲调整主缸推杆自由行程

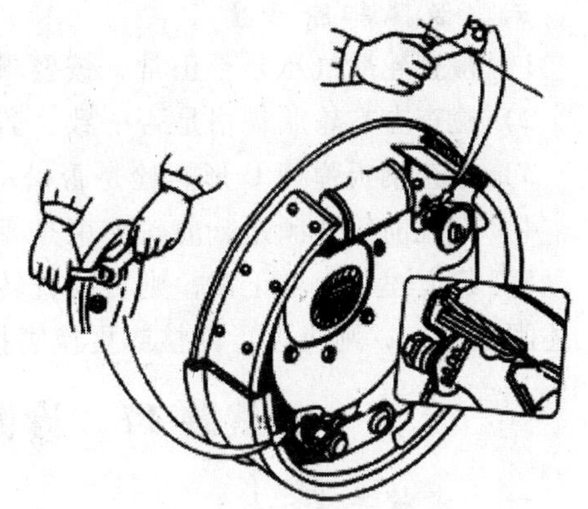

▲检修车轮制动器

试题 10　诊断与排除轮胎异常磨损故障

一、考核要求

1）按顺序进行汽车故障的诊断与排除。

2）能正确地分析判断结果。

二、考核时间

50min。

三、设备及设施准备

序号	名　称	单位	数量	备　注
1	汽车	辆	1	存在轮胎异常磨损故障
2	常用工具、量具	套	1	—
3	秒表	块	1	用于计时

四、配分与评分标准

同试题 1。

五、试题分析

1. 故障现象

轮胎出现非正常磨损，如正面或一侧快速磨损。

2. 故障原因

1）前轮外倾角、前轮前束不符合要求。

2）前轴、车架或转向节变形。

3）横、直拉杆球头销与球头销座磨损松旷。

4）钢板弹簧 U 形螺栓松动。

5）车轮轮毂轴承因磨损而松旷。

6）车轮不平衡量过大。

7）轮胎气压不正常。

8）左、右轮胎尺寸规格不一样。

六、故障排除方法

1）检查轮胎气压是否正常，按要求对轮胎进行放气或充气。

2）检查左右轮胎规格是否一致，若不一致，则应更换规格统一的轮胎。

3）检查钢板弹簧U形螺栓是否松动，若松动，则按规定力矩拧紧。

4）检查前轮外倾角、前轮前束是否符合要求，若不符合，则应进行调整。

5）若上述检查均正常，则再检查转向节主销与衬套间隙、轮毂轴承间隙是否过大。若上述间隙过大，则应进行调整或更换磨损零件。

试题11　诊断与排除车轮摆振故障

一、考核要求

1）按顺序进行汽车故障的诊断与排除。

2）能正确地分析判断结果。

二、考核时间

50min。

三、设备及设施准备

序号	名　称	单位	数量	备　注
1	汽车	辆	1	存在车轮摆振故障
2	常用工具、量具	套	1	—
3	秒表	块	1	用于计时

四、配分与评分标准

同试题1。

五、试题分析

1. 故障现象

1）行驶时有蛇行现象，转向操纵不稳，慢速时感到前轮摇摆。

2）高速时前轮摆动，转向盘抖动，手发麻。

2. 故障原因

1）蜗杆轴上、下轴承间隙过大，摇臂轴上的双销与蜗杆啮合间隙过大。

2）转向节主销与衬套或横直拉杆球头销磨损松旷。

3）前束过大，车轮外倾角、主销后倾角变小。

4）前轮轮毂轴承间隙过大或锁紧螺母松动。

5）转向垂臂与摇臂轴的紧固螺母松动。

6）车架变形或铆钉松动，前轴变形，前轮轮辋变形，前轮毂螺栓不全。

六、故障排除方法

1. 路试

当前轮摆振时，可进行路试。路试时，一个人站在路边观察从500m外开来的车，观察哪个车轮摆振得厉害。

2. 停车检查

用千斤顶顶起前轮，查找不平衡点。检查时最好让发动机怠速运转，通过发动机的振动来确定车轮的较重部位。具体做法是：用手将转动灵活的车轮转动 2～3 转，在车轮停止转动后，用粉笔做个记号，记住下边较重的部位；连续做 3 次，每次都做记号，然后观察记号是否都停在一个部位。若每次最低位置的记号都一样，则说明该点是不平衡点，或称为偏重的方位，车轮处于静不平衡状态；若车轮每次自然停止时粉笔的记号位置都不一样，并且该记号无论转到那里，用手停住车轮后，车轮都能稳妥地停在那里，则车轮处于静平衡状态。

处于静不平衡状态的车轮在高速旋转时，会产生很大的离心力，从而引起车轮周期性的跳动，这就是摆振。若轮胎没问题，则检查轮圈和制动鼓（或制动盘），方法与检查轮胎时相同，不过应该松开制动，拆下轮胎（不得有发卡现象），在制动鼓（盘）转动灵活时再进行检查。制动鼓（盘）因薄厚不一，同样可以造成车辆摆振。

当认为某个前轮有不平衡问题时，属于轮胎问题，应进行换位，然后路试；若不属于轮胎问题，则应检查制动鼓和轮圈，对于前驱动轿车，应检查制动盘或前半轴。

对于静不平衡的轮胎，可采取黏结平衡块的方法来确定它是否达到平衡，方法是：将较重的部位转到轮胎中心的水平线上，观察轮胎是否静止，若静止，则将较重部位放在另一面上再做试验，若仍静止，则表示车轮已经平衡。不平衡的轮胎装在后轮一般不会出什么问题。

3. 分析原因

大部分轿车前轮采用独立悬架，取消了转向节主销及套，其悬架衬套及球头销等一般不容易松旷，横直拉杆球头也很少松旷，因此一般不会引起前轮摆振。根据实践经验，这种故障大都在车辆行驶 10 000km 以后发生，而且极少是转向拉杆球头销或悬架松旷所致，多数是前轮不平衡所致。车轮在使用时，由于变形、磨损或更换零配件，会打乱原来的配合。在修理过程中的堆焊、镗削等也会使车轮失去平衡，致使前轮产生摆振。

第九章　诊断与排除汽车电器设备故障

试题1　诊断与排除充电电流不稳故障

一、考核要求

1）按顺序进行汽车故障的诊断与排除。

2）能正确地分析判断结果。

二、考核时间

50min。

三、设备及设施准备

序号	名　　称	单位	数量	备　　注
1	汽车	辆	1	存在充电电流不稳故障
2	试灯	台	1	—
3	万用表	块	1	—
4	常用工具、量具	套	1	—
5	秒表	块	1	用于计时

四、配分与评分标准

序号	作业项目	考核内容与要求	配分	评分标准	考核记录	扣分	得分
1	正确选用工具、量具	选用工具、量具齐全并准确	5	缺一件扣1分，选错一件扣1分，扣完为止			
2	根据故障现象，分析故障原因	运用正确的方法确认故障，分析产生故障的原因，说出至少3种主要原因	25	故障确认不准确扣5～10分，分析原因不相关扣4～15分，每少说1项扣5分，扣完为止			
3	诊断故障	用正确的方法诊断故障	30	诊断方法错误扣5～10分，诊断步骤每错一步扣5～10分，诊断结果错误不得分			
4	排除故障	运用正确的方法排除故障	20	不能排除故障扣10分			
				自制一处故障扣5分			
5	验证排除效果	按照要求验证排除效果	5	验证方法不当扣1～5分，不进行验证扣5分			
6	正确使用工具、量具	工具、量具使用正确	5	一种工具、量具使用不正确扣1分，扣完为止			
				损坏或丢失一件工具、量具不得分			

（续）

序号	作业项目	考核内容与要求	配分	评分标准	考核记录	扣分	得分
7	操作规程	操作规程执行情况	5	违反操作规程不得分			
8	清理现场	清理、擦洗并回收工具和量具	5	少收一件工具或量具扣1分，扣完为止			
				未回收不得分			
9	分数总计		100				

否定项说明：无

五、试题分析

1. 故障现象

1）在发动机以大于中速的转速运转时，电流表指示充电电流忽大忽小或时充时放，指针摆动幅度大。

2）充电指示灯忽明忽暗。

2. 故障原因

1）风扇传动带打滑。

2）充电系统连接导线接触不良或插接件松动。

3）发动机内部定子或转子线圈某处有断路或短路，集电环脏污，电刷接触不良或电刷弹簧过软、折断。

4）电压调节器有关电路板松动或搭铁不良。

六、故障排除方法

1）检查风扇传动带的张紧度，必要时调整。

2）检查并紧固各导线连接处或插头。

3）拆除调节器的“+”与“F”接线柱的连接线并使之悬空，用试灯连通发电机的该两接线柱，然后使发电机转速不断升高，观察电流表。

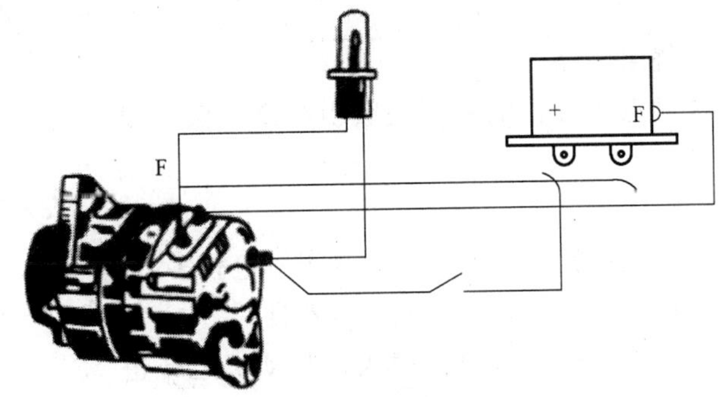

▲充电电流不稳的检查

① 若电流表反应稳定，灯亮而不闪，则表明发电机外磁场电路接触不良或调节器的低速触点烧蚀。

② 若电流表指针左右摆动，灯亮而闪光，则表明发电机外充电电路接触不良；若灯不亮，则表明发电机内部接触不良。

试题2 诊断与排除起动机转动无力故障

一、考核要求

1）按顺序进行汽车故障的诊断与排除。

2）能正确地分析判断结果。

二、考核时间

50min。

三、设备及设施准备

序号	名 称	单位	数量	备 注
1	汽车	辆	1	存在起动机转动无力故障
2	试灯	台	1	—
3	万用表	块	1	—
4	常用工具、量具	套	1	—
5	秒表	块	1	用于计时

四、配分与评分标准

同试题1。

五、试题分析

1. 故障现象

1）起动机运转缓慢无力，不能带动发动机正常运转。

2）在接通起动机开关后，起动机只是发出“咔嗒”一声响，但不转动。

2. 故障原因

1）蓄电池亏电太多，或起动电路因接头松动、脏污而接触不良。

2）起动机轴承过松或过紧，起动机电枢轴因弯曲而与磁极碰擦。

3）换向器与电刷间脏污、烧蚀，电刷磨损过量，弹簧过软。

4）电枢绕组或磁场绕组短路。

5）起动机电磁开关触点烧蚀，电磁开关吸引线圈、保持线圈断路或短路。

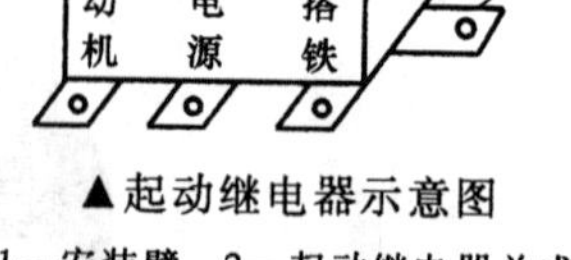

▲起动继电器示意图

1—安装臂 2—起动继电器总成 3—点火锁

六、故障排除方法

1）打开前照灯，按喇叭按钮，判断蓄电池是否亏电较多。

2）检查起动电路各连接导线是否松动或接触不良。

3）短接起动机两个主接线柱，若电流很大，起动机运转正常，则表明蓄电池到起动机电路良好，故障在电磁开关；若起动机仍无力，则起动机内部绕组可能有短路或搭铁处。

试题3 诊断与排除高压无火故障

一、考核要求

1）按程序进行汽车故障的诊断与排除。

2）能正确地分析判断结果。

二、考核时间

50min。

三、设备及设施准备

序号	名　称	单位	数量	备　注
1	汽车	辆	1	存在高压无火故障
2	试灯	台	1	—
3	万用表	块	1	—
4	常用工具、量具	套	1	—
5	秒表	块	1	用于计时

四、配分与评分标准

同试题1。

五、试题分析

1. 故障现象

打开点火开关，起动发动机，电流表动态正常，即电流表指针在5～7A之间间歇摆动，但发动机无着火征兆，不能起动。

2. 故障原因

1）点火线圈次级绕组断路或短路。

2）分火头漏电。

3）分电器盖漏电或中心电极脱落。

4）火花塞工作不良。

六、故障排除方法

1）打开点火开关，从分电器盖上拔出中心高压线，使其端头距气缸体5～7mm，拨动触点试火，若无火花，则应检查点火线圈。

2）在对中心高压线进行试火时，若有强烈的火花，则可装上分电器盖，起动发动机，对高压分线进行试火（若有火花，则应检查火花塞；若无火花，则故障在分火头、分电器盖、高压分线），然后再逐项检查。

3）检查火花塞是否漏电，电极是否潮湿或积炭过多，间隙是否符合标准。

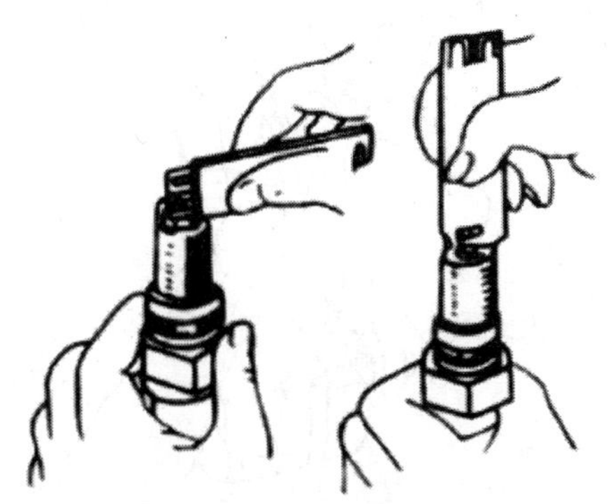

▲火花塞间隙的检查与调整

4）分火头的检验。若中心高压线末端对分火头跳出火花，表明分火头已击穿。

5）分电气盖应检查其中心电极是否完好，盖体是否裂损或窜电。

试题4 诊断与排除发电机异响故障

一、考核要求

1）按顺序进行汽车故障的诊断与排除。

2）能正确地分析判断结果。

二、考核时间

50min。

三、设备及设施准备

序号	名　称	单位	数量	备　注
1	汽车	辆	1	存在发电机异响故障
2	试灯	台	1	—
3	万用表	块	1	—
4	常用工具、量具	套	1	—
5	秒表	块	1	用于计时

四、配分与评分标准

同试题1。

五、试题分析

1. 故障现象

发电机运转时发出连续或断续的噪声。

2. 故障原因

1）传动带张紧度调整不当。

2）发电机轴承润滑不良、损坏。

3）转子与定子之间碰擦。

4）发电机风扇或传动带盘与壳体碰撞。

六、故障排除方法

1）检查风扇传动带张紧度。

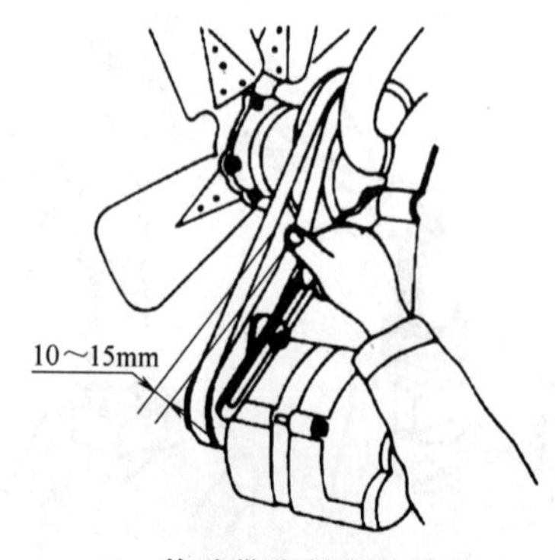

▲ 传动带张紧度的检查

2）观察发电机外部运转动态，是否碰擦，若碰擦，则进行调整。

3）触摸发电机，若温度过高，则表明转子与定子碰擦，应检修。

试题5　诊断与排除喇叭不响故障

一、考核要求

1）按顺序进行汽车故障的诊断与排除。

2）能正确地分析判断结果。

二、考核时间

50min。

三、设备及设施准备

序号	名　称	单位	数量	备　注
1	汽车	辆	1	存在喇叭不响故障
2	试灯	台	1	—
3	万用表	块	1	—
4	常用工具、量具	套	1	—
5	秒表	块	1	用于计时

四、配分与评分标准

同试题1。

五、试题分析

1. 故障现象

按下喇叭按钮，喇叭不响。

2. 故障原因

1）喇叭电源电路短路。

2）喇叭线圈烧坏或有脱焊之处。

3）继电器触点烧蚀或气隙过大，弹簧过紧。

4）喇叭按钮接触不良、接地搭铁不良或其导线断路。

5）喇叭衔铁气隙过大。

六、故障排除方法

1）检查相线是否有电，方法是：用螺钉旋具在喇叭继电器“电池”接线柱与搭铁处刮火，若无火花，则说明相线中有断路，应检查蓄电池→熔断器→喇叭继电器“电池”接线柱之间的电路有无断路处。

2）若相线有电，则用螺钉旋具将喇叭继电器的“电池”与“喇叭”两接线柱短接。若喇叭仍不响，则说明喇叭有故障；若喇叭响，则说明喇叭继电器或按钮有故障。

3）按喇叭按钮，倾听继电器内有无声响。若有“咯嗒”声（触点闭合），但喇叭不响，则说明继电器触点氧化或烧蚀；若继电器内无“咯嗒”响声，则用螺钉旋具将喇叭按钮接线柱与搭铁处短接。此时如果继电器触点闭合，喇叭响，则说明按钮因氧化锈蚀或脏污而接触不良；若继电器触点仍不能闭合，喇叭依然不响，则说明继电器线圈中有断路。

4）若按下喇叭按钮，喇叭只发出“嗒”一声后就不响了，则故障在喇叭内部，可拆下喇叭盖再按下按钮，观察喇叭触点是否打开。若不能打开，则应重新调整；若能打开，则应检查触点间隙以及电容器或灭弧电阻是否短路。

5）按下喇叭按钮后喇叭不响，检查电路，发现熔丝熔断，则首先应检查电路中是否有搭铁等短路故障。方法是：在断开的熔断器两端串上一只试灯，若试灯亮，则熔断器到喇叭继电器这一段电路中有搭铁处；若试灯不亮，则可再按下按钮，若此时试灯再亮，则为继电器到喇叭这一段电路有搭铁处，再用断路法找到搭铁部位加以排除即可。

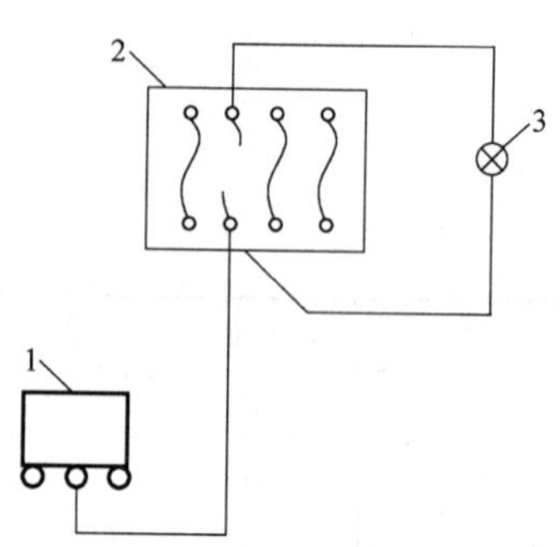

▲ 用试灯检查喇叭搭铁故障

1—喇叭继电器 2—熔丝盒 3—试灯

试题6 诊断与排除空调压缩机不运转故障

一、考核要求

1. 按顺序进行汽车故障的诊断与排除。
2. 能正确地分析判断结果。

二、考核时间

50min。

三、设备及设施准备

序号	名　称	单位	数量	备　注
1	汽车	辆	1	存在空调压缩机不运转故障
2	试灯	台	1	—
3	万用表	块	1	—
4	常用工具、量具	套	1	—
5	秒表	块	1	用于计时

四、配分与评分标准

同试题1。

五、试题分析

1. 故障现象

在空调开关接通后，制冷压缩机不转动，出风口只出风而无冷气。

2. 故障原因

1）空调熔丝熔断，电源线路接触不良，电磁离合器线圈烧断。

2）空调系统内无制冷机，造成低压开关或空调怠速安全电路起作用，从而将电路断开。

3）电磁离合器皮带盘与压力板接合面因磨损严重而打滑。

4）电磁离合器从动压力板联接半圆键松脱。

5）传动带因过松而打滑。

六、故障排除方法

1）检查空调熔丝是否熔断，若熔断，则更换；检查电源线路、插头和接头接触是否良好，若接触不良，则进行相应修理。

2）检查并调整离合器传动带的张紧度（方法与检查发动机风扇传动带张紧度相同），检查压缩机轴键的情况。

3）检查电磁离合器线圈是否断路，若断路，则更换新线圈。

4）检查及更换磨损严重的离合器传动带盘和压力板。

5）检查系统内有无制冷剂：旋下压缩机检修阀防尘盖，压下气门芯，看有无制冷剂，若无制冷剂，则表明低压开关起作用而将电路断开，此时应按规定抽真空后添加制冷剂。

6）调高怠速后，发动机运转正常，表明怠速安全装置起作用，应重调怠速，以适应发动机驱动空调设备的需要。

考核试卷

中级汽车修理工操作技能考核准备通知单

一、考场准备

1. 操作场地应光线充足，整洁无干扰，具有安全防火措施。
2. 操作场地应具有地沟和车辆举升机。
3. 考评员与考生比例为1:5。

二、车辆、设备、工具、量具和辅助准备

（一）维护

1. 桑塔纳 LX 型轿车 1 辆。
2. 前束尺 1 只。
3. 呆扳手、梅花扳手、套筒扳手、鲤鱼钳各 1 把。
4. 棉纱若干。

（二）修理

1. EQ6100 型发动机气缸盖 1 个。
2. 钢直尺、塞尺各 1 把。
3. 平台 1 块，量杯、注射器各 1 只，玻璃板 1 块。

（三）故障诊断排除

1. 完好的东风 EQ1092 型载货汽车 1 辆，并按故障设置要求设置故障。
2. 汽车废气分析仪 1 台，感应式发动机转速表 1 块，火花塞套筒、塞尺各 1 把。
3. 常用工具 1 套。
4. 故障设置及选取原则

序号	故障设置	选取原则
1	个别气缸工作不良	在所列故障设置中任选两项
2	点火时间过早	
3	气门间隙过大或过小	
4	怠速调整不当	

中级汽车修理工操作技能考核试卷

考生姓名：____________准考证号：____________工作单位：____________

一、说明

1. 本试卷的编制命题是从实际出发，以可行性、技术性和通用性为原则。
2. 本试卷依据《中华人民共和国职业技能鉴定规范》编制。
3. 本试卷适用于考核中级汽车修理工。
4. 本试卷无地域限制。
5. 本试卷含维护、修理、故障诊断与排除试题各一道。
6. 维护试题配分为25分，修理试题配分为35分，故障诊断与排除试题配分为40分，试卷满分为100分。

二、试题

（一）维护

桑塔纳LX型轿车前轮前束的检查与调整

考核要求：

1. 按正确的操作规程检查前轮前束。
2. 调整前轮前束，使之符合技术标准。

考核时间：30min。

（二）修理

EQ6100型发动机气缸盖的检修

考核要求：

1. 检查气缸盖各平面的平面度和燃烧室容积。
2. 口述各平面和燃烧室修理的方法和技术标准。

考核时间：30min。

（三）故障诊断与排除

东风EQ1092型载货汽车发动机怠速不稳故障的诊断与排除

考核要求：

1. 根据发动机怠速不稳故障的现象找出故障部位。
2. 排除发动机怠速不稳故障。

考核时间：50min。

中级汽车修理工操作技能考核评分记录表

考生姓名：__________准考证号：__________工作单位：__________

（一）维护

桑塔纳 LX 型轿车前轮前束的检查与调整

序号	作业项目	考核内容及要求	配分	评分标准	评分记录	扣分	得分
1	检查	在每一前轮轴线的胎面中心做记号	2	操作方法不正确扣 2 分			
		测量前轮前束值	6	测量方法不正确扣 6 分			
				测量结果不正确扣 2 分			
2	调整	调整前轮前束	10	调整方法不正确扣 6 分			
				调整结果不正确扣 2 分			
		调整完毕，再次检查前轮前束值	5	检查方法不正确扣 5 分			
				检查结果不正确扣 2 分			
3	安全文明生产	遵守安全操作规程，正确使用工具、量具，操作现场整洁	2	每项错误扣 1 分，扣完为止			
		安全用电，防火，无人身、设备事故		因违规操作发生重大人身和设备事故，此题按 0 分计			
4	分数合计		25				

技术标准：前轮前束为 -1 ~ 3mm。

评分人：　　　　　　年　月　日　　　　核分人：　　　　　　年　月　日

（二）修理

EQ6100 型发动机气缸盖的检修

序号	作业项目	考核内容及要求	配分	评分标准	评分记录	扣分	得分
1	检验气缸盖下平面的平面度	检验气缸盖下平面的平面度	15	检验方法不正确扣 5 分			
				检验结果不正确扣 2 分			
		检验气缸盖侧平面的平面度		检验方法不正确扣 5 分			
				检验结果不正确扣 2 分			

（续）

序号	作业项目	考核内容及要求	配分	评分标准	评分记录	扣分	得分
2	修理气缸盖结合面（口述）	下平面及侧平面的修理	6	修理方法不正确扣3分			
				技术要求叙述错误扣3分			
3	检查调整燃烧室容积	燃烧室容积的检查	10	检查方法不正确扣3分			
				检查结果不正确扣2分			
		燃烧室容积的调整（口述）		调整方法不正确扣2分			
				技术要求叙述错误扣3分			
4	安全文明生产	遵守安全操作规程，正确使用工具、量具，操作现场整洁	4	每项错误扣1分，扣完为止			
		安全用电，防火，无人身、设备事故		因违规操作发生重大人身和设备事故，此题按0分计			
5	分数合计			35			

技术标准：

1. 结合面的平面度误差不大于0.10mm。
2. 修理后燃烧室容积不小于公称容积的95%。
3. 同一台发动机各气缸燃烧室容积相差不大于平均值的4%。

评分人：　　　　年　月　日　　　　核分人：　　　　年　月　日

（三）故障诊断与排除

东风EQ1092型载货汽车发动机怠速不稳故障的诊断与排除

序号	考核内容及要求	配分	评分标准	考核记录	扣分	得分
1	正确使用工作仪器	4	使用方法错误扣4分			
			使用不当酌情扣分			
2	根据怠速不稳故障的现象，确定故障性质	6	确定结果错误扣6分			
3	确定故障原因	12	检查方法错误扣4分			
			检查程序错误扣4分			
			判断原因错误扣4分			
4	明确故障部位（口述）	4	确定故障扣4分			
5	排除发动机怠速不稳故障	10	不能排除故障10分			
			自制一处错误扣4分			
			不能完全排除故障酌情扣分			

（续）

序号	考核内容及要求	配分	评分标准	考核记录	扣分	得分
6	遵守安全操作规程，正确使用工具、量具，操作现场整洁	4	每项错误扣1分，扣完为止			
	安全用电，防火，无人身、设备事故		因违规操作发生重大人身和设备事故，此题按0分计			
7	分数总计	40				

技术标准：

1. 发动机怠速值500～600r/min。
2. 冷态时，进气门间隙为0.45～0.50mm，排气门间隙为0.55～0.60mm；热态时，进气门间隙为0.20～0.25mm，排气门间隙为0.25～0.28mm。
3. 火花塞间隙为0.60～0.70mm。
4. 发动机点火提前角为6°。
5. 发动机怠速时，污染物排放符合国家标准。

评分人：　　　　年　月　日　　　　核分人：　　　　年　月　日

参考文献

[1] 祖国海. 汽车修理工（初、中级）国家职业资格证书取证问答［M］. 2 版. 北京：机械工业出版社，2010.

[2] 中国就业培训技术指导中心. 汽车修理工（中级）［M］. 北京：中国劳动社会保障出版社，2008.

国家职业资格培训教材——鉴定培训教材系列

车工（中级）鉴定培训教材
铣工（中级）鉴定培训教材
磨工（中级）鉴定培训教材
数控车工（中级）鉴定培训教材
数控铣工/加工中心操作工（中级）鉴定培训教材
模具工（中级）鉴定培训教材
钳工（中级）鉴定培训教材
机修钳工（中级）鉴定培训教材
汽车修理工（中级）鉴定培训教材
制冷设备维修工（中级）鉴定培训教材
维修电工（中级）鉴定培训教材
铸造工（中级）鉴定培训教材
焊工（中级）鉴定培训教材
冷作钣金工（中级）鉴定培训教材
热处理工（中级）鉴定培训教材
涂装工（中级）鉴定培训教材
车工（高级）鉴定培训教材
铣工（高级）鉴定培训教材
磨工（高级）鉴定培训教材
数控车工（高级）鉴定培训教材
数控铣工/加工中心操作工（高级）鉴定培训教材
模具工（高级）鉴定培训教材
钳工（高级）鉴定培训教材
机修钳工（高级）鉴定培训教材
汽车修理工（高级）鉴定培训教材
制冷设备维修工（高级）鉴定培训教材
维修电工（高级）鉴定培训教材
铸造工（高级）鉴定培训教材
焊工（高级）鉴定培训教材
冷作钣金工（高级）鉴定培训教材
热处理工（高级）鉴定培训教材
涂装工（高级）鉴定培训教材

国家职业资格培训教材——操作技能鉴定实战详解系列

车工（中级）操作技能鉴定实战详解
铣工（中级）操作技能鉴定实战详解
数控车工（中级）操作技能鉴定实战详解
数控铣工/加工中心操作工（中级）操作技能鉴定实战详解
模具工（中级）操作技能鉴定实战详解
钳工（中级）操作技能鉴定实战详解
机修钳工（中级）操作技能鉴定实战详解
汽车修理工（中级）操作技能鉴定实战详解
制冷设备维修工（中级）操作技能鉴定实战详解
维修电工（中级）操作技能鉴定实战详解
铸造工（中级）操作技能鉴定实战详解
焊工（中级）操作技能鉴定实战详解
冷作钣金工（中级）操作技能鉴定实战详解
热处理工（中级）操作技能鉴定实战详解
涂装工（中级）操作技能鉴定实战详解
车工（高级）操作技能鉴定实战详解
铣工（高级）操作技能鉴定实战详解
数控车工（高级）操作技能鉴定实战详解
数控铣工/加工中心操作工（高级）操作技能鉴定实战详解

模具工（高级）操作技能鉴定实战详解
钳工（高级）操作技能鉴定实战详解
机修钳工（高级）操作技能鉴定实战详解
汽车修理工（高级）操作技能鉴定实战详解
制冷设备维修工（高级）操作技能鉴定实战详解
维修电工（高级）操作技能鉴定实战详解
铸造工（高级）操作技能鉴定实战详解
焊工（高级）操作技能鉴定实战详解
冷作钣金工（高级）操作技能鉴定实战详解
热处理工（高级）操作技能鉴定实战详解
涂装工（高级）操作技能鉴定实战详解
车工（技师、高级技师）操作技能鉴定实战详解
数控车工（技师、高级技师）操作技能鉴定实战详解
数控铣工（技师、高级技师）操作技能鉴定实战详解
钳工（技师、高级技师）操作技能鉴定实战详解
维修电工（技师、高级技师）操作技能鉴定实战详解
焊工（技师、高级技师）操作技能鉴定实战详解

国家职业资格培训教材——职业技能鉴定考核试题库系列

机械识图与制图鉴定考核试题库
机械基础鉴定考核试题库
电工基础鉴定考核试题库
车工职业技能鉴定考核试题库
铣工职业技能鉴定考核试题库
磨工职业技能鉴定考核试题库
数控车工职业技能鉴定考核试题库
数控铣工/加工中心操作工职业技能鉴定考核试题库
模具工职业技能鉴定考核试题库
钳工职业技能鉴定考核试题库
机修钳工职业技能鉴定考核试题库
汽车修理工职业技能鉴定考核试题库
制冷设备维修工职业技能鉴定考核试题库
维修电工职业技能鉴定考核试题库
铸造工职业技能鉴定考核试题库
焊工职业技能鉴定考核试题库
冷作钣金工职业技能鉴定考核试题库
热处理工职业技能鉴定考核试题库
涂装工职业技能鉴定考核试题库

读者信息反馈表

亲爱的读者：

您好！感谢您购买《汽车修理工（中级）操作技能鉴定实战详解》（王士刚 祖国海 编）一书。为了更好地为您服务，我们希望了解您的需求以及对我社教材的意见和建议，愿这小小的表格在我们之间架起一座沟通的桥梁。另外，如果您在培训中选用了本教材，我们将免费为您提供与本教材配套的电子课件。

姓名		所在单位名称			
性别		所从事工作(或专业)			
通信地址			邮编		
办公电话		移动电话			
E-mail		QQ			
1. 您选择图书时主要考虑的因素(在相应项后面画√) 出版社( ) 内容( ) 价格( ) 其他：________ 2. 您选择我们图书的途径(在相应项后面画√) 书目( ) 书店( ) 网站( ) 朋友推介( ) 其他：________					
希望我们与您经常保持联系的方式： □ 电子邮件信息 □ 定期邮寄书目 □ 通过编辑联络 □ 定期电话咨询					
您关注(或需要)哪些类图书和教材：					
您对本书的意见和建议(欢迎您指出本书的疏漏之处)：					
您近期的著书计划：					

请联系我们——

地　　址　北京市西城区百万庄大街22号　机械工业出版社技能教育分社

邮　　编　100037

社长电话　(010) 88379083　88379080

传　　真　(010) 68329397

营销编辑　(010) 88379534　88379535

免费电子课件索取方式：

网上下载　www. cmpedu. com

邮箱索取　infs@ cmpbook. com